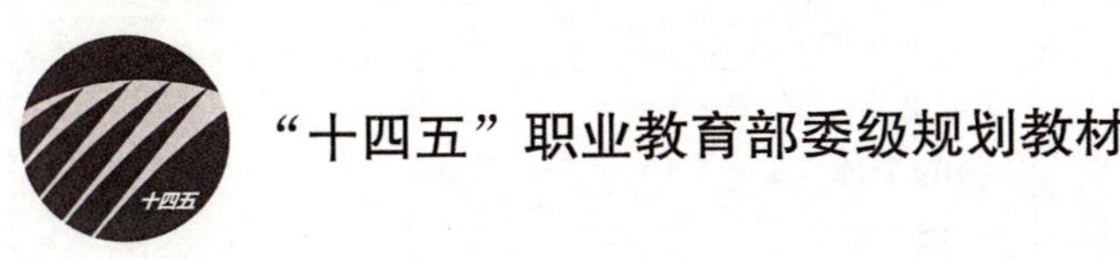

"十四五"职业教育部委级规划教材

大学生职业发展与就业指导

主　编　胡建宇　朱华方　马林界

中国纺织出版社有限公司

内 容 提 要

大学生的职业发展与就业对每一位即将步入社会的个体而言，都至关重要。本书旨在帮助读者理解职业的本质、特性及其发展趋势，掌握职业规划的基本方法，并在不断变化的就业环境中做出明智的选择。全书共八章，具体内容有职业世界与职业探索、大学生自我探索与自我提升、目标定位与职业生涯规划、职业生涯规划实施与反馈调整、大学生就业形势与就业准备、岗位认知与职业发展、简历撰写与面试准备、权益保护与角色转换。本书适用于各高校学生的职业发展和就业指导教育，对职场新人规划自己的职业生涯亦有较强的指导意义。

图书在版编目（CIP）数据

大学生职业发展与就业指导 / 胡建宇，朱华方，马林界主编. -- 北京 : 中国纺织出版社有限公司，2024. 9. --（“十四五”职业教育部委级规划教材）. -- ISBN 978-7-5229-2049-8

Ⅰ. G647. 38

中国国家版本馆 CIP 数据核字第 2024854BH3 号

责任编辑：向连英　顾文卓　　特约编辑：郭妍旻昱
责任校对：王蕙莹　　责任印制：储志伟

中国纺织出版社有限公司出版发行
地址：北京市朝阳区百子湾东里 A407 号楼　邮政编码：100124
销售电话：010—67004422　传真：010—87155801
http://www.c-textilep.com
中国纺织出版社天猫旗舰店
官方微博 http://weibo.com/2119887771
三河市海新印务有限公司印刷　各地新华书店经销
2024 年 9 月第 1 版　第 1 次印刷
开本：787 × 1092　1/16　印张：14.25
字数：295 千字　定价：49.80 元

凡购本书，如有缺页、倒页、脱页，由本社图书营销中心调换

编写委员会

主　编

胡建宇　朱华方　马林界

副主编

章维娜　卢彦超　赵莹娟

管志远　蔡刚

参　编（按姓氏笔画排序）

王蕊冉　杨晓涛　胡亚峥

信璐瑶　贺艳艳

前言

PREFACE

在当今社会，职业生涯规划与就业指导对每一位即将步入社会或已在职场中的个体而言，都至关重要。本书致力于帮助读者深入理解职业的本质、特性及发展趋势，掌握职业规划的基本方法，并在不断变化的世界中做出明智的选择。

在编写过程中，编者深入研究了当前职业世界的动态变化，并结合技术进步、全球化等趋势给职业领域带来的挑战与机遇，分析了不同职业类别的特点和发展趋势。同时，我们也关注到青年在职业选择过程中的迷茫与追求，通过丰富的案例分析和深入的理论探讨，为他们提供更多有价值的参考和启发。

在本书中，每章都设有课程思政栏目，挖掘与课程内容相关的思政元素，如职业道德、社会责任、团队合作精神等，并将其自然地融入教材中。同时，设计了一系列与课程内容相关的思政活动，如小组讨论、角色扮演、案例分析等，旨在让学生在参与活动的过程中体验和理解思政内容。

每章还设有职业规划大赛指导栏目，旨在帮助学生明确自己的职业目标和发展路径，并为未来的职业发展定下明确方向。鼓励学生参加技能大赛，通过展示和检验所学的技能和实际操作能力，提高自己的竞争力。

此外，本书每章还设有形成性训练栏目，涵盖实际案例分析和模拟场景等，这些活动让学生在模拟的职业环境中进行实际操作，从而提升学生的实践能力。

本书不仅注重理论知识的阐述，更强调实践技能的培养。通过案例分析、模拟演练等方式，帮助读者掌握职业规划的基本方法，提升职业决策能力，为未来的职业发展打下坚实的基础。同时，本书还特别注重内容的实用性和针对性，旨在为高职院校学生、职场新人以及需要提升职业竞争力的在职人员提供有益的指导和帮助。

本书由塔里木职业技术学院胡建宇、朱华方、马林界担任主编，章维娜、卢彦超、赵莹娟、管志远、蔡刚担任副主编，参与编写工作的还有王蕊冉、杨晓涛、胡亚峥、信璐瑶和贺艳艳。

最后，感谢所有为本书付出辛勤劳动的专家学者和工作人员，他们的智慧和贡献使本书得以顺利完成。希望通过本书，能够为广大读者在职业生涯的道路上提供一盏明灯，照亮前行的道路。

编者

2024 年 7 月

目录

CONTENTS

第一章 职业世界与职业探索

学习目标

（1）理解职业的定义、特性以及不同职业类别的特点。
（2）掌握职业与岗位的不同，并理解它们之间的关系。
（3）掌握职业的分类方法和当前的职业发展趋势。
（4）能够结合技术进步、全球化等对职业世界带来的影响，探索职业世界的动态变化。
（5）理解职业体验在职业认知和发展中的重要性。
（6）能够有意识地培养自己在不同职业环境中的适应性和灵活性。

导入案例

小李是某大学旅游管理专业二年级的学生，站在职业规划的起点，她感到既兴奋又迷茫。她热爱旅游带来的自由与探索，但面对旅游管理这一专业所涵盖的广泛领域——从酒店管理到旅游规划，从文化体验到旅游市场营销，她发现自己难以确定具体的职业方向。随着互联网的发展，文旅产业迎来了新的机遇，如数字旅游内容的创作和在线旅游服务平台的兴起，这些新兴领域为小李提供了多样的职业选择。然而，这也带来了挑战，因为她不确定如何将自己的兴趣与这些新兴趋势相结合，也不清楚自己的专业知识在快速变化的互联网文旅产业中该如何发挥作用。

第一节 目标、理想与梦想

在这个科技和信息飞速发展的时代，高职院校的新生站在人生的十字路口，凝视着未来可能的道路，面对着职业规划的挑战。小李的故事，是许多同龄人共同经历的缩影，它映射出当代青年在职业选择上的迷茫与追求。她的经历启示我们，职业不仅是谋生的手段，还是一种生活方式，一种实现个人价值和梦想的途径。

一、职业的概念

现代社会是一个高度职业化的社会，人们总是在一定的职业中寻求生存和发展。那么什么是职业呢？有人认为职业就是某一种工作，如医生、教师、律师等；有人认为职业是一种“生活来源”；还有人认为职业是一种“专业类别”，或是一种“等级身份”。这些认识

虽然有一定道理，但都只能算是对职业的表面理解。为了进行更加深入的研究，还需要对职业的概念进行更加清晰、明确的界定。

从语言学的角度分析，“职业”一词由“职”和“业”两个字组成，其中“职”代表职位和职责，而“业”则涵盖了行业和事业。这两个字的结合，不仅表达了职业的字面意义，更深刻地反映了职业在个人生活中的核心地位和多维度的价值。

美国社会学家塞尔兹认为，职业是一个人为了不断取得收入而连续从事的具有市场价值的特殊活动，这种活动决定着从事它的那个人的社会地位；职业的三要素是技术性、经济性和社会性。日本职业问题专家保谷六郎认为，职业是有劳动能力的人为了生活所得而发挥个人能力，向社会作贡献而连续从事的活动；职业具有五个特性，即经济性、技术性、社会性、伦理性和连续性。我国劳动部门对职业的界定是：职业是指从业人员从事有偿工作的种类，它是人们在社会生活中所从事的有稳定、合法收入的活动。

综合上述定义及现实社会生活中各种职业的特点，我们将职业界定为人们在社会生活中所从事的相对稳定的、有收入的、专门类别的社会劳动，它既是对人们的生活方式、经济状况、文化水平、行为模式、思想情操的综合反映，也是一个人的权利、义务、职责乃至社会地位的一般表征。虽然在不同性质的工作岗位上，人们从事的工作在目标、内容、方式和场所上有很大的差别，但是作为一种职业，它们都具有以下五项基本要素。

（1）职业名称。职业名称是职业的符号特征，它一般是用社会通用称谓来命名。

（2）职业主体。职业主体是指从事具有一定社会分工活动的劳动者，必须具备承担该项职业活动所需要的资格和能力。

（3）职业客体。职业客体是指职业活动的工作对象、内容、劳动方式和场所等。

（4）职业报酬。职业报酬是指通过职业活动所取得的各种报酬。

（5）职业技术。职业技术是劳动者在从事职业活动中所运用的自然技术、社会技术和思维技术的总和。它体现在人们从事职业活动时使用的工具、材料、工艺方法的发展和应用，也包括尚未形成系统的经验。

职业要素体现了职业是社会与个人、整体与个体的连接点。个体通过职业活动为社会整体的发展目标作出贡献，并在此过程中索取一定回报以维持生活，从而推动社会的整体进步。

二、职业的特性

职业的特性反映了职业主体在长期的实践活动中形成的区别于其他形式人类活动的本质属性，纵观中外职业活动的发展变化，可以看出职业具有以下特性。

（1）社会性。职业充分体现了社会分工，是社会生产力发展的产物。每一种职业都体现了社会分工的细化，体现了对社会生产和社会进步的积极作用。职业构成了社会运行的具体方式，形成了社会成员的阶层划分和社会地位归属。社会成员在一定的社会职业岗位上为社会整体作贡献，社会整体也以全体成员的劳动成果作为积累而获得持续的发展和进步。

（2）经济性。职业活动是以获得谋生的经济来源为目的的。劳动者在承担职业岗位职责并完成工作任务的过程中，必然要索取报酬，获得收入。一方面，这是社会、企业及用人部门对劳动者付出劳动的直接回报。另一方面，这不仅维持了劳动者的家庭生活，也是保持整个社会稳定的基础。有稳定、合法的收入是职业这种特定活动区别于其他社会活动的主要特点。

（3）技术性。任何一个职业岗位，都有相应的职责要求，能胜任和承担该岗位工作的人，除了要达到该岗位职业道德、责任义务、服务要求外，至少要达到持证上岗的技术水准。例如，所有岗位对学历证书、职业资格证书、专业技术资格证书、上岗培训合格证、专业工作年限等都有具体的规定，只有达到起点要求才能上岗。

（4）稳定性。任何一种职业都要经历一个从酝酿到形成，从发展到完善再到消亡的变化过程。一般来说，构成职业生存的社会条件的变化是比较缓慢的，因此职业的生命周期比较长，具有稳定性。但是，这种稳定性是相对的，随着经济、社会的发展，特别是科学技术的变化，职业活动也会发生变化，甚至旧的职业会被新的职业所取代。

（5）专业性。职业的专业性体现在对劳动者的知识和技能要求上。每个职业都有其特定的技术门槛和专业标准，劳动者需要通过学习和培训掌握这些知识和技能。职业的专业性还体现在对职业资格证书、学历证书等的要求上，这些证书是劳动者专业能力的证明。

（6）连续性。职业活动具有明显的连续性，它不是断断续续的，而是相对稳定的。这种连续性不仅体现在劳动者的职业生涯中，也体现在职业本身的生命周期中。职业一旦形成，通常会持续较长时间，经历从酝酿到形成、从发展到完善的各个阶段。

（7）差异性。不同职业之间存在着劳动内容、社会心理、从业者个人的行为模式等方面的差异。职业的领域非常广，我国古代就有“三百六十行”之说，现代职业更是成千上万，并且在不断分化出新的职业。职业的差异导致了不同职业者在职业转换中的矛盾与困难，每一种职业都需要特定的知识和技能，只有符合了这些特定的要求才能胜任。

（8）层次性。虽然从社会需要和社会分工的角度来看，职业不应有“高低贵贱”之分，但在现实社会中，人们对不同职业的社会评价的确存在着明显的差别。这种职业评价的差别即层次性，源于不同职业的工作复杂程度、在工作组织权利结构中的地位、工作的自主权、收入水平和社会声望等方面的差别。

（9）规范性。职业活动必须遵守一定的规范和标准，这些规范可能是法律法规，也可能是行业公约或组织章程。规范性是职业活动的基本要求，它确保了职业活动的有序进行，也维护了劳动者的权益和社会的公平。

（10）时代性。职业是一个社会历史范畴，随着社会生产力和劳动分工的不断发展，在特定的社会历史发展阶段，职业的性质和内容是有一定差别的，即职业具有时代性。职业的时代性表现在两个方面，一是不同时期会出现不同的职业，即使是相同名称的职业在不同的时期也会有不同的内容，某些职业甚至发生了根本性的变化，一部分新职业的产生，

替代了一部分过时的职业；二是每一个社会都有自己的“明星”职业，即该社会中人们所热衷的职业。

三、职业的作用

职业是人类社会发展到一定阶段的产物，它伴随着社会分工而产生，并随着社会生产力的发展而不断发展和变化。职业实现了劳动者与生产资料的结合，体现了人与人的社会关系。人们通过职业活动不仅满足了自身的需要，而且通过各自劳动成果的交换，满足了彼此的需要。因此，职业及职业活动对个人和社会都有着非常重要的意义。

（一）职业对个人发展的作用

职业对个人发展的作用是复杂且多维的，它不仅塑造了个人的职业道路，为劳动者个体参与社会活动和获取生活资料提供了基本条件，还涉及经济、心理、社会等多个层面，深刻地影响着个人的生活态度、价值观、社会关系以及心理状态。

1. 职业是个人的主要经济来源

职业是个人获得经济收入的主要途径，为个人和家庭的生存和维持提供了物质基础。生产劳动是人类社会发展中最重要的活动，而人们的职业和生产劳动是紧密相连的，这是因为人们要通过一定形式的职业来进行劳动，以获取生存和发展所必需的生活资料，维持个人和家庭生活的基本需要。当然，人们在职业活动中取得个人经济利益的同时，也为社会创造了财富，实现了社会物质财富和精神财富的积累。

2. 职业能使人获得非经济价值

职业活动可以使个人获得非经济价值，如名誉、地位、权利、各种便利以及友谊等，从而使个人获得心理满足，达到“乐业”的境地。追求较高的社会地位，是许多人的重要人生目标。职业类别、职业环境和职业中的个人等级是个人社会地位的象征。

3. 职业定位个人的社会角色

有了劳动分工，也就产生了种种职业。社会越发展，职业种类也就越多。个人一般都会从事某种职业的岗位工作，这就使每个人都成了“职业”这个社会劳动大机器中的一个部件，受到社会方方面面的影响，又在社会的运转中扮演一种特定的角色。因此，不同职业的人应该了解自己所承担的社会角色，完成自己的神圣使命。

4. 职业是个人发挥才能的平台

人们从事的某种特定职业类别的工作，不仅要求人要具备一定的素质，同时也要能使人的才能得到发挥，成为促进人的才能和个性发展的平台。由于每种职业都有不同于其他职业的活动内容和形式，这就必然会对从业者的生理和心理产生重大影响。当这种工作能够使个人的才能得到发挥、个性得到不断发展与完善时，就会成为促进个性健康发展的途径，随着才能的逐步提高，人们自我实现的需要也就得到了满足。

（二）职业对社会发展的作用

劳动者从事某种职业，就是进入一个社会劳动分工体系中参与活动。劳动者在这个体系中活动，既获得了满足自身物质需要的财富，也为社会作出了贡献。因此，从这个意义上来说，对社会而言，职业和职业活动构成了人类社会生活，也是社会存在和发展的基础，职业对社会发展的具体作用表现在以下三个方面。

1. 职业是社会存在的内容

职业作为一种社会存在，不仅是人的社会身份的体现，其本身也构成了人类社会存在的一个内容。职业分工及其结构，是社会经济制度与社会经济结构的重要部分，是社会经济发展水平的反映。通过人的职业劳动，生产出社会财富，这也为社会的存在和发展提供了物质基础。此外，职业分工是社会经济制度及其运行的重要组成部分，也是社会存在的重要内容。

2. 职业发展是社会发展的动力

职业的社会运动包括个人职业的向上流动、与社会经济结构相联系的职业结构变动、不同职业阶层间的矛盾冲突及其解决等，构成了社会发展与社会进步的强大动力，是社会发展不容忽视的重要力量。此外，人们为了追求未来的“好职业”而进行的人力资本投资，更成为推动社会发展的巨大动力。

3. 职业是维持社会稳定的基本手段

职业是人们重要的生活方式，“安居乐业”是人们的共同愿望。政府通过创造职业岗位并执行“充分就业”政策，从其社会功能的角度看，就是为了减少贫困，缩小分配差距，并在一定程度上解决效率与公平之间的矛盾等问题，以维护社会稳定，实现和谐与可持续发展。

案例分析

小张的职业与岗位探索

小张是某传媒学院数字媒体艺术专业大一的学生，对新媒体行业充满热情。他意识到新媒体行业的快速发展带来了多样化的就业机会，包括内容创作、社交媒体管理、数字营销、数据分析、视频编辑、博客制作等。作为一名在校大学生，小张对这些岗位的具体要求和工作内容缺乏深入的了解，不确定自己应该如何定位未来的职业方向。面对新媒体行业的激烈竞争和不断涌现的新技术，小张意识到需要探索更具创新性和个性化的职业路径。

在职业认知方面，小张开始深入思考“职业”这一概念。他认识到，职业不仅是个人服务社会、获得经济来源的手段，更是实现个人价值和梦想的途径。小张相信，通过职业可以实现自我表达，将自己的创造力和独特视角带给更广泛的受众。在新

媒体领域，职业的多样性和动态变化要求他不断学习新知识、适应新趋势。为了深化对职业的理解，小张计划通过参与职业规划讲座、与职业顾问交流以及利用在线职业评估工具来探索自己的职业兴趣和潜在路径。

在岗位分析与自身价值探索方面，小张通过与行业从业者线上沟通以及参与行业活动，了解到新媒体行业的岗位非常多样。他意识到每个岗位都有其特定的职责和要求，而个人的职业发展往往需要在特定岗位上积累经验和技能。小张认识到，选择一个职业或岗位，不仅要考虑它能否满足自己的经济需求，更要思考如何将它与自己的个人价值观和长远职业目标相结合。他希望通过职业发挥自己的创造力和社会责任感，为社会带来积极的影响。

在个人需求与市场需求的结合方面，小张通过自我反思，明确了自己对内容创作和社交媒体运营的兴趣。他相信通过这些领域可以表达自己的想法，同时满足社会对于高质量内容的需求。另外，小张计划参加学校的创新与创业课程，学习如何将个人兴趣转化为市场价值，并希望通过参与校内外的新媒体项目，测试和展示自己的创意和运营能力。

为了更好地理解职业与岗位，小张积极参与校内外的相关实践活动。他加入了校园媒体团队，参与内容制作和账号运营，通过实践提升自己的专业技能，并加深了对新媒体岗位的了解。小张还计划创建自己的新媒体账号，以此来实践内容创作和社交媒体运营技能，并通过实际运营结果来评估和调整自己的职业定位，同时获得自我满足感。

面对新媒体行业的快速变化，小张计划持续学习，不断提升自己的技能以适应行业的发展。他打算注册在线课程平台，学习新技术和理论，并计划通过后续实习，深入了解岗位职能，提高自己的竞争力。通过这些具体的步骤，小张可以逐步克服对职业和岗位认知的迷茫，找到符合自己兴趣和市场需求的职业定位，并体现自己的个人价值，为未来的职业生涯发展打下坚实的基础。

思考题

（1）小张在探索新媒体职业和岗位时面临了哪些迷茫？

（2）小张可以通过哪些方式与从业者线上沟通？

（3）在信息化快速发展的背景下，在校生为适应职业变化应该做哪些准备？

（4）小张的经历对你有哪些启发？

拓展阅读

岗位、工作、职业与生涯

有关"岗位""工作""职业""生涯"这几个词的含义，在理论上仍然存在着一定程度的争议，不过我们可以大致将它们做以下定义。

（1）岗位。岗位是和分配给个人的一系列具体任务直接相关的。因此，岗位和参与工作的个人相对应，有多少参与工作的个人，就有多少个岗位。例如，一个足球队需要11个队员，意味着这个足球队有11个岗位，无论这些岗位是前锋还是后卫。

（2）工作。工作是由一系列相似的岗位组成的一个特定的专业领域。例如，一个足球队中所有队员都称为足球运动员，他们从事着踢足球的活动。

（3）职业。职业是在不同的专业领域中一系列相似的服务。例如，运动员是一种职业。

（4）生涯。这个概念的含义随着时间的推移发生着变化。在20世纪70年代，生涯专指个人生活中和工作相关的各个方面。随后，又有很多新的意义被纳入"生涯"的概念中，其中甚至包含了生活中关于个人、集体以及经济生活的方方面面。从经济学的观点来看，生涯就是个人在人生中所经历的一系列职位，它们和个人的职业发展过程相联系，是个人接受培训教育以及职业发展所形成的结果。从社会学的角度来看，生涯被看成是个人所扮演的一系列角色。

第二节 职业分类

职业分类是指采用一定的标准和方法、依据一定的原则，对从业人员所从事的各种专门化的社会职业进行全面、系统的划分和归类。任何一个国家的职业分类都影响并制约着其国民经济各部门管理活动的成效，有效的国家职业分类，不仅可以客观地反映国家经济、社会、科技领域的发展和结构变化，而且可以为国民经济信息统计和人口普查规范化提供依据，是劳动力科学化、规范化、现代化管理的关键基础。

一、职业的产生

职业的产生与发展是一个复杂且漫长的历史过程，它与人类社会的经济发展、社会结

构和文化传统等因素紧密相关。从原始社会的简单分工到现代社会的高度专业化和全球化，职业体系经历了从无到有、从单一到多样化的演变。

（一）人类早期的生产方式与职业雏形

人类早期主要从事狩猎、采集和简单的农业活动，此时人们仅是基于生理素质和男女老少的差异进行简单的劳动分工。进入奴隶社会和封建社会后，农业和手工业从游牧生活中剥离出来，基于职业的社会分工逐渐发展。

随着农业革命的到来，人类开始定居，农业生产成为主要的生产方式。这导致了社会分工的初步形成，出现了农民、牧民等职业。农业革命标志着人类从采集野生食物向有意识地种植作物的转变，并逐步发展为等待收获的半定居农耕生活方式。

（二）手工业发展与手工艺职业的产生

随着技术的进步，手工业开始发展，出现了铁匠、木匠、织工等专门的手工艺职业。手工业最初与农业融为一体，属于农民副业性质的家庭手工业。随着第二次社会大分工，手工业从农业中独立出来，形成了独立的手工业者。

随着商品交换的增加，商业和贸易也开始兴起，出现了商人、贸易商等职业。恩格斯在《家庭、私有制和国家的起源》一书中提出的发生在东大陆原始社会后期的三次大规模社会分工之一就是商人阶级的出现。

（三）城市化发展与专业化职业的产生

随着城市化的发展，社会分工进一步细化，出现了更多专业化的职业，如医生、律师、教师等。城市兴起之初，手工业和商业活动十分微弱，因而 10 ～ 11 世纪的职业人群划分并未将手工业者与商人包括在内，忽略了城市以及城市居民的存在。随着城市的发展和繁荣，手工业者和商人成为具有独立经济地位和社会地位的人群，也被纳入社会的结构中。

工业革命（18 世纪中叶～ 19 世纪末）是职业发展的一个重要转折点。机械化生产大大提高了生产效率，同时也创造了新的职业，如工程师、机械操作工等。第一次工业革命创造了大量的工人阶级，他们要按机器的要求进行劳动。此后，每一次工业革命都会消除数百万个旧的就业机会，同时创造数百万个新的就业机会。

（四）科学技术的发展与新兴职业的产生

进入现代社会后，随着科技的发展和经济的多元化，职业体系变得更加复杂和多样。出现了许多新兴职业，如软件工程师、数据分析师、环境科学家等。数字技术对职业的影响十分复杂，在替代一些职业的同时，也创造了一些新职业。

全球化进一步推动了职业的多样化和国际化，人们可以在全球范围内寻找工作机会，职业变得更加灵活和多样。全球化不仅推动了职业的多样化，还促进了行业专业化和规范化程度的持续增强。

二、职业的分类

职业分类是职业管理领域的一项基础性工作，它对于职业培训、就业指导、劳动市场分析以及相关政策制定具有重要意义。相关资料显示，目前全球职业种类已超过 42000 种。由于各国经济和社会条件的差异，以及管理需求的不同，不同国家的职业分类标准也有所不同。

（一）职业分类概述

1958 年，国际劳工组织（ILO）制定了首部《国际标准职业分类》(ISCO)。该分类体系为各国编制本国职业分类提供了参考，并成为国际职业分类交流的标准。在 ISCO 体系中，每个职业均被赋予一个五位数字的职业编码，同时配有职业名称和定义，后者详细说明了职业工作者的一般职权、主要职责和任务。

目前，世界各国对职业的分类基本上采取了横向分类和纵向分类两种方法。横向分类是指根据各种职业的性质进行分类；纵向分类则是指在横向分类的基础上，进一步根据工作的难易程度、繁简程度、责任轻重以及所需人员资格条件等，把同一种职业类型划分为不同的等级，以展现职业的层次性。

（二）我国的职业分类

《中华人民共和国职业分类大典》(以下简称《大典》) 编制工作始于 1995 年，并在历时四年的精心编纂后，于 1999 年 5 月正式颁布。这是我国第一部对职业进行科学分类的权威性文献和工具书，在我国社会经济发展中发挥了重要作用。

2015 年 7 月 29 日，国家职业分类大典修订工作委员会审议通过了 2015 版《大典》的修订意见，并予以颁布。2022 年最新版《大典》，将我国职业划分为 4 个层次，具体包括 8 个大类、79 个中类、449 个小类以及 1636 个细类（职业）。

此外，公示稿中还特别标注了一些特定类型的职业，如绿色职业 133 个（标注为 L）和数字职业 97 个（标注为 S）。与 2015 年版《大典》相比，增加了法律事务及辅助人员等 4 个中类，数字技术工程技术人员等 15 个小类，碳汇计量评估师等 155 个职业（含 2015 年版《大典》颁布后发布的新职业）。

（三）国外的职业分类

1958 年，在国际劳工组织的积极推动下，经过国际长期、深入细致的合作努力，初版《国际标准职业分类》开始发行，后来又经过了多次修订。《国际标准职业分类》是依据职业的职责及所从事工作的类型进行的分类，其对国际性标准职业分类体系作了详细的描述，其结构共分 4 个层次：大类、小类、细类和职业项目。

1988年版《国际标准职业分类》对大类进行了修订，修订后10个大类如下。

（1）立法者、高级官员和管理人员。

（2）专业人员。

（3）技术和辅助专业人员。

（4）职员。

（5）服务人员和商店与市场销售人员。

（6）农业和水产业技术工作者。

（7）手（工）艺人和有关行业的工人。

（8）设备与机械的操作工和装配工。

（9）简单劳动职业者。

（10）军队。

这种分类方法便于提高国际职业统计资料的可比性，方便国际交流，现已成为世界各国制订本国职业分类体系的蓝本。我国的职业分类也是采用这种分类方法。

三、职业的演变

随着我国经济与社会的发展，今后几年我国对人才的需要将有较大的变化。从技术和产业发展的角度来说，我国将大力发展生物技术、信息技术、新材料技术、新能源技术、空间技术、海洋技术六大技术领域。

六大技术形成九大高科技产业：生物工程、生物医药、光电子信息、智能机械、软件、超导体、太阳能、空间产业和海洋产业。按照中华人民共和国人力资源和社会保障部（以下简称人社部）的有关统计预测，我国在今后几年内将急需以下八大类人才：以电子技术、生物工程、航天技术、海洋利用、新能源新材料为代表的高新技术人才，信息技术人才，机电一体化专业技术人才，农业科技人才，环境保护技术人才，生物工程研究与开发人才，国际贸易人才，律师。

互联网民意调查显示，以下六类为未来前景比较广阔的新兴职业。

（1）绿色经济。包括绿色食品开发与生产、净菜社、药膳馆、素菜馆等。

（2）拇指经济。包括移动网址、手机音乐制作、手机游戏设计等。

（3）旅游经济。包括旅游用品开发、自助游俱乐部、旅游纪念品销售、旅游网站、经济型连锁酒店等。

（4）大学城经济。包括鲜花店、动漫娱乐室、书吧、茶吧、快餐店、服饰小店、培训机构、数码产品销售等。

（5）创意经济。包括各类设计工作室（时装设计、饰品设计、广告设计、室内设计、工业设计、多媒体设计等）、艺术画廊和博客网站等。

（6）DIY经济。包括陶吧、银饰吧、十字绣小屋、纸艺店、手工玩具店、毛线编织吧、水晶花作坊等。

案例分析

灵活就业将成为更多人的职业选择

视频制作、网络主播、文案写手平台经济、共享经济蓬勃发展，孕育出丰富的就业方式，灵活就业也成为当下年轻人的就业新选择。国家统计局相关负责人表示，截至2021年年底，中国灵活就业人员已经达到2亿人，其中主播以及相关从业人员160多万人，较2020年增加近3倍。

求职者选择更丰富

“现在回想起来，我的事业正是从灵活就业开始的。”已经毕业5年的柳蓁是一名视频特效制作员，她所在的团队在业界小有名气。毕业之初，柳蓁选择以“视频UP主”（上传者）的身份进入社会，她制作的各类特效视频深受网友喜爱，播放量节节攀升，最终拿到进入专业团队的“敲门砖”。

中国灵活就业人数明显增加，思维活跃、擅长创新的大学毕业生群体成为灵活就业的主力军。根据全国高等学校学生信息咨询与就业指导中心数据统计，2020年和2021年全国高校毕业生的灵活就业率均超过16%。

“选择灵活就业不等于找不到工作，也不是随便‘打零工’，而是一种全新的就业模式。”柳蓁认为，灵活就业给了自己选择“单飞”的机会，可以充分发挥个人优势和兴趣，创作出优质的作品和成果，为自己搭建展现能力的舞台，在增长专业技术的同时，摸索职业发展方向。

灵活就业不仅成为毕业生的一个就业途径，也为企业选人用人提供了便利。中国人民大学灵活用工课题组等发布的《中国灵活用工发展报告（2022）》蓝皮书显示，2021年中国有61.14%的企业在使用灵活用工，比2020年增加5.46%，企业倾向于扩大灵活用工规模。

相较于传统的长期就业模式，灵活就业的优势在于相对宽松的准入和退出机制。对求职者而言，灵活就业获取工作机会的门槛更低，不合适也可以随时离职；对企业来说，在选人用人以及如何用、用多久等方面也都比较灵活。因此，无论是求职者还是企业，灵活就业都为其提供了更多的尝试空间和选择机会。

“多面型”人才副业途径多

“人类目前对火山还知之甚少，我们虽然明白火山爆发的原理，但准确预测几乎是不可能的，这也是需要持续推进研究工作的原因。”1月14日，汤加火山爆发的消息在网络上受到广泛关注。在某短视频平台上，主播李东祺制作的一条科普视频回答了网友们关心的问题，播放量突破2万次。

“做短视频只能算是副业，我的本职工作是一名地质研究员。”李东祺说道，搞地质研究需要经常到全国各地进行实地勘测，他便会借机制作视频来展现工作日常，

没想到收获了一批忠实粉丝，也获得了可观的额外收入。“后来我就开始做简单的科普视频，同时把相关联的专业性内容以文章形式在知识平台发表，为网友尤其是学生群体了解地质相关知识提供一个窗口，播放量和阅读量都还不错。”

随着智能化时代的到来，灵活就业的方式也为李东祺这样的“多面型”人才提供了副业创新、创造价值的新途径。目前，越来越多的人拥有多方面的知识和能力储备，可以同时满足不同企业的需求。一些人还凭借一技之长在新经济领域进行创新，创造出一系列有价值的作品、产品，为自己带来更广阔的发展空间。国务院印发的《“十四五”数字经济发展规划》明确提出，鼓励个人利用社交软件、知识分享、音视频网站等新型平台就业创业。

“我希望通过做视频、写文章把地质研究的相关知识和心得分享给大家，也希望能够激发在校学生的兴趣，让更多人加入科研队伍，一起来探索未知。”李东祺说。

让灵活就业者更有干劲

国家对于灵活就业人群的保障制度及相关措施近年来逐步完善，2021 年 7 月，人社部等八个部门共同印发《关于维护新就业形态劳动者劳动保障权益的指导意见》，对维护好新就业形态劳动者的劳动报酬、合理休息、社会保险、劳动安全等权益做出明确要求。《“十四五”数字经济发展规划》也提出，将进一步健全灵活就业人员参加社会保险制度和劳动者权益保障制度，推进灵活就业人员参加住房公积金制度试点。

针对即将面临就业的大学毕业生，人社部就业促进司相关负责人表示，将运用社保补贴政策，支持毕业生多渠道灵活就业、新业态就业。对有意愿、有能力创业的毕业生，人社部将给予倾斜支持，精准开展创业培训、创业服务，提供创业担保贷款、创业补贴、场地支持等政策。

此外，也有高校推出设置创新创业学分、放宽学生修业年限等一系列措施，着力培养学生在创新创业方面的能力和意识，支持学生选择灵活就业。部分高校还设立了“种子基金”“学生创业园”等计划和平台，为选择灵活就业、创新创业的学生提供资金、场地及生活保障等方面的支持。

专家表示，在不断完善的政策支持与保障下，各种新型就业模式将吸纳更多劳动力就业，让灵活就业者更有干劲。

思考题

（1）柳蓁是怎样进入专业团队的？

（2）柳蓁的灵活就业对你有哪些启发？

（3）李东祺制作的科普视频为什么能突破 2 万次的播放量？

（4）国家对灵活就业有哪些政策？

（5）你是如何看待灵活就业的？

拓展阅读

JobSoSo 的职业分类

JobSoSo 是国内职业测评公司北京北森公司于 2005 年 3 月 16 日正式发布的中文职业信息搜索平台，它以全球领先的职业分类信息技术——美国 ONET 系统为基础，并经过适度的本土化，可以进行独立的职业信息搜索。这一系统包含千余种职业，可分为以下 22 个大类。

（1）管理。

（2）传媒、艺术、文体娱乐。

（3）销售及相关职业。

（4）商业及金融。

（5）医疗专业技术。

（6）行政及行政支持。

（7）计算机和数学分析。

（8）农、林、畜牧业。

（9）建筑、工程技术。

（10）科学研究。

（11）食品加工和餐饮服务。

（12）设备安装、维修、保养。

（13）社区及社会服务工作。

（14）建筑业、地面清洁及维护。

（15）企业生产。

（16）法律工作。

（17）个人护理及服务性职业。

（18）物流。

（19）教育、培训及图书管理。

（20）医疗卫生辅助服务。

（21）安全保卫、消防。

（22）建筑及冶炼。

它对某个具体职业从职位名称、直属上级、直属下级、合作部门、职业描述、工作内容、教育背景、核心课程、工作经验、培训认证、工作环境、职业前景、知名公司、薪酬待遇、相关职业、榜样人物、该职业对人的核心要求等角度进行了比较全面的描述。

第三节 职业探索

国内外有关未来职业发展趋势的调查研究表明，随着世界经济、社会文化和科学技术的发展，社会上的行业结构将发生很大的变化，未来社会对人才需求的情况也会发生重大调整。在这种情况下，大学生要想在职业领域中有所作为，首先要对未来职业的发展变化趋势有所了解。

一、了解新经济对职业的影响

新经济时代的来临，不仅改变了我们对传统资源的看法，而且日益凸显了人力资本在推动经济发展中的关键作用。在新经济时代，中国社会正在发生着广泛而深刻的变化，并具有快速、动态、不确定性和复杂性等特点。就劳动力市场对人力资源的要求而言，以下四方面值得我们更多地关注。

（一）经济全球化

经济全球化已彻底改变了市场竞争的边界，使企业面临着前所未有的挑战。经济全球化蕴含着对新市场、新产品、新观念、新的企业竞争力和经营方式的新思考。企业的管理者需要以一种新的思维重新思考人力资源在企业中的角色与价值配置问题，建立新的模式来提高竞争力。

（二）社会知识化

21 世纪的社会是一个学习型社会，越来越多的人选择从事知识的创造、传播和应用活动，并通过这些活动为社会创造财富。在这样的社会里，知识管理能力成为企业核心竞争力的关键，知识成为企业竞争优势的来源。企业应更加重视员工及其技能与知识，真正将知识视为企业的财富。

（三）信息网络化

电子通信、计算机、国际互联网和其他技术的迅猛发展，消除了企业之间和个人之间在地理上的隔离，让世界变得更小，创造了一个不受地理边界制约与束缚的工作环境和视野。新技术的飞速发展，不仅提高了企业的经营生产效率，大大降低了交易费用，而且对企业的管理方式也产生了巨大冲击。技术的发展将会不断重新定义工作时间和工作方式。信息技术的飞速发展，将使企业越发认识到创造技术、使用技术的“人”的重要作用。

（四）员工多元化

随着国家现代化进程的发展和劳动力市场的进一步健全，人员的流动必然更加频繁，企业员工队伍的组成部分更加复杂，由于不同类型员工所接受的教育程度不同、成长的文化背景不同，他们的知识、技能、价值观、工作动机和需求呈现出明显的差异。具有不同知识、技能和素质的员工对于企业的价值不同，不同员工的薪酬形式也将不同。

《美国新闻和世界报道》的专家对未来社会的职业发展趋势进行了预测，并提出了未来世界的20个主导行业。这项调查是对未来美国和发达国家的职业发展趋势进行的预测，我国未来的职业发展既会受到世界性的大趋势影响，同时也会因具体国情和不同社会发展阶段等因素的影响，具有自身的特点和规律，其具体表现在以下五个方面。

1. 由单一基础型向跨专业、复合型转化

从目前招工、就业的情况分析，职业岗位的要求和劳动方式逐步由简单向复杂转化，过去单一技能就能胜任的工作，现在由于职业内涵发展扩大了，往往需要更多相关专业的知识和技能，更多地需要跨专业的复合型人才。

2. 由封闭型向开放型转化

随着改革开放的深入，职业岗位的工作范围和面向的服务对象越来越广泛，接受信息的渠道也必须拓宽，人们相互之间的交往和协作大大加强，所以要求人们具有开放的观念和心态，彻底摆脱封闭的状态。

3. 由传统工艺型向信息化、智能型转化

传统工艺型在科技含量上相对滞后，在技术更新速度方面比较缓慢，有时跟不上时代前进的步伐。生产力发展的关键之一是增加职业岗位科技含量，改善劳动组织和生产手段，使其由传统工艺型向信息化、智能型转化。

4. 由继承型向知识创新型转化

知识经济的到来，要求社会成员必须不断树立创新意识，在自己的岗位上进行创造性劳动。社会发展变化迅速，以继承方式获得的劳动技能和方法已显落后，国家的知识创新工程，不但将科技成果迅速转化成生产力，而且使更多的工作岗位由继承型向知识创新型转化。

5. 第三产业、社会服务业发展壮大

社会生产力的提高，解放了劳动力，人们越来越多地需要社会服务行业为他们排忧解难、提供方便。第三产业的劳动人数将迅速增加，信息传播与管理行业的各种职业，文化教育职业，休闲、娱乐、保健等职业，提供各种各样服务项目的社会服务业等，将迅速发展壮大，不仅能产生大量新职业，而且是吸纳社会劳动力的主要渠道。

二、了解职业世界的新变化

古希腊哲学家赫拉克利特曾说过：“在这个快速变化的世界里，唯一不变的是变化本

身。”随着第四次工业革命的浪潮席卷全球，我们正步入一个以创新为驱动力的新时代。

（一）未来工作方式的新变化

1. 劳动力市场的多样化

传统职业轨迹正在向更加多样化和经验驱动型转变。这意味着职场人士需要具备更高的灵活性和适应能力，以应对不断变化的工作环境。例如，随着远程工作和自由职业的兴起，许多职场人士开始寻求更灵活的工作安排。

2. 新兴职业的兴起

技术发展催生了如 AI 伦理审查师、绿色能源规划师、大数据科学家与分析师等新兴职业。这些职业不仅要求具备高水平的专业技能，还需要对新兴技术有深入的理解和应用能力。例如，随着人工智能技术的广泛应用，AI 伦理审查师成为确保 AI 系统决策过程公正、透明的新兴职业。

3. 混合工作模式的兴起

混合工作模式结合远程和现场工作，为员工提供更大的灵活性和自主性。尽管这种模式可能逐渐淡出流行趋势，但仍然是未来工作的一部分，如谷歌、微软等企业已经开始实施。

4. 工作趋势的重塑

根据我国《2024 年工作趋势报告》，职业抱负正在被重新定义，报告强调了职业抱负、工作灵活性、公平与理解、人工智能与技能升级四大维度。这表明未来的职场将更加注重个人的全面发展和多元化能力。

（二）技术与全球变革下的职业挑战与机遇

技术进步、全球化以及工作环境的演变不仅重塑了传统的工作模式，也为从业者带来了新的挑战和机遇。未来岗位对从业者的要求也随之提升，不仅需要深厚的专业技能，还需要具备快速适应变化的能力、持续学习的动力以及创新的思维模式。

1. 技术专长与适应性

从业者需要掌握关键技术技能，如编程、数据分析和新兴技术（区块链、物联网、5G 等）。同时，随着远程工作成为新常态，从业者需要展现出强大的自我管理能力和协作精神，能够灵活运用各种数字工具，以适应不断变化的工作环境。

2. 终身学习与专业发展

技术的迭代速度前所未有，要求从业者培养终身学习的习惯。《“十四五”职业技能培训规划》提出，要完善技能人才职业发展通道，拓宽技术工人职业发展通道，提高技能人才待遇水平等措施。通过培训，从业者可以获得必要的技能，以适应未来职场的需求。终身学习不仅是为了跟上技术发展的步伐，更是为了培养前瞻性思维，为未知的挑战做好准备。

3. 创新与实践能力

创新是推动企业和个人发展的核心动力。从业者需要培养创新思维，包括对现有流程和产品的批判性思考，以及对新方法和解决方案的探索。同时，实践能力也至关重要，尤其是在科技和服务业等新兴行业，这些行业需要能够将理论知识应用于解决实际问题的人才。

4. 数据分析与跨领域整合

数据已成为企业决策的核心。从业者需要具备强大的数据分析能力，这不仅包括数据的搜集和处理，还包括使用统计方法和数据可视化工具来解释数据，并据此制定策略。此外，跨学科知识背景能够帮助从业者整合不同领域的知识和技能，以在多变的工作环境中找到创新的解决方案。

三、了解新职业对从业者的新要求

20 世纪 90 年代以后，随着科学技术的发展和技术老化周期的加快，产品的生命周期越来越短，企业经营的不确定性越来越大，传统雇用关系的稳定性和可预测性，已经让位于快速的变化和不确定性。为了回应这种变化，那些过去以建立长期雇用关系为荣的公司，如 IBM（国际商业机器公司），也纷纷开始裁员，并进行组织再造、成本削减、外包和兼并等，连以长期雇用为竞争优势的日本企业也不得不重新审视长期雇用的可行性。在这种形势下，想在一个企业中获得长期、稳定的发展，对大多数人而言已经成为不可能的事情。因此，大学生必须学会面对职业生涯的不确定性，并有意识地为适应这种不确定性做好必要的准备。

（一）学会面对职业生涯的不确定性

职业生涯的不确定性，可从员工与组织的“心理契约”的变化中得到更好的说明。“心理契约”这一术语是美国组织心理学家阿吉里斯首先提出来的，他将这一术语引入管理领域，旨在强调在员工与组织的相互关系中，除正式雇用契约规定的内容外，还存在着隐含的、非正式的、未公开说明的相互期望。它不但影响着员工的态度和行为，而且是剖析组织管理水平、洞察个体行为特征的重要变量。

著名生涯规划专家施恩指出：“心理契约的意思是说，在任一组织中，每一成员与该组织的各种管理者之间及其他人之间，总是有一套非成文的期望在起作用。”这些期望微妙而含蓄，它虽然是非正式的，不具有书面的形式，但却具有契约的功能。如果其中一方未能如愿，就意味着相互之间的信任与真诚将被打破，由此会带来员工流失等一系列严重后果。

“心理契约”是联系员工与组织的心理纽带，它会对员工的工作绩效、工作满意度、对组织的情感投入以及员工的流动率等产生影响。20 世纪 90 年代以前，由于组织有一个稳定的、可以预测的环境，组织结构基本稳定，所以这一时期所形成的“心理契约”的主要内容是：员工努力工作并对组织忠诚，组织为员工提供晋升的机会及工作安定性、长久性

的保证。在这种“心理契约”之下，员工对自己的职业生涯形成了这样的看法：如果他们加入了某个组织后，只要自己有能力并努力工作，对组织忠诚，不在工作中与上司和同事发生冲突，他们就能在组织中想待多久就待多久。组织则认为他们应该对员工的发展负责，承诺无论发生什么，都不会弃员工于不顾，力图通过向员工提供长期和安全的雇用关系来换取他们对组织的忠诚。

但是进入 20 世纪 90 年代以后，职业内容和方式的巨大变化使得工作和职业生涯的特性也发生了巨大改变。为了维护组织的灵活性和弹性，更多的员工必须在组织内部的不同岗位和角色之间转换，以及在不同的组织之间流动，即出现了无边界职业生涯现象。无边界职业生涯是超越单个就业环境边界的一系列就业机会，它不但标志着员工的流动跨越了组织、职业、部门等的界限，而且使员工个人的职业生涯发展从企业内部发展到超越企业的边界，具有更大的灵活性。

（二）形成良好的职业素养

职业素质是从事职业的劳动者所应具备的一种综合能力和素养，一般包括职业能力、职业道德、职业意识与职业态度等。在这诸多因素中，除了必备的“一技之长”外，更重要的是责任心、质量意识、组织纪律性；与他人交流合作的能力；富有集体荣誉感及团体精神；富有自信心，勇于承担风险，承受挫折，具有健康的心理素质和坚忍的意志品质；具有学习能力，保持进取心，在掌握知识的同时能够灵活运用、开拓创新等。良好职业素质的培养与形成是时代的要求，是大学生个体发展的需要，也是大学教育自身发展的需要。

（1）树立职业意识。职业意识是对职业活动的认识、评价、情感和态度等心理成分的综合体现，大学生们对将来要从事的职业的认识难免有偏颇，在升入大学之前，对所选专业未必有较全面的了解，存在一定的盲目性，所以树立学生的职业意识就显得格外重要。

（2）养成职业习惯。有了正确的职业意识，并不等于有了良好的职业习惯。因此，还应注意养成良好的职业习惯。学校在日常学生管理中要把职业渗透到学生的学习、生活中，辅助学生养成符合专业要求的良好习惯，谈吐文明、举止礼貌等，培养学生劳动意识和卫生习惯，并将其贯穿始终。

（3）开展职业实践。重视实践活动是职业素质的特点之一，学生的实践活动大致可分为校内实践和校外实践，在校内学习期间的实践活动应把握实践性原则，创设和模拟工作环境，在专业老师的指导下，运用理论知识，解决实际问题，培养职业能力。在实践中不断学习，不断总结，不断完善自我。

（三）提高职业成熟度

职业成熟度是指个体在完成与其年龄相应的职业生涯发展任务时的心理准备程度。职业成熟度越高，代表对职业的规划与执行能力越强，越能够做出适当的职业选择，进而获得更好的职业发展。反之，职业成熟度越低，则表示对职业的规划与执行能力越欠缺，越有可能做出不正确的职业选择，进而阻碍个人职业生涯的发展。

职业成熟受到个体心理发展因素的影响，也受到环境因素的影响。随着个体身心发展到不同状态，以及成长过程中与职业有关的各种环境的变化，形成了个体职业成熟度的不同阶段。因此它是一个连贯的并具有阶段性的过程，每个阶段中都有各自的任务需要个体去完成。针对大学生在职业成熟度方面存在的上述问题，有关专家对大学生的职业发展提出了以下三条建议。

（1）更新就业观念。在当前严峻的就业形势下，大学生应该更新就业观念，调整就业目标，给自己一个清晰的定位。大学生应在入学后就及时设计自己的职业生涯规划，根据个人和社会的实际情况，明确自己的就业取向，加强在选择职业时的方向性、针对性，从而为自身的职业发展打下扎实的基础。

（2）学会自我调适。大学生要摆正自己的心态，正视求职过程中所遇到的挫折，要把挫折看作是磨砺意志、锻炼能力的好机会，要善于从挫折中总结经验教训，发现成功的诀窍。毕业生要保持一种积极乐观的心态，掌握科学的心理调适方法，从而及时消除不良情绪，缓解就业带来的巨大压力。

（3）提升竞争意识。大学生要有危机感和紧迫感，认识到当前严峻的就业形势，培养自己的竞争意识，激发学习动力，在奋斗中实现自己的人生理想与价值。要把学习当作自己的第一要务，认真学习专业理论知识，提高自身综合能力，并在此基础上，积极主动参加实践活动，初步了解职场的特性、运营方式。

案例分析

“唯一不变的是变化本身”

小赵是计算机科学与技术专业的在读学生。随着数字化转型和人工智能的兴起，他所学的专业领域正发生着翻天覆地的变化。在注重实践能力培养的背景下，小赵清楚地认识到，要想在未来职场中取得成功，他必须提前做好准备，适应这些变化。

（1）行业动态。计算机科学与技术领域正在迅速扩展，新兴的子领域，如人工智能、机器学习、网络安全和数据科学正成为行业焦点。

（2）就业市场趋势。随着技术人才需求的增加，就业市场对计算机专业人才的要求也在不断提高，不仅需要扎实的技术基础，还需要创新思维和跨学科能力。

（3）行业大事件的影响。小赵密切关注行业动态，特别是当某知名科技公司因未能妥善处理用户数据而导致重大隐私泄露事件时，他意识到技术伦理和网络安全的重要性。这一事件激发了他对数据保护和伦理问题的兴趣，并促使他选修了相关课程，深化自己在这方面的知识。

（4）紧抓实施要点，快速制订适应策略和行动。

（5）技术专长培养。小赵参与了学校与本地软件开发公司合作的项目，深入学习了当前流行的编程语言和开发框架。利用课余时间在MOOC平台上学习了云计算和移动开发等课程，不断扩大自己的技术视野。

（6）创新与实践能力。他积极参与学校组织的编程竞赛和项目实践，与团队一起开发了一款校园生活服务应用程序。

（7）数据分析与跨领域整合。小赵认识到数据分析在多个行业中的重要性，因此他辅修了数据科学，并参与了市场分析的跨学科项目。

（8）职业网络构建。他在学校老师的引荐下，通过参加行业大会和职业发展研讨会，与行业内的专业人士建立联系。

小赵的案例展示了一名高校学生如何通过积极适应教育模式的转变、技术革新、行业需求的演变以及就业市场的竞争，提前为自己的职业生涯做好准备。通过小赵的案例，我们可以看到，无论是技术能力、适应新工作模式的能力、终身学习的态度，还是对行业动态的敏感度，都是未来职场成功的重要基石。这些知识点和能力的提升，正是为了应对上文所描述的职业世界的变化，以及未来岗位对从业者提出的更高要求。

思考题

（1）小赵通过行业实践加深了对技术伦理的理解，这对你的职业规划有何启示？

（2）现在你所学的专业近几年有哪些变化？你会如何应对？

（3）对于获取最新最快的行业动向，你有哪些分享？

（4）你如何看待本专业的职业发展路径？

（5）本案例对你有哪些启发？

拓展阅读

大学生如何了解职业世界

大学毕业生普遍存在一个问题：欠缺对社会环境的了解。在学校里，学生们一直以学习为主，接触社会的机会较少，对职场的了解更少。因此，大学生在进入职场之前，要对社会环境做一个比较详细的了解和分析。

一般来讲，在进行社会环境分析时要考虑以下四点。

（1）确定一下自己在哪个地区就业。每个地区的环境是不一样的，不仅经济水平不一样，当地的文化也不一样，人才的储备和竞争也不一样。

（2）对行业进行分析。你在做规划的时候，要知道自己今后进入哪个行业。因此，你需要识别和评估行业的成长潜力，包括行业发展趋势、技术创新、市场需求和政策导向。分析该行业对于人才的具体需求和未来发展趋势。

（3）对一个组织、一个单位或一个公司进行分析。每一个公司跟另外一个公司肯定有一些不一样的地方。例如，企业文化和公司的财务情况等。在分析一个公司的情况时，你可以参考以下几个问题：同事怎么样、上级怎么样、工作氛围怎么样、经济实力如何、工作地点在哪里等。

（4）针对一个职位进行分析。任何一个职位都有两个要求，即基本要求和特殊要求。基本要求通常包括专业道德、沟通技巧、团队协作等通用素质；而特殊要求则涉及职位所需的专业技能、知识背景和工作经验。

本章小结

本章探讨了职业的概念、特性和作用，厘清了职业与岗位的区别和联系，强调了职业不仅是谋生的手段，更是个人实现自我价值和社会贡献的平台。在对职业产生和发展的历史进行系统梳理的基础上，总结了国内外的职业分类和演变。探索了新经济给职业世界带来的新变化，以及新职业对从业者的新要求。本章的重点是职业的概念、特性和分类方式，难点是职业内容和方式的新变化和新职业对从业者的新要求。

职业规划大赛指导

大学生职业规划大赛简介

根据《教育部关于举办首届全国大学生职业规划大赛的通知》（教学函〔2023〕1号）要求，首届全国大学生职业规划大赛（以下简称大赛）于2023年9月至2024年5月举办。大赛的主题是：筑梦青春志在四方，规划启航职引未来。

大赛的目标是努力将大赛打造成强化生涯教育的大课堂、促进人才供需对接的大平台、服务毕业生就业的大市场。通过举办大赛，更好地实现以赛促学，引导大学生树立正确的成才观、就业观和择业观，科学合理地规划学业与职业发展，提升就业竞争力；以赛促教，促进高校提高大学生职业生涯教育水平，做实做细毕业生就业指导服务；以赛促就，广泛发动行业、企业和高校参与赛事活动，推动人才供需有效对接，全力促进高校毕业生高质量充分就业。

按照教育部的工作安排，今后每年都将举办一届全国大学生职业规划大赛。大赛包括学生成长赛道和就业赛道，每个赛道都设高教组和职教组。其中成长赛道面向低年级同学，就业赛道面向高年级同学。高职院校的所有学生，都可以在相应的赛道参赛。本教材的各个部分，都会结合教学内容为同学们提供参赛指导。

课程思政活动

依据2022年版《中华人民共和国职业分类大典》，绿色职业被特别标识，共133个，占职业总数的8%，主要涵盖冶金热能、汽车、供用电、环境卫生等关键领域，这些职业在全球受到高度重视，是推进实现碳达峰和碳中和目标的重要力量。

可持续发展的职业路径探索：本次活动旨在通过深化环保意识和社会责任感，提升学生对可持续发展理念的理解和对绿色职业的认知，激励学生探索与个人兴趣和能力相匹配的绿色职业，帮助学生将可持续发展理念融入职业规划中，培养创新思维与实践技能，以期学生在未来的职业生涯中为社会的可持续发展作出积极贡献。

推荐活动：

（1）开展绿色职业角色扮演。组建学习小组，每个小组选择一个绿色职业。同学们通过角色扮演，展示该职业如何在日常工作中履行社会责任。

（2）组织绿色主题校园活动。以小组为单位组织环保主题的校园活动，带动更多同学参与绿色活动，并在活动中培养保护环境的责任感。

（3）开展绿色主题实践项目。以小组为单位参与或发起绿色项目，如节能减排竞赛、校园绿化等活动，将所学知识付诸行动。

（4）参观绿色企业和机构。以小组为单位参观绿色企业和机构，可以直观地了解绿色职业的实际工作环境，并争取与行业专家进行交流。

形成性训练

一、思考题

（1）如何理解职业对个人发展的作用？

（2）如何理解职业与岗位的区别？

（3）今天的职业环境有哪些新变化？

（4）如何理解灵活就业？

（5）新生产力发展将催生哪些新职业？

二、毕业校友调查

请选择 3 ～ 5 名学校所在地区与你专业相同或者相近的往届毕业生，对当地大学生的就业和职业情况进行调查和分析，在此基础上完成一份调查简报。

调查简报的内容主要包括：

（1）调查时间。

（2）被调查人姓名。

（3）被调查人所学专业。

（4）被调查人毕业时间。

（5）被调查人现工作单位。

（6）被调查人首薪。

（7）被调查人现薪。

（8）被调查人单位员工的大致学历状况。

（9）被调查人给我的就业建议。

（10）我的感受与思考。

三、生涯人物访谈

通过生涯人物访谈，同学们将有机会深入了解某个职业领域，与业内人士进行深入对话，并从中获得宝贵的第一手经验。这不仅是一次学习任务，更是一次了解职业和个人成长的机会。请带着积极、开放的心态，准备开始这次独特的学习之旅。

（一）访谈对象

在寻找访谈对象时，可以从以下几个途径入手。

（1）校友资源。利用学校的校友网络，联系那些在你们感兴趣的领域工作的前辈们。他们通常很愿意帮助学弟、学妹，分享他们的经验和见解。

（2）职业导师。如果你们有指定的职业导师或指导老师，不妨向他们寻求帮助，他们可能会介绍一些行业内的联系人。

（3）社交媒体。互联网社交平台是接触行业专家的好地方。你们可以礼貌地发送请求，并说明访谈的目的。

（4）本地企业。你们所在地区的企业或组织可能愿意接受学生的访谈请求。不妨直接联系他们，表达你们的学习意愿。

（5）行业活动。参加行业相关的会议、研讨会或职业博览会，这些都是与行业专家建立联系的好机会。

（6）家庭和朋友。不要忽视你们的家庭和朋友网络，他们可能在某些领域能够提供有价值的介绍。

（7）公共服务。如果你们对公共服务或非营利组织感兴趣，可以联系当地的政府部门

或非政府组织。

（8）学术研究。对于对学术研究感兴趣的同学，可以考虑联系大学教授或研究机构的研究员等。

（二）访谈准备

（1）明确你想要了解的具体问题和话题。

（2）设计开放性问题，鼓励被访谈者分享他们的故事和见解。

（3）做好充分的背景研究，了解被访谈者的职业背景和行业信息。

（三）访谈目标

（1）通过与“被访谈者”的深入对话，了解该职业的日常运作、行业趋势、职业挑战与机遇，以及个人职业发展的路径。

（2）请花时间反思这次访谈给你带来的启发，思考如何将这些经验应用到你的学习和未来的职业发展中。

（四）访谈提示

（1）保持尊重和专业的态度。

（2）积极倾听，适时提问，深入挖掘。

（3）记录关键信息，但也要注意非语言交流的细节。

（4）致谢，不要忘记感谢那些在这次访谈中给予你帮助的人，包括被访谈者、指导老师以及你的家人和朋友。

四、职业幻游

请闭上你的眼睛，深深地吸一口气，并且将身体放松，彻底地放松，清除头脑里的各种想法和忧虑。

想象五年后你正准备上班，坐在床边琢磨着今天穿什么好；你翻看衣柜……最后，你选择什么样的衣服……

想象你已经准备好了去上班，你对这一天有什么想法？当你渴望开始一天的工作时，你有一种什么样的感觉……

想象你正在去上班的路上，你是乘什么交通工具去上班的，家离工作地点有多远，这时你有了什么想法和感受……

想象你已经进入工作状态，你的工作地点在哪里，在室内还是室外，它是什么样子，你有什么样的想法和感受……

现在，你一天的工作已经结束了，这一天你过得满意吗？想象一下你回到家有没有谁迎接你，如果有，谁是第一个迎接你的人……

五、职业发展盾形图

请在A4纸上画一个盾形图，如图1–1所示，然后按照如下步骤在图中填写你的个人情况，你对职业世界的了解以及你个人的职业选择。

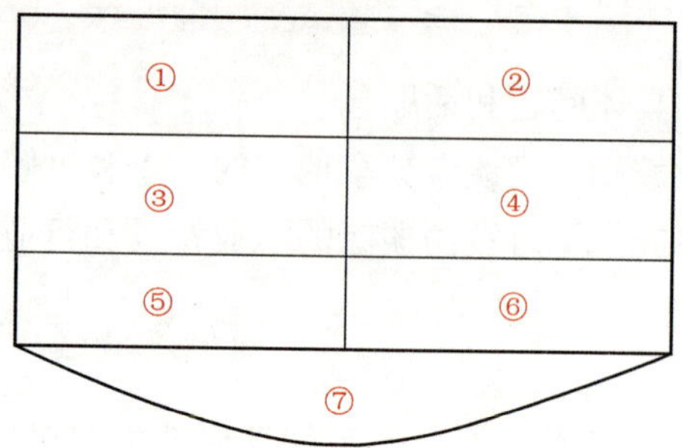

图1–1 职业发展盾形图

① 在第一个矩形中填入你的价值观。

② 在第二个矩形中填入你的个人优势。

③ 在第三个矩形中填入你比较脆弱的地方。

④ 在第四个矩形中填入你对压力的反应。

⑤ 在第五个矩形中填入你将如何提升你的技能。

⑥ 在第六个矩形中填入驱动你发展的动力。

⑦ 在第七个图形中描绘出你10年后的职业生涯图景。

第二章

大学生自我探索与自我提升

学习目标

（1）了解自我探索的意义。

（2）掌握人格、兴趣、能力和价值观的概念。

（3）理解人格、兴趣、能力和价值观对个人职业选择和职业发展的影响。

（4）能够借助正式测评与非正式测评进行自我探索。

（5）形成自我反思的习惯和自我提升的意识。

（6）能够根据个人职业发展要求进行有针对性的自我提升训练。

导入案例

就读文秘专业的梓琳是大一新生，得知学校有转专业的相关规定后，她感到非常纠结，不知道是否应该争取这个机会，于是就找到辅导员老师咨询。她说："这个专业是父母帮我选的，他们认为做文秘不用出外勤，就是接电话、管理办公用品、预定会议室等，比较轻松，适合女孩子。以前我也很认可父母的这个观点，觉得自己挺文静的，能坐得住，很适合这样的工作。但我现在挺后悔的，入学之后发现我对这个专业没兴趣，我很想能做一份适合自己的工作，每天都能充满干劲地去上班，也能实现自己的价值。但我不知道自己的兴趣是什么，也不知道自己擅长干什么……"

第一节 通过正式测评了解自我

从前面的案例中可以看出，高职院校大学生对自己的认知是存在偏差的，现实中的自己、理想中的自己和他人眼中的自己，往往是不一致的。然而，每个人对自己的认识都是有限的，要想更好地了解自己，特别是自己的盲点或潜力，往往要借助一些方法和工具。

在职业生涯规划领域，辅助进行自我探索的工具有两种，即正式测评和非正式测评。这里说的正式测评，指的是运用标准化问卷进行的测评；而非正式测评，指的是通过观察、谈话和游戏等方式进行的测评。在现实生活中，人们通常会将两种方式结合起来使用，从而获得对自己更加清晰和准确的认知。

运用标准化问卷进行的职业测评是心理测验的一个分支，它是以特定的理论为基础，经过设计问卷、抽样、统计分析、建立常模等程序编制而成。标准化职业测评兴起于20世

纪初，在美国军事和工业领域中获得了广泛应用，大大提高了职业招聘和培训部门的经济效益。1926 年美国飞行学校的学员中，有 87% 的人因飞行不佳而被淘汰，其原因是空中飞行心理适合性不佳。第二次世界大战后，美国空军采用职业测评工具进行飞行员选拔，结果飞行员的淘汰率降至 36%。

据统计，全球约有 3/4 以上的大公司，在人员甄选、安置和培训方面采用了职业测评，而且越来越多的中小公司也开始加入这一行列。例如，美国电话电报公司早在 20 世纪 30 年代就启用评价中心技术，即使用职业测评工具考查自己的管理者，并取得了满意的效果。摩托罗拉公司很早就将心理测量工具用于员工招聘和中高层管理者选拔。

在我国，随着近年来就业形势的变化，职业测评也越来越引起人们的关注，各企事业机构也开始将职业测评运用于招聘之中。联想集团是国内较早在招聘中运用职业测评的企业，以前联想集团单纯通过面试招人的准确率是 40%，而实施职业测评之后，面试的准确率提高到了 60%。

正式测评被企业大量运用，作为个体也可以借助这些测评工具来认识自我，因为这是一种科学且系统的方法，具有较高的信度和效度。下面将对人格、兴趣、能力和价值观等对个人职业选择和发展具有重要影响的个体心理特征以及对它们进行正式测评的常用工具做一个简要的介绍。

一、人格与人格测评

人格是个体在与社会互动中形成的相对稳定的、独特的心理特质和行为倾向的综合体。它是由不同成分构成的一个结构系统，不同成分从不同侧面反映个体的差异。人格结构系统包括认知、动机、气质、性格、自我调控等成分，其中气质与性格是人格的重要组成部分。

气质是人格结构中比较稳定的，并与遗传素质联系密切的成分。气质的心理活动特征主要表现在心理活动的强度、速度、稳定性、灵活性与指向性上。这种特征既决定了个体心理活动的动力特征，又给每个人的心理活动蒙上了一层独特的色彩。

性格是个体对现实的稳定态度和习惯性行为方式的总和，它是一种与社会影响密切相关的人格特质。性格是在先天遗传因素与后天教育影响下形成的，通常具有稳定性，但在特殊情况下，如生活中的重大打击等，会使人的性格发生重大变化。

从上面的介绍中可以看出，性格与人格是两个不同的概念，但在日常交流中，两者常常被混为一谈，所以在正式测评工具的介绍中，选择了将它们放在一起，并会在介绍中讲明各个工具的适用条件和适用范围。

（一）卡特尔 16 种人格因素问卷

16 种人格因素问卷（Sixteen Personality Factor，16PF）是由美国伊利诺伊州立大学人格及能力测验研究所卡特尔教授编制的。16PF 的测评不仅可以反映受测者人格的乐观、聪慧、自律、独立、敏感、冒险、怀疑等 16 个方面中，每个方面的情况和其整体的人格特点组合情况，还可以通过某些因素的组合效应，反映性格的内外向型、心理健康状况、人际关系情况等。

16PF 测试适用于 16 岁以上的青年和成人，现有 5 个版本：A、B 本为全版本，各有 187 个项目；C、D 本为缩减版本，各有 106 个项目；E 本适用于文化水平较低的被试者，有 128 个项目。我国现在通用的是美籍华人刘永和博士在卡特尔的赞助下，与伊利诺伊州立大学人格及能力研究所的研究员梅瑞狄斯博士合作，于 1970 年发表的中文修订本。

（二）MBTI 性格类型测试

MBTI（Myers–Briggs Type Indicator）是一种自陈式的人格测评工具，全称为迈尔斯 – 布里格斯性格分类指标。MBTI 将个体行为差异分为四个维度，包括精神能量指向、信息获取方式、决策方式以及生活态度取向，每个维度包括两个方向，代表不同的偏好倾向。

MBTI 性格理论始于著名心理学家卡尔 · 荣格的心理类型学说，后经美国心理学家凯瑟琳 · 布里格斯和她的女儿伊莎贝尔 · 迈尔斯深入研究而发展成型。它已被翻译成十多种文字。近年来，全世界每年有二百多万人次接受 MBTI 测试。据统计，世界前一百强公司中有 89% 的公司将引入使用 MBTI 作为员工和管理层自我发展、改善沟通、提升组织绩效的重要方法。

（三）DISC 性格测试

DISC 理论由美国心理学家威廉 · 马斯顿在 1921 年的著作《常人的情绪》中提出。DISC 理论对不同年龄、性别、种族、国别的人们均适用，已经成为人类共同的性格语言。迄今为止，有多家公司根据 DISC 理论开发出了相应的 DISC 性格测试，并广泛应用于政府、军队和企业中，迄今为止已经有超过八千万人做过 DISC 测试。

由于 DISC 测试实施的简便性以及测试结果使用的便利性，DISC 测试受到企业界的热烈欢迎。DISC 性格测试主要从支配性（Dominance）、影响性（Influence）、稳定性（Steadiness）、服从性（Compliance）四个维度对个体进行描绘，揭示个体激励因素、沟通方式、决策风格、能力特长、抗压能力等特质。广泛用于企业招聘、选拔和个人提升潜能和增强幸福感等方面。

二、兴趣与兴趣测评

兴趣也是个体最重要的心理特征之一，它是个体力求认识某种事物或从事某种活动的心理倾向。兴趣受个体的价值观、家庭、社会、文化和物质环境等因素的影响，具有稳定、持久的特征。当个体对某件事或某项活动产生兴趣时，会表现出对事件或活动的关心，给予优先注意，主动花费时间和精力并积极采取行动。

职业兴趣是指人们对某种职业活动具有的比较稳定而持久的心理倾向，对该种职业活动表现出肯定的态度，并且积极思考、探索和追求。职业兴趣不是天生的，它的形成与人们所处的历史条件、实践活动和对自身能力的认识有着密切的关系，对个体的职业活动起

着重要作用，并会影响个体的职业选择。

心理学对兴趣的测评主要是通过个体对客观事物的不同反应，以及对陈述项目的不同选择来评估个体兴趣倾向的。它能帮助人识别自己的兴趣类型，并将其与特定的职业领域相对应。据统计，目前在我国使用最多的兴趣测评是霍兰德职业兴趣测验。

霍兰德职业兴趣测试是由美国约翰·霍普金斯大学心理学教授、美国著名职业指导专家约翰·霍兰德于 1991 年提出来的。他认为人的人格类型、兴趣与职业密切相关，兴趣是人们活动的巨大动力，人们从事其具有职业兴趣的职业，可以提高他们的积极性，从而促使他们积极地、愉快地从事该职业。霍兰德职业兴趣测验是基于他的上述观点开发出来的。通过评估个人的兴趣和倾向，可以帮助人们识别最适合自己的职业路径。

霍兰德将个体的人格分为六种类型：实用型 R（Realistic）、研究型 I（Investigative）、艺术型 A（Artistic）、社会型 S（Social）、企业型 E（Enterprising）和常规型 C（Conventional），每个人的人格都属于其中的一种。这六种类型按照一个固定的顺序可排成一个六角形，如图 2-1 所示。

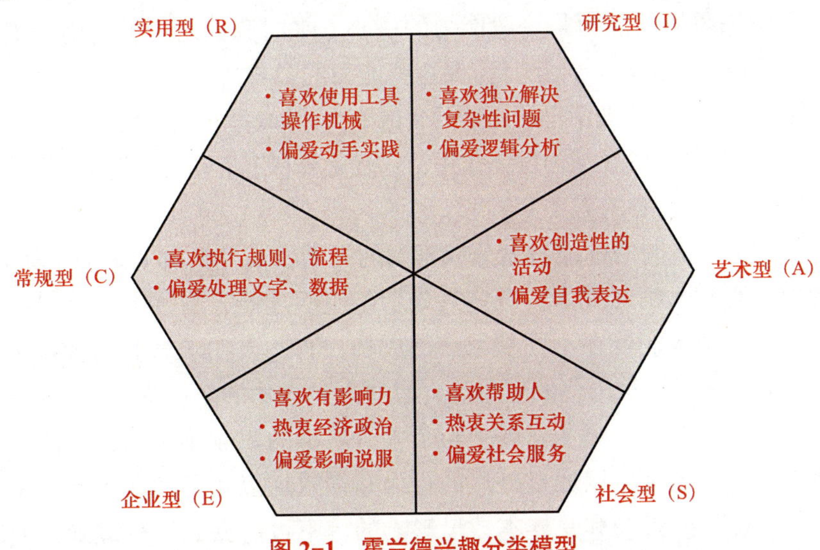

图 2-1　霍兰德兴趣分类模型

从图 2-1 中可以看到，图形的每一个角代表一个职业性向。任何两种职业类型之间的距离越近，其职业环境及人格特质的相似程度就越高，如企业型和社会型距离最近，它们的相似性就最高。反之，则其一致性最低，如企业型和研究型的相似性最低。

根据霍兰德的研究，如果一个人的两种性向是相邻的话，那么他将会很容易选定一种职业。如果此人的性向是相互对立的，那么他在进行职业选择时将会面临较多犹豫不决的情况。人与所选职业的适应与匹配程度，该模型将会有所体现。

六角形模型可以帮助我们对个体的人格和兴趣与职业环境类型之间的适配性进行评估。例如，一个艺术型人格特质占主导地位的人，在设计类的职业环境中工作会感到很舒适。但如果让他在常规型工作环境中工作，那么他可能会感到很约束、不舒服。

一个人会同时有几种职业兴趣，选择与自我兴趣类型相匹配的职业环境，能更好地发挥个人的潜能。但个体通常是多种兴趣类型的综合体，有时无法选择与自己兴趣完全一致的职业环境，因此评价个体的兴趣类型时，可以根据每个类型得分高低依次排列，选择得分前三位的类型构成其职业代码。

三、能力与能力测评

能力是指人们成功地完成某种活动所必须具备的个性心理特征。一般认为能力有两种含义：其一是已经发展出来或是表现出来的实际能力，如能打篮球、会开汽车、擅长拉小提琴等；其二是潜在能力，即各种实际能力展现的可能性。

在现实生活中，潜在能力和实际能力是紧密相连、不可分割的。潜在能力是实际能力形成的条件和基础，而实际能力是潜在能力的展现。潜在能力只有在遗传和成熟的基础上，通过学习才能变成实际能力。

能力还可以分为一般能力和特殊能力。

一般能力是指大多数职业活动所共同需要的能力，如观察能力、记忆能力、思维能力、想象能力等，其中抽象概括能力是一般能力的核心。平时我们所说的智力，就是指一般能力。人们不管要完成什么活动，几乎都需要这些能力的参与。

特殊能力是指从事特定职业活动所必须具备的能力，如音乐、绘画、数学、写作、汽车驾驶等。特殊能力只在特殊活动领域内发生作用，它是完成特定活动必不可少的能力，只是有的职业需要特殊能力多一些，有的需要少一些。

能力不但可以按照不同的标准被划分成不同的类型，而且具有明显的个体差异。例如，有的人擅长音乐，有些人精通美术；有些人显示出组织才能，有些人有很强的口头表达能力。能力的个体差异使人们能在不同领域获得成功，有些人在求学时出类拔萃，有些人走进社会后如鱼得水；有些人是出色的理财师，有些人是成功的企业家。

职业能力是在职业选择、职业发展中与个人所从事的职业要求相适应的心理特征，它和其他各种能力一样，也是可以通过外显的行为和绩效加以测量的。当然，这种测量与其他心理测量一样，也是间接的和受样本数量影响的，不可能做到十分准确，但能够为职业能力的评价提供一定的参考价值。

（一）一般能力倾向成套测验

能力倾向是指构成某种知识、技能和一定行为模式的各种个人特质的状态组合。它是一些对不同职业的成功，在不同程度上有所贡献的心理因素。国外最早的能力测验是GATB（General Aptitude Test Battery），即一般能力成套测验。它是1947年由美国劳工部发表的，随后其他国家的许多专业人员对它进行了修订。我国学者戴忠恒和方俐洛、凌文铨等人做了进一步修订，推出了中国城市版的问卷。

（二）职业能力倾向测验

职业能力倾向测验（Employee Aptitude Survey，EAS）编制于20世纪60年代左右，该

测验发表后，研究者和使用者不断地积累有关资料，并于 1994 年修订出版了第二版。EAS 的十个测验的内容是：言语理解、数字能力、视觉追踪、视觉速度和准确性、空间想象、数字推理、言语推理、言语流畅性、操作速度与准确性、符号推理等。我国学者毕重增于 2003 年对 EAS 的第二版进行了修订，并对其信度和效度进行了分析。

（三）加德纳多元智能测评量表

加德纳多元智能测评量表源自美国教育学家和心理学家加德纳在 1983 年提出的多元智能理论（Multiple Intelligences，MI）。他认为人类思维和认识的方式是多元的，包括自我认知智能、人际智能、音乐智能、身体运动智能、空间智能、数学逻辑智能、语言智能和自然认知智能八种智能类型，如图 2–2 所示。

图 2–2　加德纳多元智能模型

多元智能理论对传统的智能观念提出了挑战，它强调智能不仅仅是单一的、可量化的智力指数，而是包含多个维度的综合体，每个人都拥有多种不同的智能，而且这些智能彼此之间是相互独立的，教育应该尊重每个个体的独特性，发展各自的优势智能。这套量表可以用于全面了解个体在这些领域的能力表现，从而帮助我们更好地了解自己的优势和不足，为个人能力的提升提供有力的支持，进而更好地为我们未来发展和职业规划提供参考。

四、价值观与价值观测评

价值观是指一个人对周围的客观事物（包括人、事、物）的意义、重要性的总评价和总看法。价值观是随着个人知识的增长和生活经验的积累逐步确立起来的，在这个过程中，家庭、学校和所处工作环境等，都对价值观的形成起着十分重要的作用。价值观虽然是后天形成的，但它一旦确立便具有相对的稳定性，并会形成一定的价值取向和行为定式，对人的行为、态度、观察、信念、理解等起着支配作用。

德国著名哲学家斯普朗格在《人的类型》一书中，提出了六种类型的价值取向。他认为事物的价值分为六种，即理论的价值、经济的价值、审美的价值、社会的价值、政治的价值和宗教的价值。相应地，人们的价值观可分为六种，见表 2-1。

表 2-1　斯普朗格价值观的六种类型

价值观类型	价值观特点
理论型	重视以批判和理性的方法寻求真理
经济型	强调有效和实用
审美型	重视外形与和谐匀称的价值
社会型	强调对人的热爱
政治型	重视拥有权力和影响力
宗教型	关心对宇宙整体的理解和体验的融合

职业价值观是人们对待职业的一种信念和态度，或是在职业生涯中表现出来的一种价值取向。它影响着人们对职业和职业发展的看法，以及对自己和影响职业选择的因素的理解，进而支配着人们的职业信念、择业心态和行为。为了帮助人们能够更好地了解自己的价值观和职业价值，心理学家开发出了一些简单易用的测评工具，以下四种最具有代表性。

（一）价值观研究量表

价值观研究量表是由美国心理学家奥尔波特等人于 1931 年编制的，1951 年、1960 年又进行过两次修订。该量表属纸笔测验，适用于大学生和其他成人。价值观研究量表的理论依据是斯普朗格的六种理想价值类型，测验包括两个部分，共有 45 个项目，用于测量个人人格中相对突出的六种基本兴趣、动机和评价态度。自从量表问世，奥尔波特等人进行了大量测试工作，以确定其信度、效度和常模。该量表广泛用于心理学研究，包括普通心理学、社会心理学、人格研究、心理测验等，它常用于分析团体差异、价值观的变化及发展、团体相似性、知觉、认知与价值观的关系以及其他兴趣和态度等方面。

（二）生活方式问卷

生活方式问卷是莫里斯于 1956 年编制的。该问卷共包括 13 种生活方式，每种生活方式分别用一段长短相近的文字描述，各种生活方式强调的内容都有所不同。

（1）保存人类最高的成就。个人参加其社区中的群体生活，其目的不是要改变它，而是要了解、欣赏和保存人类已成就的最好的东西。

（2）培养独立性。一个人必须避免依赖他人或外物，生命的真谛应从自我中体验。

（3）对他人表示同情和关切。以对他人的关怀和同情为中心，温情是生活的主要成分。

（4）轮流体验欢乐与孤独。在美好的生活中，孤独与群处都是不可缺少的。

（5）在团体活动中实践和享受人生。个人应该参加社群团体，享受友谊与合作，以求实现大家的共同目标。

（6）经常掌握变动不定的环境。

（7）将行动、享乐与沉思加以统一。

（8）无忧、健康地享受生活。

（9）人生中那些美好的事物都是自然而来，不求而至的，人应该在安静的接纳中等待。

（10）坚忍地控制自己。自我控制是生活的主旨。

（11）静观内心生活。

（12）从事冒险性的活动。

（13）服从宇宙的安排。

莫里斯让被试者用此问卷来评定对各种生活方式的喜好程度，然后按喜好程度分七个等级依次确定 13 个项目的顺序。这种方法主要探讨的是有关生活方式的价值问题。日本心理学家田宗介在其《价值意识的理论》（1966）一书中，将 13 种生活方式简化命名为中庸型、达观型、慈爱型、享乐型、协作型、努力型、多彩型、安乐型、接受型、克己型、冥想型、行动型、服务型。这种命名有助于理解莫里斯对价值观的分类。后来日本和中国的一些学者也据此做过一些调查。

（三）价值观调查表

价值观调查表是罗克奇于 1973 年编制的。罗克奇的价值系统理论认为，各种价值观是按一定的逻辑意义联结在一起的，它们按一定的结构层次或价值系统而存在，价值系统是沿着价值观的重要性程度的连续体而形成的层次序列。他提出了两类价值系统：终极性价值观和工具性价值观。价值观调查表中包含 18 项终极性价值和工具性价值，每种价值都有一段简短的描述。施测时，让被试者按其对自身的重要性对两类价值系统分别进行排序，将最重要的排在第 1 位，次重要的排在第 2 位，以此类推，最不重要的排在第 18 位。该量表可测得不同价值在不同的人心目中所处的相对位置，或相对重要程度。这种研究是把各种价值观放在整个系统中进行的，因而更体现了价值观的系统性和整体性。价值观调查表的优点在于，它是在一定的理论框架指导下编制而成的，其中包括的价值项目较多且简单明了，便于被试者掌握，施测也容易。

（四）职业价值观量表

职业价值观量表是由美国心理学家舒伯于 1970 年编制的。该量表包含 3 个维度：内在价值观（与职业本身性质有关的因素）、外在价值观（与职业性质有关的外部因素）和外在报酬，共有 13 个因子：利他主义、美感、智力刺激、成就感、独立性、社会地位、管理、经济报酬、社会交际、安全感、舒适、人际关系、变异性或追求新意。该量表是一种被广泛使用的职业价值观评估工具，主要用于衡量工作中和工作以外的价值观，以及激励人们工作的目标。它可以帮助个人更清晰地了解自己的需求和期望，从而避免在选择职业时感到不满或失落。同时，它也有助于组织了解员工的职业需求，为员工提供更好的职业发展机会和福利待遇，从而提高员工的工作满意度和忠诚度。

案例分析

性格开朗适合做程序员吗

小卢是某高职院校计算机应用技术专业大三的一名学生。他性格开朗，平时喜欢和朋友一起打羽毛球，有一定的管理能力，是学院的分团委书记，经常参加学校的志愿者活动。他曾经还作为小组长，带领两支团队参加“物联网技术应用”省级竞赛，并获得了不错的成绩。

小卢未来的职业梦想是成为一名嵌入式开发程序员。但是他身边不少朋友觉得，性格开朗的他不太适合做程序员，因为这份工作需要长时间待在比较狭小的空间中面对电脑，跟人交流的机会也会比较少。不少朋友建议他从事销售、客服等相关工作，所以他当前比较迷茫。

为此，他主动来到学校职业指导室，请老师对他进行职业生涯规划指导。在谈及咨询目的时，小卢说他希望通过职业规划更好地了解自己，帮助自己实现职业目标。因为他觉得自己对未来不太确定，职业目标也不明确。在了解了小卢的情况后，老师使用霍兰德的职业自我探索量表对小卢进行了测试，小卢的霍兰德六边形测试结果如图 2-3 所示。

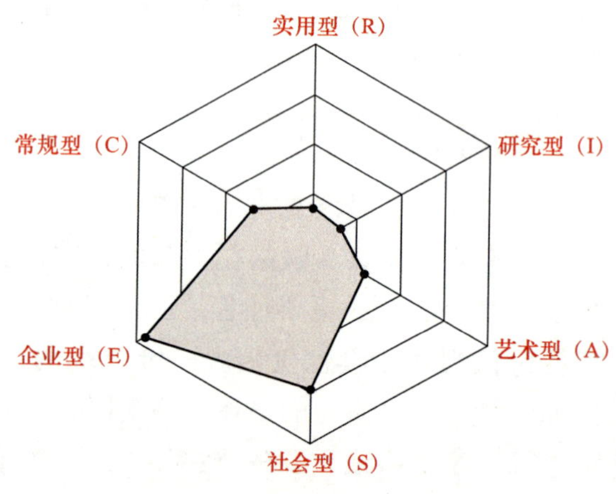

图 2-3　霍兰德六边形测试

小卢的霍兰德职业兴趣测试结果为 RIE，根据职业兴趣代码与相应的职业对照参照表，小卢适合的职业包括了计算机硬件人员、嵌入式开发工程师、制图员、机械装配工程师、航空工程技术人员。小卢看到结果后，显得很惊讶，他一直以为自己性格开朗，做事大大咧咧，从事程序员的工作会有一定的阻碍；没有想到通过测试发现，自己还挺适合做程序员工作的。

在消除了疑虑后，小卢确定了自己的职业计划，并很快就进入广州某科技有限公司，成为一名嵌入式助理工程师，主要负责协助项目组完成部分软件程序编写工

作，并一直工作得非常快乐。

霍兰德的类型论提供了一个重要的生涯辅导理念：把个人特质和适合这个特质的工作联结起来。生涯辅导强调生涯探索，以及对自我能力、兴趣、价值及工作的探索，霍兰德代码巧妙地拉近了自我和职业世界之间的距离。小卢借助霍兰德代码的协助，找到了适合自己的职业方向，并很快实现了就业。

思考题

（1）小卢同学在职业选择中遇到了哪些困惑？

（2）当你遇到职业发展问题时，是否愿意到学校职业指导室求助？

（3）你认为霍兰德测试推荐的职业是否靠谱？

（4）本案例对你有哪些启发？

拓展阅读

如何理解自我认知

自我认知就是对自己进行科学、全面、彻底的剖析，自我认知的目的是认识自己、了解自己。在对职业生涯进行规划的过程中，通过自我认知，可以将个体从“我想干什么”转变到“我能干什么”。这个过程需要运用适当的途径和方法，以达到正确认识自身优点与不足的目的，从而实现对个人能力的管理与监督。

不同的择业者有不同的职业适应范围，不同的职业对人有不同的要求，两方面的最佳结合就是择业者的个人特征与职业对人的要求相匹配。因此，弄清个人特征是科学地选择职业的基本条件。就大学生进行职业规划设计而言，以下几个方面是自我认知的主要内容：

（1）职业兴趣——喜欢做什么。

（2）职业能力——能够做什么。

（3）职业人格——最擅长做什么。

（4）职业价值观——最看重什么。

判断一个人是否成功，主要是看他是否最大限度地发挥了自己的优势，这是职业生涯设计成功的重要依据。要想在职业生涯方面获得成功，必须先要学会正确认识自己，发现自身禀赋和优势。在职业生涯规划设计中，如果能根据自身优势选择职业，并把优势如能力、兴趣、性格等发挥到极致，就会事半功倍，如鱼得水。

第二节 通过非正式测评了解自我

除了专业的正式测评工具外，我们还可以通过非正式测评方式，多方位地对自我进行探索。非正式测评是一种非官方的、非标准化的评估方法，通常用于衡量个人或团队的技能、知识、能力等心理特征。与正式测评相比，非正式测评更加灵活、简便，不需要严格的程序和标准。它可以根据具体情况进行调整，以适应不同的需求和目标。在职业生涯规划领域，常见的非正式测评有以下三种。

一、访谈法

访谈法是一种研究方法，它通过与学生进行对话来收集他们的态度、兴趣、志向、价值观以及其他情感资料，这一过程旨在确保所收集资料的精准性。它是职业生涯规划中一种常用的信息收集手段，是一种从被评估者的同学、朋友和家人那里获取关于被评估者日常表现和行为的反馈方法。

最常见的访谈法是“360 度环评”，又称多渠道评估法，它是通过收集与被评估者有不同关系的、来自不同层面人员的评估信息，全方位地评估对象的方法。通过评估反馈，可以获得来自多层面人员对被评估者素质、能力等方面的评估意见，从而比较全面、客观地了解有关被评估者的个人特质、优缺点等信息，并作为被评估者进行职业生涯规划及能力发展的参考。例如，通过家人、亲戚、朋友、老师和同学等周围的人对被评估者本人进行客观的分析，来达到自我认知，探索适合自己的职业道路。因此，这是一种极具价值的自我评估方法。

以下是实施这一评估方法的详细步骤。

（一）确定评估目标

（1）个人发展：帮助学生识别自己的长处和短处，促进个人成长和学术成就。

（2）职业规划：通过了解自身的各方面能力，学生能更好地做出职业选择和发展规划。

（二）设计评估问卷

（1）问卷内容包括人格特性、能力特点、价值观等方面的评估，如性格、兴趣、学术能力、团队合作等方面。

（2）可结合可量化的评分题和定性的开放性问题，获得全面反馈，可参考以下三种题目类型。

①选择题，如：

你认识被评估者的时间有多长？

A. 少于6个月　　B. 6个月到1年　　C. 1～2年　　D. 超过2年

②评分题（基于5分制评分，5分为最高），如：

你认为被评估者的适应性可以打几分？

③开放性问题，如：

你认为被评估者最大的优点是什么？

你认为被评估者是否具有领导潜力？请说明理由。

（三）选择评估参与者

（1）多样性：邀请不同性别、年龄、关系亲疏不等的同学、朋友、家人，甚至是师长参与，以获得多角度的反馈。

（2）人数：建议至少包括5～10个与被评估者有较直接互动的人。

（3）意愿：确保所有被访者了解评估的目的，并愿意提供真实的反馈。

（四）评估方式

可以通过线下面谈，或使用问卷星等在线调查工具。

（五）收集和分析数据

（1）整理：对收集到的数据进行整理，分别归纳正面和负面反馈。

（2）分析：寻找反馈中的共同点和差异点，特别关注那些高频出现的关键词。

（3）比较：将自我评估的结果与他人的反馈进行比较，识别一致性和差异性。

（六）总结与改进

（1）总结：概括收到的反馈，突出主要的优点和改进区域。

（2）行动计划：基于评估结果，制订具体的行动计划，旨在强化长处和克服短处，包括参加培训、加入学习小组或寻求导师指导等。

（3）定期检查行动计划的执行情况，必要时进行调整。建议每年完成一次360度环评，以监控长期的进步和持续的个人发展。

通过访谈法，个人不仅能够获得宝贵的职业发展建议，了解自己的兴趣、技能和价值观，还能通过反思和自我评估，加深对自己职业方向的理解，以便制订更有效的职业发展计划。这种方法强调的是个性化的职业路径探索，而非一成不变的职业阶梯模型。

二、发展清单

发展清单（Development Checklist）是一个用于规划和跟踪个人或组织发展目标和任务的工具。这种清单可以帮助个体和组织确保他们在追求成长和进步的过程中，不会遗漏重要的步骤或活动。发展清单没有固定的格式和内容，通常包括自我评估、职业目标设定、技能提升、实践经验、工作表现与反馈、绩效评估等。

发展清单主要是根据个人情况来描述其职业生涯中最为重要的因素，所以清单的内容和形式是因人而异的。正常情况下，发展清单下的因素包含工作环境、工作关键、内在价值等，其中每个因素又包含了其他方面内容，如工作环境中涵盖灵活性、安全保障、薪资水平、升迁机会、工作地点等。通常情况下，填写发展清单，具有以下四种作用。

（一）记录曾经的自己

人们的认知会不断更新，通过不断记录新的清单，可以完成对自我的梳理。除了记录人生中的大事记，还可以制作一张自己的历史年表。通过回忆过往，发现自己潜意识里的东西，看清在人生的一些转折点上自己是如何抉择的，进而思考对自己来说，什么才是最重要的，并提醒现在的自己。

（二）重新认识现在的自己

写下自己的优缺点是进行自我评估最基本的步骤，这个清单不仅仅是罗列，更重要的是从中学习和自我提升。应该效仿那些优秀的人，同时对于那些不受人喜欢的特质，要进行自我反省并努力改正，以实现个人成长。

（三）期待将来的自己

要想获得人生的方向感，还需要列出自己的愿望清单、梦想清单。在有了确切的目标后，才会有动力去努力，才不至于迷失在日常的忙碌之中。清单不仅可以帮助人们明确自己想要成为怎样一个人，还可以帮人们认识与目标之间的距离，让其反思还需要付出怎样的努力，并确认目标实现的进度。

（四）使用发展清单的基本步骤

1. 确定自我探索的目标

确定自我探索的目标是指明确你希望通过自我探索达到什么目的，如了解职业发展方向、提升个人技能或者深化对自我的认知等。

2. 创建发展清单

创建发展清单包括列出自己擅长的领域和技能，如专业技能、软技能（沟通能力、团队协作能力）等；描述自己的兴趣爱好和喜欢的活动，这有助于了解自己的内在动机和热情所在；思考并列出对自己而言重要的价值观，如家庭、事业、健康、自由等；诚实地评估自己的不足和需要改进的地方，这有助于制订有针对性的提升计划；明确自己的短期和长期目标，以及自己的愿望。

3. 分析清单内容

仔细阅读所填写的清单内容，思考它们之间的联系和潜在的模式。尝试找出自己的优

势和兴趣之间的交集，这可能指向自己最适合的职业领域或发展方向。关注自己的劣势和不足，思考如何克服它们或者通过哪些方式进行改善。

4. 制订行动计划

根据自己的目标和愿望，制订具体的行动计划，包括参加培训课程和寻求导师指导等；设定明确的时间表，以跟踪自己的进度并保持动力。

5. 反思与调整

定期回顾发展清单和行动计划，检查进度并评估效果。根据实际情况进行必要的调整，包括修改目标、改变策略或者调整时间表等。

6. 寻求外部反馈

要与朋友、家人或职业导师分享自己的发展清单和行动计划，寻求他们的意见和建议。他们的反馈可以帮助你更全面地了解自己。

7. 持续学习与成长

要不断学习和成长以适应不断变化的环境和需求，保持开放的心态和积极的态度，勇敢面对挑战并抓住机遇实现自我提升和发展。

三、职业分类卡

职业分类卡是生涯规划中常用的自我探索工具，也是生涯规划的一种辅导工具，包括兴趣卡、技能卡、价值观卡、职业卡等多种类别，旨在帮助个人识别和澄清自己的兴趣、技能、价值观及职业倾向，帮助我们更好地了解自己的现状与期望，更清晰地认识自己，理解自己的职业倾向和发展潜力，并做出相关生涯决策。

（一）职业分类卡的类别

（1）兴趣卡：帮助个体发现自己的兴趣所在，从而为后续的技能发展和价值观探索提供方向。

（2）技能卡：使个体能够评估和识别自己在特定领域或活动中的能力。这种技能包括但不限于软技能（如沟通、团队合作等）和硬技能（如编程、写作等）。通过了解自己的技能，个体可以更好地规划职业发展路径，寻找到更适合自己能力和发展需求的职业。

（3）价值观卡：帮助个体明确自己的核心价值观，为指导人们做出决策和选择夯实基础。了解个人的价值观对于选择职业至关重要，因为价值观与工作的契合度直接影响工作满意度和职业幸福感。

（4）职业卡：提供了各种职业信息，包括工作职责、所需技能、行业趋势等。在自我探索中使用职业卡，可以帮助个体了解不同职业的特点和要求，从而根据自己的兴趣、技能和价值观进行匹配，找到最适合自己的职业路径。

（二）职业分类卡的应用

职业分类卡的应用场景十分广泛，以下是一些常见的应用场景。

（1）求职参考和职业规划。职业分类卡可以帮助求职者了解不同职业的性质、责任、工作难度以及工作时间等，为求职者提供参考和有效信息；通过职业分类卡，求职者可以明确不同职业和职位之间的差别，包括职责、报酬和待遇等方面的差异，从而帮助确定自己的求职目标，并为追求特定职业做好准备；求职者可以根据职业分类卡中不同职位所要求的资历和条件，评估自身的职业价值和实际情况，从而有针对性地寻求适合自己的职业。

（2）生涯咨询与辅导。生涯卡牌分类法在职业咨询中常被使用，特别是针对有阻碍的、不需要帮助的或已经进行过很多客观探索的来访者。通过分类和分组职业卡片，来访者可以更清晰地了解自己的职业偏好和不喜欢的原因。在职业咨询中，结合霍兰德代码和职业分类卡，可以进一步分析来访者的职业倾向和适合的职业类型。

（3）教育与培训。教育和培训机构可以根据职业分类卡的信息，设计符合市场需求和职业发展趋势的课程，提高培训的有效性和针对性。在学校教育中，职业分类卡可以成为就业指导的工具，帮助学生了解职业市场，制定职业目标，规划职业发展路径。

（4）人力资源管理和招聘。企业可以根据职业分类卡的信息，为每个职位制订具体的岗位职责和必备的资格条件，确保招聘到合适的人才；企业可以利用职业分类卡的信息，评估员工的工作能力和发展潜力，为员工提供针对性的培训和发展机会。

此外，使用职业分类卡进行自我探索时，还可以结合其他工具和方法，如自由书写、精神偶像、人生寻宝图以及 OH 卡牌等。这些工具能够帮助个体从不同角度深入了解自己，发现潜在的兴趣和能力，从而做出更加全面和深入的自我认知。

案例分析

这是我想要的生活吗

刚刚 30 岁出头的小慧，在银行工作已有 10 个年头，巨大的业绩压力和忙碌的柜员工作，常让她感觉到疲惫不堪，“还有几年就可以退休了”的念头时不时涌现，小慧自己也猛然吃了一惊——自己现在为什么对这个职业如此厌倦，这真的是自己想要的生活吗？

当年，小慧专科毕业考进银行，同学们都很羡慕，父母高兴得到处炫耀。考进银行是对自己能力的一种肯定，但是到银行上班确实是自己始料未及的。小慧知道自己一直喜欢与人接触的工作，喜欢扮演大姐的角色，帮助大家解决问题，虽然银行的文书工作是她可以做的，而且做得很不错，可是她并不感兴趣，她常常问自己：“这是我想要的生活吗？”

银行的工作与自己的价值观不相符，这半年来升迁上的不如意，让她更加怀疑这份工作的意义。当然，她很清楚离职从现实角度看是最不明智、经济上最不划算的决定，但在情感上她真的很想换一换工作环境。有一天，她从广播上得知某公司

在招募义工，有一连串辅导训练，包括一阶段、二阶段的训练课程……小慧想通了，为了现实她继续待在银行，为了理想她去做义工，两全其美，对自己、对家人都有交代。至于过程的辛苦，她相信自己撑得过来。

许多时候，我们也像小慧一样满足于已有的体面工作和不菲收入。可是在内心深处，我们却忽略了许多其他有价值的东西，如家庭、友情、爱情、健康等。工作可以让我们获得金钱、地位、权利，但也常常让我们觉得拼命工作是否值得。而值不值得关键取决于个人的价值观，所以我们要了解价值观对人生的意义，通过价值澄清，明确自己到底想要什么，分清终极价值与工具价值，通过改变价值规则来调整价值观，走出价值困惑。

思考题

（1）30 岁出头的小慧面临职业发展的什么问题？

（2）你理解小慧为什么会有那样的困惑吗？

（3）你是否认同小慧的选择？

（4）本案例对你有哪些启发？

拓展阅读

职业与能力要求（表 2-2）

表 2-2　部分职业对特殊能力的要求

能力类型	概念与特点	相应职业
语言表达能力	对词的理解和使用能力，对词、句子、段落、篇章的理解能力，以及清楚而正确地表达自己的观点和向别人介绍信息的能力，它包括语言文字的理解能力和口头表达能力	教师、营业员、服务员、护士等
运算能力	迅速而准确的运算能力	会计、出纳、统计、建筑师、工业药剂师等
空间判断能力	能看懂几何图形、识别物体在空间运动中的联系、解决几何问题的能力	与图纸、工程、建筑等打交道的工作，牙科医生、内外科医生等职业，裁缝、电工、木工、无线电修理工、机床工等
形态知觉能力	对物体或图像的有关细节的知觉能力，如对于图形的阴暗、线的宽度和长度能做出视觉的区别和比较，能看出其细微的差异	生物学家、建筑师、测量员、制图员、农业技术员、动植物技术员、医生、兽医、药剂师、画家、无线电修理工等
事务能力	对文字或表格式材料细节的觉知能力，发现错字或正确地校对数字的能力等	设计、经济、记账、出纳、办公室、打字员等

续表

能力类型	概念与特点	相应职业
动作协调能力	迅速、准确和协调地做出精确动作和运动反应的能力	驾驶员、飞行员、牙科医生、外科医生、雕刻家、运动员、舞蹈家等
手指灵巧能力	手指迅速、准确和谐地操作小物体的能力	纺织工、打字员、裁缝、外科医生、护士、雕刻家、画家等
手腕灵活度	手灵巧而迅速地活动的能力	体育运动员、舞蹈家、画家、兽医等

第三节 自我反思与自我提升

《论语》中说："吾日三省吾身。"人在整理内心的时候，会发现自己以前不曾发现的领域，甚至有的时候会产生顿悟，为自己的心灵打开一扇窗，令自己主动地选择积极的、建设性的改变。个人反思是一个内省的过程，它可以帮助人们了解自己的职业兴趣、价值观、技能和激情所在，识别自己的优势和需要改进的地方，并据此进行职业生涯规划。个人反思也是一个持续的过程，随着你的经历和环境的改变，你的职业目标和兴趣可能会发生变化。定期进行个人反思可以帮助你保持对职业生涯的清晰认识，并做出相应的调整。

一、撰写成就故事（STAR法则）

STAR 法则在《高效培训》一书中首次被提出，它不仅帮助面试官更全面地了解应聘者的能力和潜力，也使应聘者能够更有效地展示自己的职业经历和成就。这种结构化面试技巧自那时起，便广泛应用于培训和面试领域，成为评估应聘者的一个重要工具。STAR 法则不仅适用于面试，也适用于个体的职业规划和自我反思，它能帮助个体更好地理解自己的强项和改进空间。

运用 STAR 法则，回顾过去的学习、生活和工作经历，思考哪些是你最自豪的成就。成就并非一定要轰轰烈烈，只要你喜欢做这件事时的感受、你为能完成这件事及其所带来的结果感到自豪，那么这就能被定义为成就故事。这些成就可以反映出个体的能力或特质，以及高频出现的能力或特质。

在撰写的过程中，应该包括以下内容。

（1）情景（Situation）。描述事情发生的背景、情境、所面临的挑战等。例如，指导老师要求你做一个从来没有接触过的任务，没有成功的先例可以参考；或者在一次团队合作中与同学出现了意见分歧等，描述得尽可能详细。

（2）任务（Task）。说明你在这个情境中需要完成的任务或要达成的目标，或在当时环

境下你所承担的职责，应该是具体和清晰的，能够量化的目标更佳。例如，你是这个迎新晚会的组织者和策划者，需要带领学生干部团队在有限的时间里和经费预算紧张的情况下完成晚会的落地；或者，你在地产公司进行暑假兼职时，部门领导要求你每天拨打200个客户电话，等等。

（3）行动（Action）。详细描述你为了完成任务所采取的行动和策略，以克服挑战。重点关注你做了什么，而不是去讲你的团队、你的同学做了什么。

（4）结果（Result）。阐述你的行动产生了什么结果，这段经历给你带来的个人成长或其他收获，以及从中学到了什么。

通过应用STAR法则，分析多个成就故事，你可以清晰地看到自己在不同情境下的表现，包括你的反应方式、学习过程和适应变化的能力，总结出高频出现的词汇。这种自我探索的方式有助于找到你的强项和优势，为未来的职业发展和个人提升提供指导。此外，这种方法也能增强你的自我认知，使你更了解自己在压力下的表现及如何更有效地实现目标。

二、写日志

写日志作为一种记录个人经历、思想和情感的实践，其起源可以追溯到古代文明，当时人们通过各种方式记录日常生活、重要事件和宗教体验。作为一种私密的记录形式，个人日志的发展在文艺复兴时期（14～17世纪）获得了显著的推动。在这个时期，随着教育的普及和识字率的提高，越来越多的人开始写作，其中也包括个人形式的写作。人们开始记录自己的旅行见闻、日常思考以及对世界的观察。

到了17世纪，日志写作已经成为一种流行的自我表达方式，特别是在知识分子和上层社会之间。这个时期的日志作者经常通过对日常生活的描述来反映个人的内心世界，以及对社会环境的思考。随着历史的演进，日志不仅成为记录历史的重要文献，也逐渐演变成为个人自我探索和表达的重要工具。

写日志不仅是一种记录个人经历和感受的方式，更是一种促进自我理解和成长的强大工具，以下六项为写日志的主要作用。

（1）增强自我觉察。自我觉察是自我探索的基础，通过记录日常生活中的思考、情感和行为，可以帮助个体更加细致地观察自己，包括自己的反应、习惯和模式，进而帮助个体理解自己的内心世界，以及外部事件如何影响自己的感受和行为。

（2）明确职业兴趣。通过记录日常学习、生活中的感受、喜欢和不喜欢的活动，日志可以帮助个体识别自己对哪些内容感兴趣，对哪些内容感到厌倦。这种自我探索有助于个体发现真正能激发其热情的职业领域。

（3）识别个人能力。日志可以帮助个体记录和审视自己在学习生活中应用的技能和取得的成就，以及那些觉得具有挑战性的任务。通过分析这些经历，个体可以更好地了解自己的强项和弱点，为职业发展制订更合适的策略。

（4）记录成长进程。日志记录了个体的成长历程，包括成功、失败、学习时刻和洞察力。回顾这些记录可以帮助个体看到自己的进步和变化，监控自己职业发展目标的进展情况，有助于个体调整目标或行动步骤，确保职业规划保持现实性和可行性。同时，这种反馈机制能够激励个体继续前进，为迎接挑战提供动力。

（5）记录关键决策。通过日志记录个体在职业发展中每一个重要决策点的决策过程和依据，可以让个体在未来回顾时总结自己的思考模式和动机，有助于在未来决策时更加成熟和明智。

（6）提高反思能力。反思能力是个人成长的关键，它能够帮助个体更好地理解自己的内在动机和生活目的。定期写日志促使个体进行自我反思，这是一种深入思考自己的信念、价值观和目标的过程。

综上所述，写日志在职业生涯规划中发挥着多方面的作用，它不仅帮助个体更深入地了解自己和发现行为模式，还能够指导个体制订和调整职业目标，从而在职业发展的道路上更加从容和自信。

三、澄清价值观念

很多人在面临职业选择时，核心的冲突经常是来自价值观的冲突，矛盾在于在多种价值观中间反复犹豫而无所适从。“鱼与熊掌不可兼得”是我们生活中常常面临的难以调解的矛盾。这时候，我们需要科学的价值决策，澄清自己的核心价值。

美国学者路易斯•拉恩斯认为，进行价值观澄清可分为三个阶段，即选择、赞赏和行动，具体包括以下七个步骤。

（一）选择阶段

（1）完全自由地选择，不存在任何人的强迫，进而思考：“我是从什么时候第一次产生这种想法的。”

（2）在尽可能广泛的范围内自由选择。具体做法包括辨别与问题有关的价值观，辨别其他可能有关的价值观，整理每一种价值观及可能对选择产生的后果。

（3）对每个可选项的后果有周到的思考。能够清楚地知道每种价值到底意味着什么，会带来什么，失去什么，在信息和认知完全充分的情况下，经过全面的思考和比较，深思熟虑后，仍然选择这一价值。

（二）赞赏阶段

（1）重视做出的选择并感到满足，不为放弃其他的价值选项而后悔。只有我们珍惜重视的价值观，才有可能成为我们价值观真正的一部分。

（2）对选择的坚持和维护。乐于公开宣布自己的价值选择，愿意公开为它辩护。

（三）行动阶段

（1）按自己做出的选择来实践。用这个价值观指导自己的各项选择，按照价值观的方向去行动。

（2）重复一贯的行为和确定的模式。如果个人的某种观念上升为他的价值观，那么，他就会在各种不同的实践过程中或场合下一而再再而三地重复一贯的行为和模式。

四、开发职业能力

个人经由生活经验而了解自己的兴趣、价值观、能力。每个人都有多个方面和层次的自我，这些不同的区域共同构成了一个人完整的自我。著名心理学家赫伯特·奥托指出，一个人一生所发挥出来的能力，只占他全部能力的4%，也就是说一个人96%的能力还未被开发。因此，认识了解“潜在我”，是自我认知的重点之一。每个人都应积极参与各项活动，发掘自己的潜能。

职业能力开发是指按照一定社会的职业分类和职业资格标准，通过系统的培养、训练来发掘人的劳动能力和潜质，使其成为符合职业岗位要求的劳动者的活动。在大学读书期间，同学们首先应该开发自己的关键能力。

关键能力是指具体的专业能力以外的能力，即与纯粹的专门的职业技能和知识无直接联系，或者说超出职业技能和知识范畴的能力。它强调的是当职业发生变更，或者当劳动组织发生变化时，劳动者所具备的这一能力依然能起作用。

由于这一能力已成为劳动者的基本素质，劳动者不会因为原有的、专门的知识和技能对新的职业不再适用而茫然不知所措，而是能够在变化的环境中重新获得新的职业技能和知识，所以常被称为跨职业的能力。由于这种能力对劳动者未来的发展起着关键性的作用，所以在职业能力开发中又被称为关键能力。

美国劳工部在《关于2000年的报告》中指出，未来的劳动者应具备五种关键能力：一是分配时间、制订目标和突出重点目标的能力，以及分配经费和准备预算的能力；二是确定所需要的数据并设法获得、处理和保存数据的能力；三是作为小组成员参与活动以及与他人交流的能力；四是了解社会、组织和技术系统是如何运行，并懂得如何操纵它们的能力；五是选择技术的能力以及在工作中运用技术的能力。

澳大利亚国家培训部认为，关键能力是指有效地参与正在出现的工作形式和工作组织所必需的能力，是在工作情境中综合应用知识和技能的能力。关键能力包括七个方面：一是搜集、分析、处理意见和信息的能力；二是表达意见和交流信息的能力；三是规划和组织活动的能力；四是在团体中与他人合作共事的能力；五是运用数学思维的能力；六是解决问题的能力；七是利用新技术的能力。

根据国外的经验和本国的国情，我国也提出了青少年和职工应该掌握的关键能力，初步确定为八种：交流表达能力、数字运用能力、自我提高能力、与人合作能力、解决问题能力、信息技术能力、创新创业能力和外语应用能力。对于关键能力，我国劳动和社会保障部职业技能鉴定中心的主任形象地将其称为“最基本的、以不变应万变的、终身有用的”的能力。并提出在今天“这样一个发展变化极其迅速的时代，一个人不能只掌握特定工作所需要的那一点技能或者技术。因为那一点技能或者技术是很快就会落后、过时的。人一定要掌握一些最基本的、普遍适用的或者可迁移的东西，掌握那些最重要

的、以不变应万变的东西。”

案例分析

我国职院毕业生获评“金钥匙”

在我国的酒店和高档物业里，有这样一群人：他们身着考究的深色西装或燕尾服，衣服上别着一对交叉的“金钥匙”标记，彬彬有礼，笑容满面，为客人提供委托代办服务，帮助客人解决各种需要和难题，他们就是我国的“金钥匙”。

毕业于广州某职业学院酒店管理与旅游服务专业的阿辉，在2022年5月10日，与来自广东地区酒店、物业、景区等服务企业的15名“新人”一起集体授徽，正式成为我国“金钥匙”。金钥匙（国际金钥匙组织）起源于1929年法国巴黎，它是全球唯一拥有八十多年历史的网络化、个性化、专业化、国际化的品牌服务组织。

刚进入酒店实习时，阿辉就参与了酒店的“令客人喜出望外计划”。这是酒店自创的“双向”激励措施，在为客人提供更为细致体贴的服务的同时提升员工服务水平和能力。“每月至少得到三条客人的好评，才能参加银星、金星、预备钻石星或钻石星四个不同类别奖项的评审，其中‘钻石星’奖属于年度奖，是分量最重的奖项。”

在此后的工作中，阿辉不断熟悉礼宾部各项操作流程，变身客人的旅游向导、美食地图、票务专线、生活管家，得到了来自客人的真挚感谢和肯定，成了客人在生活和旅途中最值得信赖的人。他凭借热情周到、细致贴心的服务，灵活处理突发事件的能力，获得了两次年度“钻石星”奖。“从客人的满意和惊喜中找到自己的人生价值，专注且坚定地做好这件事，做到极致。”这是阿辉对自己的期许。

在阿辉工作的酒店中，有一位持有国际“金钥匙”资质的人，他是酒店的经理，也是阿辉学习的榜样。“他关注每一个细节，照顾每一个客人的细微感受，态度从容、人脉深广，标准的微笑与动作背后，是与这份职业融为一体的真心。”说到他的这位领导，阿辉总会不由自主地流露出由衷的佩服和尊重，他表示：“我希望自己能像他一样成为一名国际‘金钥匙’，成为客人眼中无所不能的‘哆啦A梦’。”

阿辉说：“我的工作理念是‘虽然不是无所不能，但一定要竭尽所能’地满足宾客的各种个性化需求，把服务做到极致，这也与‘金钥匙’服务理念不谋而合——用心极致，在客人的满意和惊喜中找到有价值的人生。我相信，只要有坚定目标，朝着它脚踏实地、一往无前地走下去，跬步终将至千里，未来终将为我而来。”

工作是一个施展自己才能的舞台，那个曾经看着别人拿奖的少年，从“零”开始，一路坚持不懈，一步一个脚印，最终超越自己，成就自己多彩的人生。职业技能可以让人成才。走技能成才之路，同样可以实现人生的梦想。

“功以才成，业由才广”，德才兼备的高素质人才，是国家和民族长远发展的希望。无论从事什么职业，都要弘扬工匠精神，干一行、爱一行、钻一行。我们的知识、应

变力、决断力、适应力、协调力等，都将在工作这个舞台上充分展示。只要踏实工作、勤勉劳动，在平凡的岗位上也可以锻炼出过人的职业能力，取得不平凡的业绩。

思考题

（1）“金钥匙”是一个什么样的组织？加入它是一种什么样的荣誉？

（2）阿辉是如何看待“金钥匙”的？

（3）阿辉是凭什么加入“金钥匙”的？

（4）本案例对你有哪些启发？

拓展阅读

如何提升职业价值观

职业价值观是大学生职业人生的方向标，它的确定无论是对个人还是对社会都至关重要。每个大学生都应该树立良好的职业价值观，对自己的职业前景进行合理的规划，使每个人都能各尽其责。这不仅有利于实现个人的自我价值，也对社会的稳定具有促进作用。

提高职业能力与培养职业品德结合

从终身教育角度看，职业教育中的能力培养是终身教育的一部分。一方面，要关注职业基本能力的培养，如具体的专业技能和专业知识以外的能力，包括收集分析和组织信息的能力、解决实际问题的能力、应用技术的能力、计算的能力，还要培养学生在尊重劳动的基础上全面参与对社会的奉献和有效工作、热爱职业的积极向上的职业品德。这些职业能力、道德品质和职业品德不只是针对某种具体的职业、岗位，而是无论从事哪一种职业都需要，对劳动者未来的发展起着关键性的作用。因此，我们在强调就业导向的同时，要注重职业教育不只是获取生存技能的途径，而且还应成为一种提升人的境界、丰富人的精神世界的方式，将职业品德教育与职业能力教育结合起来，使学生学会在个人价值和社会满意之间取得协调，实现个人需求与职业需求的统一。

个人价值的实现与倡导爱岗敬业的职业精神结合

在一个人的职业生涯中，职业价值取向决定着职业精神，而职业精神所表达出来的是一种态度，爱岗敬业就是一种对待工作、对待职业的态度。从某种意义上讲，拥有良好的职业精神对一个人的未来发展和职业生涯的成功，起着甚至优于职业能力的作用。一个人，如果仅仅为了个人的利益，为了获得个人物质上的报酬而去工作，他永远是工作的奴隶，因为他不明白自己工作的意义。因此，只有选择了自己

所喜爱做的事，热爱正在从事的职业，做好正在做的工作，才能在勤奋踏实的工作中，有所成就，有所创造，才能在这个过程中展现自我，实现个人的价值。

把个人发展与追求理想、超越自我结合起来

人们在选择职业时，从个人的选择意识上，倾向于把“发挥个人所学特长”“能充分发挥自己的全部能力”“能实现自我价值”“优厚的收入、福利待遇”“良好的工作环境”以及“晋升发展的机会”作为择业的首要标准。但“勇于承担社会责任”“为社会作贡献”“树立社会责任意识”是一个国家、一个社会必不可少的价值取向。因此，当代大学生只有在充分发挥潜力与追求崇高理想的相互协调中，在个人发展和超越自我的统一中，找准职业定位，确定职业发展方向，才能拥有积极健康的职业态度，使自己走向成功，从而实现人生价值最大化。

本章小结

本章简要介绍了自我探索的内容、理论和方法，以及它们在职业发展中的应用。强调自我探索是职业生涯规划的基础，只有客观、全面地认识自我，才能真正找到适合自己的职业发展方向和职业发展目标。自我探索的方式很多，本章仅从正式测评、非正式测评和自我反思三个方面，对如何了解自己的人格、兴趣、能力和价值观等，进行较为系统的介绍。本章的重点是人格、兴趣、能力和价值观的概念、结构和测评方式，难点是职业价值观的提升和健全职业人格的塑造。

职业规划大赛指导

大学生职业规划大赛成长赛道参赛要求

大学生职业规划大赛成长赛道职业教育组面向职教本科一、二、三年级学生和高职（专科）一、二年级学生，重点考察其职业发展规划的科学性和围绕实现职业目标的成长过程，通过学习实践持续提升职业目标达成度，增强综合素质和能力。

成长赛道要求选手在大赛平台提交以下参赛材料。

（1）生涯发展报告。介绍职业发展规划、实现职业目标的具体行动和成果（PDF格式，文字不超过1500字，如有图表不超过5张）。

（2）生涯发展展示（PPT格式，文件大小不超过50 MB，可加入视频）。

在比赛的决赛环节，成长赛道有以下三项要求：

主题陈述（8分钟）。选手结合生涯发展报告进行陈述和展示。

评委提问（5分钟）。评委结合选手陈述和现场表现进行提问。

天降实习录用通知（3分钟）。由用人单位给出实习录用通知并做点评。

拟参加比赛的同学，可以通过职业探索和自我探索，获得对自己和职业世界的认知。这部分要特别注意以下两点：

第一，无论是对自己的认知，还是对职业世界的认知，都需要通过实际的职业体验获得。

第二，无论是自己还是职业世界，都处在不停地发展变化之中，要学会用发展的眼光看待自己和职业世界。

课程思政活动

小李是某职业学院模具设计与制造专业的毕业生，在校期间曾担任班长、辅导员助理等职务，曾获得2018～2019学年国家励志奖学金、2019～2020学年国家奖学金，现就职于某电器有限公司装备动力技术研究院，任试制技工，主要负责研发项目常规零件加工，加工设备操作及日常维护、研发项目新品零件试制，设备工装调试及零件加工试验、协助负责加工工艺，工艺编排、专用工装设计及管理等。

2018年，小李通过自主招生的方式，进入学校机电工程学院模具设计与制造专业学习。有别于高中的学习，紧贴工作实际的课程化教学、项目化教学，大大提高了小李的学习兴趣。学校的职业生涯规划课程，让他对自身及行业发展的前景有了全面的了解，更激发了小李的学习动力，并对自身职业发展进行了科学的规划。在校期间，小李不仅学到了工匠的技艺，更学到了工匠的精神。他从模具最基础的工艺——磨、铣等开始学起，在学校实训中心常常可以看到他辛苦练习的身影。除了练就一身好本领，小李还坚持钻研创新，在专业老师的带领下，发明了“线切割定位夹具及零件加工装置”，并申请了国家实用新型专利。

2020年，小李走出了校园，怀揣着满满的理想与抱负进入学校合作企业——某电器股份有限公司。他没有因为车间一线工作的苦累、烦琐而放弃理想，凭借着永不服输的劲头以及勤奋好学的优秀品质，学习老一辈工人师傅的施工经验，不断提高技能水平。由于技术过硬，实习不久，他就参与了企业重要项目的攻关工作。面对困难，小李勇于承担责任，直面问题，敢于挑战，为了解决问题，他吃饭都在现场，晚上加班到深夜，经过多天的奋斗，最终在规定的时间内保质、保量地完成了任务，得到了领导、同事的一致认可，并转入了公司装备动力技术研究院从事试制工作。

“实施科教兴国战略，强化现代化建设人才支撑。”青年大学生是社会主义现代化建设的生力军，要积极主动走进实践工作中，立志成为理论知识丰富、实践能力强、建设祖国事业的合格标兵。小李这位“90后”的试制技工，从进校开始，就定下了远大的目标，大学期间他也朝着自己的目标合理规划，脚踏实地锻炼自己的能

力。他的成功得益于他有梦想、有计划、有行动。大学阶段是进入职业生活之前的最后准备阶段，大学生们应该及早做好职业规划，储备好相关的职业技能，为自己未来的职业发展打下坚实的基础。

思考题：

（1）小李是一个什么样的人？他身上有什么值得你学习的地方？

（2）如何理解“工匠精神”？

（3）你认为当代大学生是否还需要“艰苦奋斗”？

（4）本案例对你有哪些启发？

形成性训练

一、思考题

（1）如何理解人格在个人职业发展中的作用？

（2）举例说明什么是价值观？

（3）如何了解自己的兴趣？

（4）什么是关键技能，它在个人职业发展中具有什么作用？

（5）你准备怎样提升自己的职业能力？

二、生命线练习

生涯生命线是一种图形化的自我探索工具，通过生涯生命线练习，不仅可以直观地了解自己在人生不同阶段经历的关键事件及其对个人发展的影响，而且有助于个体发现自己的内在动力和潜能，为实现个人目标和梦想提供坚实的基础。

（1）准备材料。准备空白纸张或专为生涯生命线设计的模板，以及彩色笔、铅笔、橡皮等绘图工具。如果可能，可以准备一些贴纸、符号或其他装饰物以增加可视性。

（2）绘制基本线条。在纸张中央画一条从左到右的水平线，代表你的生命时间线。在时间线上标记出当前年龄，区分出“过去的我”和“未来的我”。

（3）回顾过去。在时间线上标注出对你个人成长、职业兴趣、重要关系等方面有显著影响的事件。可以是积极的，如获得奖项、成功的项目、重要的友情等；也可以是消极的，如疾病、失败、失去亲人等。请思考下列问题。

① 回顾过往的经历，你看到自己有哪些优势、资源？有哪些局限和不足？

② 过往经历的某个重要事件（关键事件或者转折点）对现在的意义是什么？

③ 回顾过往，你内在最大的成长和变化是什么？

④ 如果可以重新回到中学阶段，你的选择和做法会有什么不同？

（4）展望未来。设想你的未来，将你期望达成的目标或者梦想在相应的年龄点上或时间段上标出，包括职业晋升、学历提升、家庭建设、个人成就等各个方面。思考并回答下列问题。

① 你对于自己未来 10 年、20 年，甚至 30 年之后的理想生活和工作，你有什么想象和期待？（越具体越好）

② 你现在可以做怎样的努力，有助于未来梦想的实现？

完成生命线后，花时间反思整个图谱。思考哪些事件对你的影响最大，它们是如何塑造了你现在的职业兴趣和生活状态的。识别出那些对你的职业发展起到积极作用的关键因素，以及那些可能需要改变或避免的因素。

三、撰写成就故事

（1）准备一张白纸，写下在过往生活中令你最有成就感的具体事件。在撰写成就故事时，每一个故事都应当包含以下的 STAR 要素。

① 当时的背景（Situation）。

② 面临的任务 / 目标（Task / Target）。

③ 采取的行动 / 态度（Action / Attitude）。

④ 取得的结果（Results）。

（2）至少写出三个故事。（越多越好）

（3）通过 STAR 的方法，分析自己在其中所体现的个人技能。

（4）在小组内分享，小组成员一起讨论分析。

四、生涯五问

（一）生涯问题

（1）问角色楷模。

生涯一问：在你成长的过程中，有哪些人是你最敬佩的？除父母以外，请列举出三位。

（2）问杂志、电视节目或网站。

生涯二问：你经常看哪些杂志、电视节目或网站？你喜欢这些杂志、电视节目或网站的哪方面？

（3）问书籍或电影（兴趣）。

生涯三问：你最喜欢的书或电影是什么？请讲讲里面的故事。

（4）问座右铭。

生涯四问：讲讲你最喜爱的一句格言或座右铭是什么？

（5）问早期回忆。

生涯五问：你最早的回忆是什么？请列出你在 3 ～ 6 岁时发生的三个故事。或者说说你现在能记起的最早发生的事情。

（二）回答提示

萨维科斯是“生涯构建理论”的创建者，他最经典的研究莫过于他从 30 年的实践中发展出的五个问题。

生涯一问：通过描述楷模的特征、事迹，可以比较真实地厘清我们的生活目标，指引我们最关心的问题，甚至对自己的期待。

生涯二问：我们发现，要评估一个人的职业兴趣，可以通过聚焦于其偏好的职业环境来评估。列举最喜欢的杂志、电视节目或网站等可能会显露出我们的个人兴趣。

生涯三问：通常最喜欢的书籍或电影，其故事情节可能会清晰地描绘我们核心的生活问题，而故事情节中主角与生命搏斗的历程，可能正符合我们的期待。

生涯四问：格言或座右铭通常会简洁地表达我们对自己的建议，是对于如何前进到下一幕的直觉理解。

生涯五问：早期回忆，特别是我们最早的记忆，会让我们在若干个故事中探索到生命中的连贯性主题，也形成了前进方向。

这五个问题就像打开我们过往生命史册的五把钥匙，每把钥匙都将开启通往特定主题故事之门，当我们对这些生命故事积极地进行自我反省，觉察内在的联系之后，发现反复再现的情节，就能探明属于我们自己的生涯主题。

五、自我认识总结

本项目的练习，在于通过对自我的探索，全面认识自己在人格特点、兴趣、价值观、能力等方面的情况，认识不足之处，找到提升自我的方式，为制订合理的职业生涯规划夯实基础。请选择你感兴趣的自我探索方式，完成各类测评及自我探索与评价，填入表 2-3 中。

表 2-3　自我认知汇总表

<table>
<tr><td rowspan="4">正式测评</td><td>兴趣</td><td colspan="2"></td></tr>
<tr><td>价值观</td><td colspan="2"></td></tr>
<tr><td>人格特质</td><td colspan="2"></td></tr>
<tr><td>技能</td><td colspan="2"></td></tr>
<tr><td rowspan="4">非正式测评</td><td>兴趣</td><td colspan="2"></td></tr>
<tr><td>价值观</td><td colspan="2"></td></tr>
<tr><td>人格特质</td><td colspan="2"></td></tr>
<tr><td>技能</td><td colspan="2"></td></tr>
<tr><td>自我综合评价</td><td colspan="3"></td></tr>
<tr><td colspan="2">需要改进的方面</td><td colspan="2">拟采用的方法和途径</td></tr>
<tr><td colspan="2"></td><td colspan="2"></td></tr>
</table>

第三章

目标定位与职业生涯规划

学习目标

（1）理解职业方向选择的意义。

（2）掌握职业方向选择的理论依据和方法论基础。

（3）掌握职业目标定位的原则和决策工具。

（4）能够运用 SWOT 模型、CASVE 循环和生涯平衡单进行职业选择决策。

（5）理解职业生涯规划的系统性、全面性和独特性。

（6）掌握职业生涯规划编制的流程和原则。

（7）能够结合社会需求和国家需要进行职业生涯规划。

导入案例

小杨是一名高职电子商务专业的学生，他对互联网和科技领域的发展非常关注。然而，在选择职业方向时，他感到十分迷茫。他希望能够进入一家大型的互联网公司工作，但他也担心这些公司的门槛过高，自己无法满足其要求。同时，他还考虑过开一家小型的创业公司，或者是做一个直播带货的自由职业者。但是，他又对创业公司的稳定性以及做自由职业者的发展前景等有所顾虑。小杨感到很痛苦，因为他无法权衡不同职业方向的优势和风险，所以不知道该向哪个方向努力，导致他现在干什么都干不进去。

第一节 方向选择

对高职院校的大学生而言，想要实现科学的目标定位，首先要选择一个正确的发展方向。因为具体的人生目标、职业目标需要结合具体的时代背景和现实条件来确定，而自己的优势在哪里，适合从事什么职业，应该在哪个专业领域和方向发展，却是可以结合前面做过的自我探索和职业探索进行分析判断的。

一、方向选择的前提条件

选择即挑选和选取。我们每个人的人生都是由一连串的选择和决定组成的，每个看起来微不足道的小选择，都能决定我们的未来。只要回顾过去，就不难发现所有我们现在遇到的情况，都是过去选择的结果。你的工作是你的选择，你的感情是你的选择，你的习惯

是你的选择，你的性格和命运其实也是你的选择。

（一）职业方向选择对人生发展的影响

在人生发展中，选择的重要性不言而喻。一个明智的选择往往能够带来积极的结果，而盲目的选择可能导致截然不同的后果。相关研究表明，那些在关键时刻做出正确选择的人，往往比那些没有做出选择的人更容易获得成功。当然，这并不是说努力不重要，而是努力的结果要以选择正确的方向为前提。在正确的方向上，越努力就越容易成功；而在错误的方向上，越努力可能带来的损失越大，越努力离成功越远。

人生充满选择。选择走什么路，选择什么样的人生态度，选择和谁在一起……从某种意义上说，选择就是我们的生活剧本，我们通过自己的选择，一步一步地成为今天的自己。人生的道理其实很简单，选择什么、付出什么，就会得到什么。因此，也可以说选择决定命运，人生的成败关键在于进退适时，取舍得当。

“这是一个最好的时代，也是一个最坏的时代。”在这个时代，我们每个人都有很多选择的机会，也都拥有选择的权利。但遗憾的是，并不是每个人都拥有选择的能力，面对各种各样的选择，许多人都会无所适从，甚至感到焦虑、痛苦、烦恼。问题的关键在于，我们如何才能把握好自己的人生选择，而不是在犹豫不定的选择中，蹉跎掉我们的大好时光。

在今天，职业发展方向的选择，有其特殊重要的意义。美国著名管理学家彼得·德鲁克曾说，21 世纪是一个选择的世纪，未来的历史学家如果回顾今天，他们会记得今天最大的改革并不是技术方面或网络方面的革新，而是人类将拥有选择的权利。在今天的信息社会里，人人都能便捷地获取信息，企业也会放权给员工，让员工有更多的选择权利。在这种背景下，个人的成功与否，在很大程度上要看其是否智慧地选择适合自己的职业发展方向。

（二）职业方向选择的多种可能性

当代大学生在选择职业发展方向时，必须打破点状思维和惯性思维的束缚，以开阔的视野和开放的心态，探索人生发展的多种可能性。因为大学生正处于人生的黄金时期，拥有无限的潜力和可能，通过探索不仅可以发掘自己的兴趣和特长，而且可以拓展视野和积累经验，发现新的机会和可能性，从而实现更高、更好的人生发展。

在选择职业发展方向时，人们常犯的错误是自我设限，觉得这也不行那也不行。其实，每个人都有巨大的发展潜力，都有无限的发展可能性。下面请畅想一下，未来想从事的职业和想过的生活，然后写出三个以上的选择。如果无法做到，可以试试在下面这种方法的提示下，能否实现自我突破。

第一种选择，写下已经在你脑海中的想法。它也许是你当前生活的延展，也可能是一个你头脑中酝酿很久的好主意。总之，就是你已经拥有的想法，这可能是一个很好的选择方向，非常值得引起你的关注。请不要考虑它能否实现，先写下来再说。

第二种选择，如果你无法实现第一种选择。想象一下如果你的第一个选择突然间消失了或者不再适合你，你该怎么办？别丧气，当你觉得自己无法做想做的事情，不得不重新寻找其他职业发展方向时，你一定可以找到其他选项。

第三种选择，在不考虑金钱等各种约束条件的前提下，做你想做的事情或者过你想过的生活。这种选择可能会让你觉得不现实，但请不要拒绝，人总要有梦想，当外部约束条件改变时，梦想就有可能实现。例如，过去拍摄视频的门槛很高，可现在有部手机就可以了。

当然，这里不是让大家胡思乱想，而是要打破束缚我们的思想枷锁。思路决定出路，在选择职业发展方向时，首先要敢想。一个不争的事实是我们所学的各个专业，都对应多种职业。例如，会计专业，你可以去各种企事业单位，也可以去学校做上会计课的教师，还可以去政府机关做公务员，甚至还可以做自由职业者给多家企业做账，或自主创业开个会计师事务所，甚至我们还可以跨专业就业或创业。

（三）行动在职业方向选择中的重要作用

在斯坦福大学有一门非常受学生欢迎的就业指导课程“快速失败，经常失败”。这门课程是由心理学家、职业咨询师赖安•巴宾诺和教育心理学家、职业咨询师约翰•克朗伯兹共同开设的。该课程从心理学的角度，剖析了过分思虑、恐惧失败的危害，并从理论与实践上提出了如何克服恐惧及从失败中获取成功的方法和路径。该门课程讲义的中文版取名为《做，就对了》。

巴宾诺和克朗伯兹认为，最好的学习方式就是快速试错，快速失败是为了快速成长。其核心理念是，只有真正去实践，你才能看到这件事的全貌，发现自己的感受，然后看到它带来的结果。失败并不可怕，可怕的是害怕本身，因为害怕犯错而回避犯错，只会让人在失败的道路上越走越远。

事实表明，那些热衷于制订计划而缺少行动的人，往往因为思虑过多而停滞不前。生活幸福的成功人士，大多数是行动派，他们既勤于思，更敏于行。尽管他们在尝试各种新鲜事物的过程中，会不断地遭遇失败，但却在失败中获得了意想不到的经验和机遇。因此，如果你没有过上自己想要的生活，也许不是因为野心太小，而是因为失败太少。

关于个人职业发展有句名言：“旅途本身就是收获。”很多时候，你的收获并不一定是每件事的成功，而是你在走向成功的旅途中经历的一切。对刚毕业的大学生来说，也许还缺少足够的经验选择自己一生的职业发展方向，但如果因此而不去选择、不去尝试，就很可能永远也无法具备智慧选择的前提条件。

虽然从道理上说，在做选择的时候应该对选择的内容、选择的方法及选择所涉及的内外部因素都有比较深入的了解，但在现实生活中当不具备上述条件而又必须做出选择时，也可以大胆地做出选择。当然，这时做出的选择很有可能是错误的，但每一次正确或是错误的选择，都能学到新知识、获得新经验。

西方有则寓言，讲的是一个年轻人向一个年长的智者请教智慧的秘诀。年轻人问：“智慧从哪里来？”智者说：“正确的选择。”年轻人又问：“正确的选择从哪里来？”智者说：“经验。”年轻人进一步追问：“经验从哪里来？”智者说：“错误的选择。”这位智者的意思是说，

每个人最初都很难做出正确的选择，但在一次又一次的错误选择中，如果能吸取足够的经验教训，他就能逐渐学会正确的选择方法。

二、方向选择的理论支撑

从20世纪初开始，人类便启动了有关职业发展的理论探索，并形成了一些既有重要的历史意义，又对当代大学生职业发展具有指导作用的职业理论。这些理论试图通过不同的方法和途径，揭示个人在社会角色和职业发展方面的问题，为个人做出有关职业和生活的正确选择提供支持。下面，按照职业指导理论的发展历程，介绍三种对选择职业发展方向具有实际指导意义的经典理论。

（一）“特质—因素”理论

美国波士顿大学教授帕森斯是最早对职业指导进行系统实践探索的学者之一，被誉为“职业指导之父”。他提出的“特质—因素”理论，又称人职匹配理论，堪称最早的职业指导理论。所谓“特质”，是指个人的人格特征，包括能力倾向、兴趣、价值观和人格等，这些都可以通过心理测量工具加以测评。所谓“因素”，则指在工作上要取得成功所必须具备的条件或资格，这些可以通过对工作的分析而了解。

1909年帕森斯在其著作《选择一个职业》中，提出了“人与职业相匹配是职业选择的焦点”的观点，认为每个人都有自己独特的人格模式，不同人格模式的个人都有与其相适应的职业类型，个人的人格模式与工作要求之间配合得越紧密，职业成功的可能性也就越大。帕森斯的特质—因素理论不但重视人职匹配，而且强调在职业选择中，要遵循科学的操作程序，即三步范式。

第一步，评估求职者的生理和心理特征，即了解个人特质。通过心理测量及其他测评手段，获得有关求职者的身体状况、能力倾向、兴趣爱好、气质与性格等方面的个人资料，并通过会谈、调查和访谈等方法，获得有关求职者的家庭背景、学业成绩和工作经历等个人背景信息，在此基础上对这些资料进行综合评估。

第二步，分析各种职业对人的要求，即明确因素要求。主要包括职业的性质、工资待遇、工作条件和晋升的可能性；求职的条件，如学历要求、所需的专业训练、身体要求、年龄、各种能力及其他心理特点的要求；为准备就业而设置的培训计划以及提供这种培训的教育机构、学习年限、入学资格和费用等；职业发展前景及就业的可能性。

第三步，基于前两步对求职者与职业岗位进行适配，即实现“人—职”匹配。职业指导人员在了解求职者的特质和职业要求后，帮助求职者在进行比较分析与评价基础上，选择适合自己的职业发展方向。为此要重点考虑以下两方面问题：一是选择的职业发展方向要适合其个人特点，二是能够实现成功就业且有较大的职业未来发展空间。

（二）社会学习理论

职业发展的社会学习理论是由美国斯坦福大学教授克朗伯兹于20世纪80年代提出的。

该理论认为个人的生涯成熟度，在很大程度上依赖于其对他人行为的学习和模仿，并由此而决定其职业发展方向。克朗伯兹认为以下四种因素会影响个人职业方向的选择。

（1）遗传因素和特殊能力，即个人的来自遗传的一些特质，如种族、性别、外表特征、智力、动作协调能力等。这些因素在某种程度上，不仅决定了个人的职业表现，而且会影响个人所获得的经验。

（2）环境因素和事件，即个人成长的环境，以及对其有重要影响的事件。这些因素和事件通常在个人控制之外，其中有些来自人类活动，如社会、文化、政治、经济活动、家庭、教育系统的影响等。有些来自自然界，如自然资源的分布、洪水和干旱等自然灾害。

（3）学习经验，一是工具式学习经验，如个人为了得到好的结果，在特定的环境中采取一定的行动，其后果会对个人有重要的影响作用。二是联结式学习经验，个人通过观察真实和虚构的模型，以及对人、事之间的比较来学习对外部刺激做出反应。

（4）任务取向的技能，即与工作任务相匹配的职业技能，包括解决问题的能力、工作习惯、心理状态、情绪反应和认知的历程等。克朗伯兹认为，每个人都有独特的学习经验，以及在此基础上形成的职业技能，这对于个人职业发展方向的选择具有重要的影响。

克朗伯兹认为，在上述四种因素相互作用下，会形成个人对自我与职业世界的推论或信念，即生涯信念。个人可能会由于学习经验的不足和不当，产生错误的推论、单一的标准和夸大的灾难情绪等，进而形成有碍个人职业发展的生涯信念。因此，大学生要学会识别并纠正错误的生涯信念，用正确的认识选择职业发展方向，从而实现职业发展。

（三）生涯混沌理论

生涯混沌理论是 20 世纪 90 年代开始，从自然科学中的混沌理论发展而来的，它是职业生涯理论的新兴科学。20 世纪末期，一些心理学家开始用混沌理论解释人的生涯心理。21 世纪初，普瑞与布赖特提出了生涯混沌理论。

生涯混沌理论是一种关注生涯，即个体人生发展的全部历程和各个方面，而非局限于职业发展的理论。它描绘了一幅复杂的、充满变化的、非线性的个体生涯发展图景，其内容已超越了传统的职业指导理论框架，因而是一种新的生涯发展理论。尽管生涯混沌理论目前还不是很完善，但已经逐渐显示出其强大的理论和应用价值。

（1）强调整体论，反对还原论。生涯混沌理论认为，还原法是无法完全理解人类生涯发展的。只有对生涯发展现象进行整体的考察，才能对它形成全面的理解。

（2）反对“因果”决定观。生涯混沌理论重视生涯发展中各种主客观因素的相互“影响”，而不是用机械的“因果”观来解释和指导个体的生涯发展。

（3）重视微小差异和机会性因素。生涯混沌理论关注个体经验中各种非常规因素对生涯发展的影响，并重视微小差异和机会性因素在个体职业方向选择中的作用。

（4）重视多种方法和工具的使用。生涯混沌理论认为，单一的方法和工具很难应对生涯发展的复杂性，因此倡导使用多种方法和工具进行职业发展方向的选择。

（5）重视辩证统一性，反对片面性。生涯混沌理论认为，生涯发展是确定与不确定、稳定与不稳定、有序与无序的统一，主张用辩证统一思想指导职业发展方向的选择。

总之，生涯混沌理论认为生涯发展是一个动态、开放、复杂的系统。影响个体生涯发展的因素是复杂多样的，它们构成了个体及其生涯发展背景的亚系统、系统和超系统。它们既可以在不同的普遍性水平、以不同的方式形成，也可以在不同的普遍性水平、以不同的方式被解释。因此，必须用模糊动态的复杂观，代替简单的因果决定论。

三、方向选择的方法论基础

选择职业发展方向，还可以借助一些辅助工具。其中，最典型的工具就是大名鼎鼎的“设计思维”。设计思维是从传统的设计方法论中演变出来的一种通用方法论，它是可以让所有人都能掌握和运用的一套创新式解决问题的方法和工具。全球知名设计公司艾迪欧首席执行官蒂姆•布朗认为，设计思维是“运用设计师的灵感和方法，设计出技术上可行、战略上可取且能满足顾客价值并抓住市场机会的思维方式”。

（一）设计思维与人生设计

设计思维作为一种思维工具和创造性解决问题的通用方法论，不但能够用于解决产品设计和产品开发问题，而且能够用于职业选择和人生设计。斯坦福大学中由比尔•博内特和戴夫•伊万斯开设的“设计人生”课程，就是以设计思维为方法论基础开发的。

关于如何运用设计思维进行人生设计，博内特和伊万斯在斯坦福大学进行了卓有成效的探索。博内特是苹果公司的明星设计师，伊万斯是美国艺电公司的联合创始人。他们在担任斯坦福大学设计项目讲师和管理顾问的同时，结合个人生涯经历创办了人生实验室，并开设了斯坦福大学最受学生欢迎的课程——设计人生。该课程教材的中译本名为《斯坦福大学人生设计课》。

博内特和伊万斯的“设计人生”课程，不是教学生如何对未来进行虚构或幻想，而是让学生跳出惯性思维，利用设计思维探索人生更多的可能性。在他们看来，真正好的人生状态是：发现了很多适合自己的选择，而且决定从某个选择开始先试试看。

博内特和伊万斯认为，进行人生设计首先要了解自己想过什么样的生活，想要成为什么样的人，以及如何拥有自己理想的生活。当然，人生并不存在唯一的最优解，也不可能被完美规划。正如设计师不会一味地思考未来，而是主动去创造未来一样，人们需要通过大胆的尝试找到自己的生活目标，然后通过脚踏实地的苦干取得人生的成功。

博内特和伊万斯建议，在设计人生时，最有效的办法是设计多种人生选择。因为当你同时有多个想法、多种选择和计划时，你的思维会更加开放。博内特和伊万斯强调，在人生设计的过程中，特别需要注意以下五个问题。

（1）保持好奇。激发你的探索欲，发现自己的兴趣所在。

（2）不断尝试。将目标付诸行动，不断尝试，切忌空想。

（3）重新定义问题。重新审视目前的状况，转换思维模式。

(4)保持专注。学会放手，专注于过程。

(5)深度合作。与他人合作，适度求助。

(二)基于设计思维的职业发展方向选择理念

“设计人生”课程是把设计思维用于解决职业发展问题的大胆尝试，该课程的目标是如何利用设计思维，发现自己未来想做什么。美国最具影响力的商业杂志之一的《快公司》曾报道，这是“斯坦福大学最火的一门课程”。该课程对很多人生难题的解答思路，与以往的理论和方法有明显的不同。

1. 不要坚持初心，而是与时俱进

我们经常会听到这样的故事：某人小时候，奶奶因为患病没有得到有效的治疗不幸去世，于是她就发誓要做一名医生，不让自己奶奶的悲剧重演。许多人都在自己的人生早期，因为某种原因产生立志要做什么的想法。比如，有的人想成为作家，有的人想成为医生，有的人想成为法官等。但在“设计人生”课程的主理人看来，这种坚持初心的职业发展方向选择，很可能会造成职业发展中的刻舟求剑。因为人生是一个不断变化的过程，我们需要根据实际情况不断调整自己的职业发展方向。

2. 不要去找最适合的方向，而是拥有很多个选择

在职业发展方向的选择中，最大的难题是“如何找到最适合自己的方向”。随着时间的推移和个人能力的不断提升，“最适合”的答案会不断变化。有道是“好答案来自好多答案”。每个人都有好多适合自己的职业发展方向，它可以在不同的时间以不同的方式展开。因此，不要纠结于“最适合”，而是要找到很多适合的方向。

3. 不要“做出决定，坚定推进”，而是“边走边看，低成本试错”

当进行职业发展方向选择时，传统的职业指导理论告诉人们，要通过测评了解自我，要通过深入的调查、访谈了解行业和职业，再借助各种工具做出决定，然后坚定地按照选择的职业发展方向努力推进。但“设计人生”课程的主理人给出的建议却是：在做中学。因为在他们看来，一个人喜欢做什么，能做得怎么样，会有什么发展前景，只能通过做才能找到答案。所以，他们建议不要着急做出决策，而是要尽快行动，通过小成本试错来了解自己到底适合做什么。

(三)基于设计思维的职业发展方向选择流程

设计思维在职业发展方向选择中具有广泛的应用前景，大学生可以运用设计思维的方法和工具，更好地了解自我和职业，进而通过不断的试错和调整，最终找到自己的职业发展方向。基于设计思维的职业发展方向选择，借助设计思维的黄金五步法进行探索。

1. 同理心

同理心，即以“同理心”去了解用户需求。“同理心”是设计思维的第一步，它的意思是将心比心、换位思考，即站在对方的角度思考问题。这一步的要求是从行业企业的立场出发去了解其人才需求，并以此为出发点进行职业发展方向选择。

2. 定义问题

定义问题就是清楚地界定自己想干什么。这个步骤的产出就是对自己想干什么形成一个初步的认识，其中包括“为什么”“做什么”“怎么做”。这一步的基本要求是通过自我探索和职业探索，初步明确自己的职业发展方向。

3. 产生创意

产生创意，即通过创意激发为解决上一步确定的问题产生尽可能多的好想法。创意激发是一个做加法的过程，在这个过程中先不用考虑哪个想法是最佳的，哪个想法不可能实现，它的要求是“寻找尽可能多的可能性”。

4. 快速原型

快速原型的本意是以较快的速度和较低的成本做出产品原型进行试错。具体到职业发展方向选择，则是指去实地参访、体验或实习，以便了解各种职业岗位，即职业原型。通过职业原型，个体可以获得对职业的感性认识和实际体验。

5. 用户测试

用户测试是指寻找潜在用户试用原型并提出反馈意见。在个体职业发展方向选择时，检验个体与职业原型的契合度是非常重要的。它要求个体在对话和体验职业原型的过程中，认真体会自己的感受，并耐心听取“利益相关者”对自己的评价。

需要指出的是，设计思维的上述程序并不总是连续的，它们不需要遵循任何特定的顺序，而是可以并行发生和迭代重复的。因此，设计思维的各个步骤应该被理解为对项目有贡献的不同模式，而不是固定不变的顺序和步骤。

案例分析

一个高职服装设计专业学生的职业方向选择

小玲是某高职院校服装设计专业的学生，通过两年的专业学习和实践，她对时尚产业充满热情。然而，激烈的市场竞争和各种新理念、新技术的出现，让她意识到传统的服装设计职业路径已经很难走通，更无法满足她对创新和个性化的追求。

探索与发现

为了寻找更具创新性的职业方向，小玲开始在老师的指导下，运用设计思维进行职业方向的选择。首先，她进行了市场调研，了解当前时尚产业的发展趋势和消费者需求的变化。通过市场调查她发现，随着可持续时尚和个性化定制的兴起，相关领域会出现大量的设计职业，这很有可能会为她提供新的职业机会。

基于这些发现，小玲开始进行自己职业发展方向的探索。她发现，可以将自己的服装设计技能与可持续时尚理念相结合，开发环保材料的服装系列。同时，她还考虑开展个性化定制服务，满足消费者对独特服装的需求。为此，小玲决定在以下两个职业发展方向上进行相关知识学习和实践经验积累。

首先，她选择将服装设计技能与可持续时尚理念相结合，探索开发环保材料服装。在这个方向上，她致力于学习新型环保材料，并将其应用到自己的服装设计中，打造出既时尚又环保的服装产品。为此，她不仅参加了与可持续时尚相关的课程和研讨会，还积极与环保材料供应商建立联系，共同探索和实践环保服装设计的新可能。

其次，小玲利用自己的设计能力和对市场的敏锐洞察力，学习如何为消费者提供一对一的服装设计服务，根据他们的喜好和需求，打造出专属于他们的服装。为了提升个性化定制服务的专业性和效率，她还学习运用数字化技术，实现设计、打样、生产等环节的快速响应和高效协同。

机遇与挑战

在实践探索的基础上，小玲对自己面临的机遇与挑战进行了分析。首先，随着人们对环境保护的关注度不断提高，可持续时尚逐渐成为一个热门话题，这为环保材料的服装提供了广阔的市场前景。其次，随着消费者对个性化的追求，个性化定制服务的需求也在不断增长，而数字化技术的应用，恰能为个性化定制服务提供技术支持和便利条件。

但是，无论是可持续时尚领域还是个性化定制服务，也都面临着激烈的市场竞争。许多设计师和品牌都在尝试创新，以吸引消费者的眼球。在个性化定制服务中，数字化技术的应用至关重要，这对服装专业的学生无疑是个巨大的挑战。另外，随着时代的变迁，消费者的审美和需求也在不断变化，所以需要紧密关注市场动态，不断调整自己的设计和服务，才能满足消费者的需求。

优势与劣势

面对外部的机遇和挑战，小玲对自己的优势和劣势进行了分析。

小玲认为自己的优势主要有以下两点：一是她具有较强的创新意识和创新思维，能够将数字化技术与自己的服装设计理念相结合，这有助于她开发出独特且符合市场需求的产品。二是她对数字化技术有一定的了解和认识，能够意识到数字化技术在个性化定制服务中的重要作用，并且愿意学习和掌握新技术，能够将数字化技术应用到自己的工作中，如使用设计软件进行服装设计、利用数据分析工具进行消费者需求分析等。

小玲认为自己的劣势主要有两点：一是她的设计功底不够深，在相关领域的知识储备比较少，设计能力也不够强，无论在可持续时尚设计领域，还是在个性化服装定制领域，要想独立完成高水平的设计任务，都有一定的困难。二是在数字化技术方面，她虽然有一定的了解和应用能力，但在某些专业领域的技术深度上有所欠缺，特别是随着人工智能和机器学习等前沿技术的出现，自己在技术方面要补的课就更多了。

职业方向选择

基于前述职业探索，小玲在与老师多次沟通后，选择了个性化服装定制作为自己的职业发展方向，把可持续时尚的环保材料服装设计作为自己的特色和优势进行

培养。她之所以进行这样的选择，主要是因为个性化服装定制已经形成了稳定的市场需求，而且呈现出明显的增长趋势。她在服装设计和数字化技术方面的积累，使她在这方面具有一定的竞争实力。

从市场调查中小玲了解到，许多从事服装定制的知名企业，都在进行数字化转型，特别需要既懂服装又懂数字技术的复合型人才。小玲决定先申请做这类企业的实习生，一边实习一边学习相关课程，努力提升自己的数字化技术水平。同时，她也准备继续保持敏锐的洞察力和创新精神，以应对市场的变化并抓住机遇实现自己的职业发展。

思考题

（1）小玲是如何选择职业发展方向的？

（2）小玲发现了什么需求？

（3）小玲是如何看待自己的优势和劣势的？

（4）小玲为什么要选择把个性化服装定制作为自己的职业发展方向？

（5）小玲的职业发展方向选择对你有哪些启发？

拓展阅读

时间管理的十大金律

与价值观相吻合

如果你的价值观不明确，就会对自己的定位和目标感到模糊，对哪些事情重要、哪些事情不重要难以分清楚，这会导致时间管理上出现不少问题。时间管理的重点不在于管理时间，而在于分配时间。你永远没有时间做每件事，但你永远有时间做对你来说最重要的事。

设立明确的目标

个人成长的目标是成功，时间管理的目的是让你在最短时间内实现更多你想要实现的目标。你可以将一个年度的目标细化为几个重点性的目标，找出其中一个核心目标，然后依次排列重要性，然后依照你的每个目标设定不同的详细计划，关键是严格要求自己一步一步实现具体的计划和目标。

改变你的想法

美国心理学之父威廉·詹姆士通过对时间行为学进行研究后发现有两种对待时间的态度，一种是“这件工作必须完成，但它实在讨厌，所以我能拖便尽量拖”和“这不是件令人愉快的工作，但它必须完成，所以我得马上动手，好让自己能早些摆脱它”。一旦你有动机完成一件事情，迅速地踏出第一步是最为关键和最为重要的。你

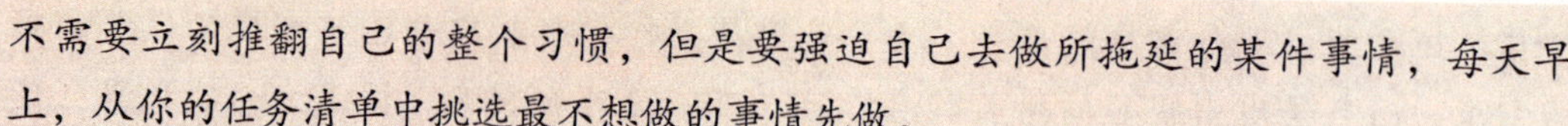

不需要立刻推翻自己的整个习惯，但是要强迫自己去做所拖延的某件事情，每天早上，从你的任务清单中挑选最不想做的事情先做。

遵循二八定律

生活、工作中不时会有突发事件和迫不及待需要解决的问题。如果你每天都在处理这些事情，那说明你的时间管理不是很妥当。一般来说，成功者将最多的时间花费在最重要的事情上，而不是紧迫的事情上。导致自己忙于应付紧急事件，甚至难以承受高强度的工作节奏。

安排“不被干扰”的时间

常常听有人抱怨，一天的时间中没有属于自己的时间，天天疲于应对各层级的工作和事务。其实，你需要每天至少安排半小时至一小时“不被干扰”的时间给自己，在这个时间段里，你可以将自己关在一个属于自己的空间里思考或者工作，这个时间产生的效率可以抵过你一天甚至三天的工作效率。

严格规定完成期限

帕金森在其所著的《帕金森法则》中说：“你有多少时间完成工作，工作就会自动变成需要那么多时间。”这就是说，假若你花费一整天的时间去做某项工作，你就会花费一天的时间去做它。但如果你只有一小时的时间去做这项工作，你就会更迅速有效地在一小时内完成它。

做好时间日志

和记账一个道理，你花了多少时间做了什么事情，将其详尽记录下来，甚至细化到早上出门用了多少时间，乘车用了多少时间，与人沟通业务用了多少时间，与人应酬用了多长时间……把每天时间的花费情况记录下来，你就会清楚发现哪些时间是没必要用的，哪些时间用得恰到好处。你只有找到了浪费时间的根源，你才会采取措施去修正自己的行为。

理解时间大于金钱

与优秀的人在一起多交流学习，自己也会更快成长起来。用你的金钱去换取别人的成功经验，抓住一切机会向顶尖人士学习。你要花大力气用来认真选择你所接触的对象，这会节省你今后走弯路的时间。假如你和一个成功者在一起，他花费了10年时间成功，若你与10个这样的人交往，你就可以学习到他们100年的经验。

同一类的事情最好一次把它做完

假如你在做纸上作业，最好那段时间都做纸上作业；假如你在思考，最好那一段时间只做思考；打电话的话，最好把电话累积到某一时间一次性把它打完。当你重复做一件事情时，你会熟能生巧，效率一定会提高。

每一秒都做最有效率的事情

你必须思考一下要做好一份工作，到底哪几件事情是对你最有效率，并将它们列下来，围绕着绩效的靶心将时间分配好。

第二节 目标定位

美国成功学家拿破仑·希尔在《一年致富》中有这样一句名言："一切成就的起点是渴望。"一个人追求的目标越高，他的才能发展就越快。一心向着自己目标前进的人，整个世界都会给他让路。希尔认为，所有成功，都必须先确立一个明确的目标。当对目标的追求变成一种执着时，你就会发现所有的行动都会带领你朝着这个目标迈进。

一、目标定位的前提条件

在选择了职业发展方向之后，还需要选择具体的职业目标。这里说的职业目标，指的是一个人渴望获得的与职业相关的结果。它既是一个人愿意为之奋斗的职业追求，也是一个人渴望达到的人生境界。因此，可以毫不夸张地说，确立职业目标是职业发展的关键。当然，职业目标的确定不能一蹴而就，它需要在思想上和行动上做好必要的准备。

（一）理解职业目标的作用

职业目标对大学生的职业发展具有导向、激励和约束作用。明确的职业目标定位，不但可以为大学生提供清晰的发展方向，使他们能够更好地规划自己的未来，而且可以激励其为了目标的实现而努力奋斗。相关调查显示，大学生在毕业后的就业情况，与他们在校期间是否有明确的目标定位密切相关。有明确目标定位的学生，其就业率可以高达90%以上；而没有明确目标定位的学生就业率则不足60%。这表明，明确的目标定位能够使大学生更加积极主动地寻找适合自己的工作机会，提高自己的就业竞争力。明确的目标定位，还有助于大学生在学业和职业发展方面，取得更好的成绩。因为在明确职业目标后，大学生能够更有针对性地进行学习和实践，提高自己的综合素质和能力，从而更好地适应社会发展的需要。

（二）了解职业目标的结构

职业目标从时间上看，可以分为终身目标、长期目标、中期目标和短期目标，这些目标共同构成了个体的职业目标系统。从个人职业发展的角度看，不但要建立长远的终身目标，而且要对其逐级分解，然后通过低级目标的实现，逐渐实现最终目标。

1. 终身目标

终身目标是指个人终其一生的职业发展追求，也是一个人最高的职业目标。一般说来，短期目标服从于中期目标，中期目标服从于长期目标，长期目标又服从于终身目标。但在当下这个充满不确定性的知识经济时代，人们很难在年轻时判断自己老年甚至中年时的职业变化，所以具体情况具体分析，不能刻板地遵循上述流程。

2. 长期目标

长期目标是指时间为 10 年以上的目标，它通常比较笼统和粗略，而且可能随着内外部形势的变化而变化。长期目标在设计时以画轮廓为主，其主要特征为：有较大的吸引力和可能性；富于挑战性；非常符合自己的价值观，能让自己感到自豪；是认真分析后的理性选择。

3. 中期目标

中期目标一般是指时间为 5 年左右的目标，它相对长期目标要具体一些，如竞争某一职位，参评某个级别的专业技术职称，获得专业学位或职业资格证书等，其主要特征为：通常与长期目标保持一致，有一定的挑战性，能用明确的语言说明，能对目标实现的可能性做出评估，有比较明确的时间节点。

4. 短期目标

短期目标通常是指时间为 1 ～ 2 年的目标，短期目标是中期目标和长期目标的具体化，它是结合具体的学习和工作任务而制定的，属于执行和操作层面的目标，其主要特征为：目标具备可操作性，有明确、具体的完成时间，服从于中长期目标，目标需要适应环境，目标要切合实际。

个体的职业目标还可以按性质分为外职业生涯目标和内职业生涯目标。这里的外职业生涯目标是侧重于职业过程的外在标记，它主要包括工作内容目标、工作环境目标、经济收入目标、工作地点和职务目标等。内职业生涯目标是侧重于内心感受的目标，这些因素不是靠别人给予的，而是通过自己努力获得和掌握的，如工作能力目标、心理素质目标和工作成果目标等。外职业生涯目标和内职业生涯目标关系密切，内职业生涯目标的发展可以带动外职业生涯目标发展，外职业生涯发展目标的实现可以促进内职业生涯目标的实现。

（三）确定职业目标任务

职业目标的确定是一个不断探索的过程。具体来说，个人在选择自己的职业目标时，首先要通过自我探索、专业学习和社会实践，了解自己的内心世界和价值追求，了解自己的优势和劣势，在此基础上探索自己的职业发展方向，进而确定自己的职业目标。下面以高职三年为例，谈谈如何定位个人的职业目标。

一年级为探索期。其任务是初步了解自己和职业，特别是自己未来想从事的职业，或与自己所学专业对口的职业。具体活动包括通过测评和参与相关实践活动，探索自己适合的职业发展方向，考虑未来是继续学习深造还是直接就业；通过参观职业活动、访谈生涯人物、与师兄师姐们进行交流，了解其就业和职业发展情况。

二年级为提升期。其任务以提高自身的基本素质为主，锻炼自己的各种能力，同时检验自己的知识技能。可以开始尝试兼职、职业体验和社会实践活动，从事与自己未来职业或本专业有关的工作，提高自己的责任感、主动性和受挫能力，增强英语口语和计算机应用能力，通过英语和计算机的相关等级考试，并开始有选择地学习其他专业知识充实自己。

三年级为确认期。其主要任务是检验自己的职业目标是否明确，是否合理，以及是否为实现职业目标做好了准备。在确认了职业目标后，可以开始申请工作，如积极参加招聘活动，在实践中检验自己的积累和准备。最后，要积极利用学校提供的条件，了解就业指导中心提供的用人公司资料信息、强化求职技巧、进行模拟面试等训练。

二、目标定位的基本原则

职业目标定位不但非常重要，而且具有一定的挑战性。它要求大学生既要高度重视和做好大量前期准备工作，又要掌握目标定位的相关知识和基本原则。

（一）需求导向原则

需求导向原则强调在确定职业目标时，大学生既应充分考虑市场需求，了解当前的就业市场状况，包括热门行业、紧缺人才和薪资水平等；又要时刻关注行业的发展动态，以便根据行业变化及时调整自己的职业目标。

该原则要求大学生通过多种渠道了解市场需求和趋势，关注行业报告和统计数据，了解热门行业和紧缺人才的情况；同时要积极参加招聘会、实习和校园讲座等活动，与企业和行业专家交流，以获取更直接的信息。

需求导向原则还强调目标的可实现性。目标的可实现性既取决于目标与市场需求的吻合度，也取决于目标与学生自身实际情况的吻合度。大学生应根据自己的专业背景和社会资源，找到既符合市场需求又符合自身条件的职业目标。

（二）顺势而为原则

顺势而为原则强调顺应时代潮流和社会发展趋势，遵循个体成长和职业发展规律，以及个人价值取向、兴趣爱好和综合优势，更好地实现个人价值和社会价值的统一。它要求大学生在确定职业目标时，要敏锐地洞察社会变化、行业动态和由此带来的发展机遇。

该原则关注个人成长发展，要求在制定职业目标时，将自己的成长规划纳入其中，确保职业发展与个人成长相互促进。其中包括制定明确的成长计划、设定阶段性目标、寻求导师和同行的指导等，以便在职业道路上不断取得进步和成就。

需要说明的是，这里的顺势而为并不意味着盲目跟随潮流，而是要在了解自身的基础上，找到适合自己的发展方向。因此，大学生需要深入反思自己的性格、兴趣、能力和价值观等，明确自己的优势和不足，选择与自身特点和优势相匹配的职业领域。

（三）SMART 原则

SMART 原则来自管理大师彼得・德鲁克的《管理的实践》，它包括明确性、可衡量性、可达成性、相关性和时限性五个方面。SMART 原则不但是企业管理中行之有效的工具，而且可以作为当代大学生确定职业目标的重要原则。

（1）目标的明确性（Specific）。明确性是指要用具体、明确的语言，清楚地说明要达成的行为标准。该原则要求目标能够清晰地表达出要实现的具体任务和要求，避免过于抽象和模糊。

（2）目标的可衡量性（Measurable）。可衡量性是指目标的进度是可以量化的，可以通过数据或指标来评估目标是否达成。该原则要求目标的设置清晰且可度量，杜绝使用概念模糊、无法衡量的描述。

（3）目标的可达成性（Attainable）。可达成性是指目标是通过努力最终能够实现的。该原则要求根据实际情况制定合理的目标，这个目标既不能超出能力范围无法达成，也不能设置过低太容易实现。

（4）目标的相关性（Relevance）。相关性是指目标必须和自己的身份和理想相关联。该原则要求目标必须和工作岗位、工作职责及职业发展方向密切相关，并能够为未来的职业发展打下基础。

（5）目标的时限性（Time-based）。时限性是指计划的完成是有时间节点的。该原则要求根据工作任务的权重和事情的轻重缓急，制定出完成计划项目的时间要求，并定期检查项目的完成进度。

总之，SMART 原则是一个实用、有效的目标管理工具，通过确保目标的明确性、可衡量性、可达成性、相关性和时限性，可以更好地跟踪进度、评估效果和在需要时进行调整，从而帮助大学生更好地制定和实现目标，进而提高自我规划和发展的能力。

三、目标定位的辅助工具

在人生道路上，每个人都会面临各种选择和决策。如何做出明智的决策，是每个大学生都需要认真思考的问题。为了帮助大学生更好地制定自己的职业发展目标，在这里向大家介绍三个经典的目标定位辅助工具。它们是 SWOT 模型、CASVE 循环和生涯平衡单。

（一）SWOT 模型

SWOT 模型是由美国旧金山大学管理学教授韦里克于 20 世纪 80 年代初提出来的，SWOT 四个英文字母分别代表优势（Strengths）、劣势（Weaknesses）、机会（Opportunities）和威胁（Threats）。SWOT 模型是一种常用的战略分析工具，它能够帮助个人或组织通过对优势、劣势、机会和威胁的分析，全面评估主客观条件，并在此基础上制定合适的发展目标和发展战略。

1. SWOT 模型概述

从整体来看，SWOT 模型可以分为两部分：第一部分为 SW，主要用来分析内部条件；第二部分为 OT，主要用来分析外部条件。SWOT 模型通过分析内部的优势和劣势，发现外部的机会和威胁，从而做出决策，如图 3-1 所示。

（1）大学生可以通过自我评估法确定自身的优势和劣势。例如，某位大学生可能具有较强的沟通能力、团队协作能力和创新能力，这些都可以被视为他的优势。同时，他可能存在时间管理能力不足、缺乏行业经验等劣势。通过自我评估，大学生可以更好地了解自

己的长处和短处，为制订目标计划提供依据。

（2）大学生需要分析外部环境的机遇和威胁。例如，随着科技的发展，互联网+、人工智能等领域呈现出蓬勃发展的趋势，为大学生提供了广阔的就业机会。然而，同时也有一些威胁，如行业竞争激烈、人才饱和等。大学生需要了解这些外部环境的变化，以便更好地应对挑战和抓住机遇。

（3）大学生需要不断地调整目标计划。在实施目标计划的过程中，大学生可能会遇到一些不可预见的困难和挑战，这时需要根据实际情况及时调整目标计划。同时，随着外部环境的变化，大学生也需要重新评估自身的优势和劣势，以及面临的机会和威胁，以便更好地适应市场变化。

通过 SWOT 分析法的应用，大学生可以更加清晰地了解自身的优势和不足，以及面临的机遇和挑战。在此基础上，制订合适的目标计划并不断调整优化，有助于大学生更好地实现自身的发展目标。

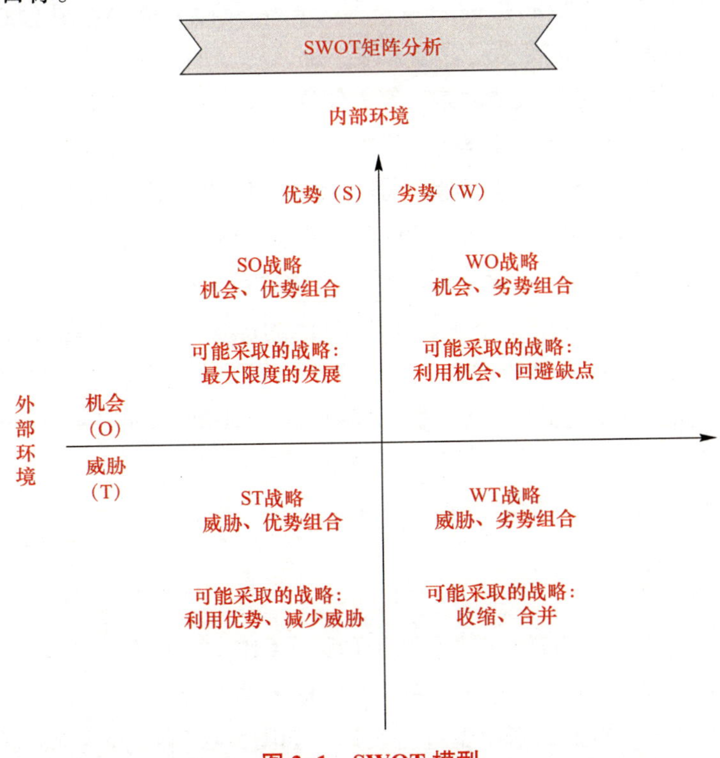

图 3-1　SWOT 模型

2. SWOT 模型在职业决策中的应用

SWOT 分析法被引入职业生涯决策领域后，不但受到了使用者的普遍欢迎，而且逐渐形成了简洁、直观的 SWOT 决策工具。使用 SWOT 决策模型，应遵循以下步骤，见表 3-1：

（1）评估自己的优势和劣势。

（2）找出外部的机会和威胁。

（3）做出职业选择决策。

表 3-1 SWOT 决策模型

内部个人因素	优势：可以控制并且可以利用的内在积极因素	劣势：可以控制并努力改善的内在消极因素
外部环境因素	机会：不可控制，但可利用的外部积极因素	威胁：不可控制，但可以弱化的外部消极因素
职业选择决策		
制订职业行动计划		

在完成 SWOT 分析后，便可以制订相应的行动计划。制订行动计划的基本思路是：发挥优势、克服劣势、利用机会、化解威胁。运用系统分析的方法，将各种因素相互匹配起来，可得出以下四种对策。

（1）WT 对策：考虑劣势和威胁因素，努力使这些因素都趋于最小。例如，成绩不好，以后就必须更努力学习；某种职业需要丰富的实践经验，就要多参加实习和社会活动。

（2）WO 对策：考虑劣势和机会因素，努力使劣势趋于最小，机会趋于最大。例如，专业水平不够高，但某种职业需要复合型人才，那么可以加强培养自己的综合素质。

（3）ST 对策：考虑优势和威胁因素，努力使优势趋于最大，威胁趋于最小。例如，拥有丰富的专业知识和技能，但在同专业学生中不算太突出，就要发现自己的优势，增强竞争力。

（4）SO 对策：考虑优势和机会因素，努力使这些因素都趋于最大。例如，对某职业兴趣比较浓厚，在这个职业领域又有较广泛的人际关系网络，则应抓住机会展示自己的才能。

在 SWOT 分析的基础上，大学生可以制订合适的目标计划。例如，某位大学生可能希望成为一名优秀的市场营销人员，他可以根据自己的优势，制定提高沟通能力和团队协作能力的目标计划。同时针对自己的劣势，制定提高市场洞察力和行业经验的目标计划。

在当今竞争白热化的市场经济社会里，拥有一个理想的职业是每一个人的梦想，但并不是人人都能实现这一梦想。因此，为了使你今后的求职和个人职业发展更具有竞争力，进行个人职业生涯的 SWOT 分析是必要的。

（二）CASVE循环

CASVE 循环是生涯发展的认知信息加工理论（CIP）的重要组成部分。生涯发展的认知信息加工理论是 1991 年由盖瑞·彼得森、詹姆斯·桑普森和罗伯特·里尔顿等人提出来的。该理论可用一个简洁的金字塔模型进行表达，如图 3-2 所示。

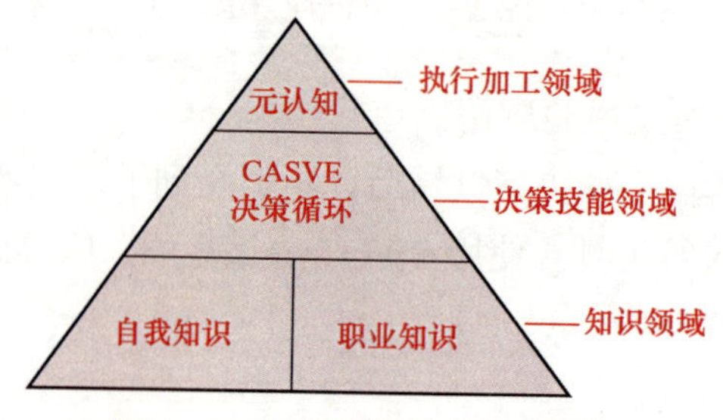

图 3-2 认知信息加工理论模型

自下而上，在金字塔的底层是知识领域，它包括自我知识（对自己兴趣、技能、价值观等方面的了解）和职业知识（对于工作世界的认识）；在金字塔的中间是决策技能领域，即包括五个步骤的 CASVE 决策循环；在金字塔的最上层是执行加工领域，即元认知，它是个人对自己认知过程及结果的知识、体验和调节，包括个人所具有的关于自己思维活动和学习活动的知识，对自我的觉察和对自己进行认知活动的过程和结果的监督控制。

认知信息加工理论认为，职业选择决策是一个问题解决过程，而 CASVE 循环则为这个问题解决过程提供了规范的操作流程和必要的操作指导。在认知信息加工理论的金字塔中，CASVE 循环处于核心地位。如图 3-3 所示，它包含进行良好决策的沟通（Communication）、分析（Analysis）、综合（Synthesis）、评估（Valuing）和执行（Execution）五个阶段。

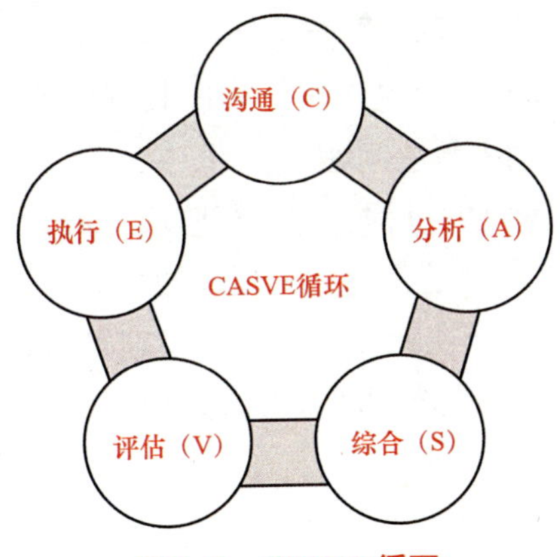

图 3-3 CASVE 循环

信息加工理论强调生涯发展是一个持续的学习过程，生涯决策能力的获得也可以被视为一种学习策略。生涯问题的解决需要占用大量的记忆空间，并要求我们的大脑有足够的容量来进行信息处理。运用 CASVE 循环进行职业生涯规划，通常有以下五个操作步骤。

1. 沟通：识别问题的存在

沟通包括内部沟通和外部沟通。内部沟通是指与自己身心状态的沟通，如在毕业找工作的时候，可能会存在焦虑、抑郁、受挫等情绪，这些情绪就是需要进行内部交流沟通的信号。外部沟通是指受外界影响的沟通，如某大学生的宿舍同学开始准备简历就是外部给他的提醒——他也需要开始准备找工作了。

2. 分析：考虑各种可能性

分析是通过花费时间去观察和思考，研究关于自我、职业、决策及元认知的知识，从而更充分地了解自己有效做出反应的能力。好的生涯决策者不会用冲动行事来减小在沟通阶段所体验的压力或痛苦，他们会努力弄清楚为什么自己会有这样的感受，要解决这个问题需要了解自己和环境的哪些方面，需要做些什么才能解决问题等。

3. 综合：形成多个选项

综合是一个扩大并缩小选择清单的过程。首先，通过发散思维，尽可能多地找到消除差距的方法；其次，缩小有效方法的数量，通常缩减到 3 ～ 5 个选项；最后，问自己，假如我有这 3 ～ 5 个选择，是否可以解决问题；如果可以，就进入评估阶段，做出最适合的选择，如果还是不能解决问题，就需要重新回到分析阶段，了解更多信息。

4. 评估：对选项排列次序

评估是对综合阶段得出的 3 ～ 5 个职业进行具体的评价，评估获得该职业的可能性，以及这个选择对自身及他人的影响，据此对这些选项进行排序。评估阶段的第一步是从代价和好处两方面出发，评估每一种选择对自己和他人的影响；第二步是对综合阶段得出的选项进行排序，将能够最好地消除差距的选项排在第一位，次好的排在第二位，依次类推。

5. 执行：采取行动解决问题

执行是 CASVE 循环的最后部分，前面的步骤还只是停留在想法阶段，需要在执行阶段将所有想法付诸实践。在这一阶段，需要设计一项计划来实施某一临时选择，包括培训准备、实践检验与求职。很多人都觉得在执行阶段制订行动计划是令人兴奋和有价值的，因为他们终于可以开始采取行动去解决问题了。

CASVE 循环是一个不断重复的过程，在执行阶段之后，生涯决策者又回到沟通阶段，以确定沟通阶段所存在的职业问题是否得到了很好的解决，是否能最有效地消除理想与现实间的差距。依据是否需要再做出决策以及是否容易获得信息资源等，个体决定是否重新开始一次 CASVE 循环，直到职业生涯问题被解决为止。

（三）生涯平衡单

生涯平衡单是由詹尼斯和曼恩在 1977 年设计的生涯决策工具，它可以在决策者面临难以取舍的选择时，用量化的方式协助其做出决策。生涯平衡单将生涯选择的思考方向，集中到自我物质方面的得失、他人物质方面的得失、自我精神方面的得失和他人精神方面的得失四个方面，帮助决策者评估各方案实施后的利弊得失，并通过量化的方式排定先后顺序。其具体的操作流程，如图 3-4 所示。

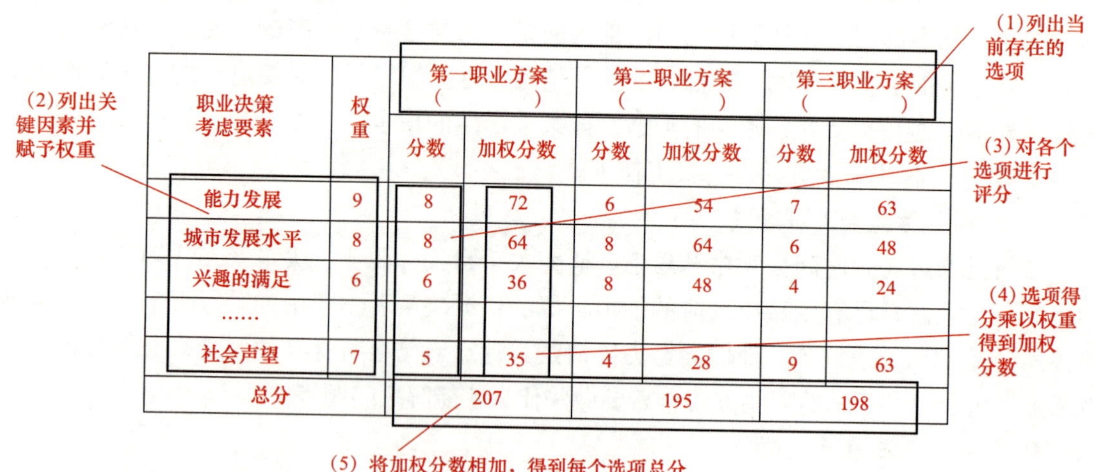

职业决策考虑要素	权重	第一职业方案（ ）		第二职业方案（ ）		第三职业方案（ ）	
		分数	加权分数	分数	加权分数	分数	加权分数
能力发展	9	8	72	6	54	7	63
城市发展水平	8	8	64	8	64	6	48
兴趣的满足	6	6	36	8	48	4	24
……							
社会声望	7	5	35	4	28	9	63
总分		207		195		198	

图 3-4　生涯平衡模型

填写生涯平衡单的第一步是在平衡单的顶部，水平列出当前存在的选项，最合适的选项数是 3 个。第二步是根据自己的具体情况，参照前述四个方面或个人偏好，在平衡单的左侧垂直列出选择过程中考虑的要素，并按照对各个因素的重视程度设置权重，加权范围为 1 ～ 10 倍，重要程度越高分值越高。第三步是对每个选项的不同因素进行评分，评分范围为 1 ～ 10 分，满足程度越高分值越高。第四步是计算加权分数，各项加权分数等于权重乘以项目得分。第五步是计算加权总分，即将每一选择下所有的正负分数相加，得出该选项的总分。各个选项的总分出来后，项目的排序自然就出来了。

在完成生涯平衡单计算之后，还要通过非正式评估对其进行回顾、调整和确认。首先，要从整体上查看考虑的因素是否有缺失，权重是否合理和分数是否需要调整等。其次，是检查特殊指标，横向对比各选项间加权分的差异，要格外关注差异特别大的因素，思考分数差异是否有事实支撑。如果某个因素得分低于 3 分，就很有可能成为选项的一票否决因素。另外，若做完后分数差异并不能让你如释重负地做出决定，要从以下三个方面重新思考：一是回顾自己的评分过程，反思自己在进行权重设计和评分时，起主导作用的是你的个人意愿，还是他人对你的影响；二是在内心深处叩问自己是否仍想选择得分少的方案，以及自己在使用平衡单辅助思考时，有没有什么东西被遗漏或者没有被澄清；三是考虑是继续使用生涯平衡单进行选择，还是换用其他工具进行选择。

案例分析

杜拉拉讲解 SMART 原则

杜拉拉是小说《杜拉拉升职记》的主人公，她靠辛勤的工作和持续的个人能力提升，在职场中获得成功。在小说中有一段她运用 SMART 原则指导行政主管进行工作目标的描述：

我刚来这家公司的时候，发现配给我的行政主管很年轻，心里不太情愿。处了两周后，感觉她的潜力还是不错的，是个好苗子，只是实际工作经验太少了。

在设定年度工作目标的时候，我发现她的计划里几乎找不到可以量化的东西，这样势必影响年终考核，工作到底做得好还是不好就说不清楚了，而且她自己在日常工作中对下属的要求也不明确。于是我给她做了一次 SMART 原则的辅导。

关于“量化”

有的工作岗位，其任务很好量化，典型的就是销售人员的销售指标，做到了就是做到了，没有做到就是没有做到。但是，行政部门的工作岗位，任务就不太好量化。

行政主管和我说，行政工作很多都是非常琐碎的，很难量化。比如，对前台的要求是“接听好电话。”这可怎么量化、怎么具体呢？

我告诉她：什么叫接听好电话？比如接听速度是有要求的，通常理解为“三声起接”。就是一个电话打进来，响到第三声的时候，你就要接起来，不可以让它再响下去，以免打电话的人等得太久。

关于“具体”

我告诉她，比如电话系统维护商要求“保证优质服务”。什么是优质服务？就是要具体点，如保证在紧急情况下正常工作时间内四小时响应。那什么算紧急情况，又要具体定义，比如1/4的内线分机瘫痪等。

如果不规定清楚这些，到时候大家就会吵架了。

关于“可达成”

你让一个没有什么英文程度的初中毕业生，在一年内达到英语四级水平，这就不太现实，这样的目标是没有意义的。但是，你让他在一年内把新概念第一册拿下，就有达成的可能性。他努力地跳起来后能够得到的果子，才有意义。

关于“相关性”

工作目标的设定要和岗位职责相关联，不要跑题。比如一个前台，你让她学点英语以便接电话的时候用得上，就很好。若你让她去学习管理学，就比较跑题了。

关于“时限性”

比如，你和你的下属都同意，他应该让自己的英语达到四级。

你平时问他：有没有在学呀？他说一直在学。然后到年底，发现他还是在二级、三级水平上徘徊，就没有意思了。一定要规定好，比如他必须在今年的第三季度通过四级考试。要给目标设定一个大家都同意的合理的完成期限。

基本上做到这五点，人们就知道怎么样算做得好，怎么样是没有做好，怎么样算超越目标了，从而考核者和被考核者能有认同的清晰的考核标准。

思考题

（1）杜拉拉是如何理解量化的？

（2）设定目标为什么要具体？

（3）如何理解目标的可达成性？

（4）制订目标为什么要强调相关性和时限性？

（5）杜拉拉对SMART原则的解释对你有哪些启发？

拓展阅读

目标对人生影响的跟踪调查

哈佛大学有一个非常著名的关于目标对人生影响的跟踪调查。调查的对象是一群智力、学历、环境等条件都差不多的大学毕业生。结果是这样的：

27% 的人，没有目标。

60% 的人，目标模糊。

10% 的人，有清晰但比较短期的目标。

3% 的人，有清晰而长远的目标。

此后的 25 年，他们开始了自己的职业生涯。

25 年后，哈佛大学再次对这群学生进行了跟踪调查。结果是这样的：

3% 的人，25 年间他们朝着一个方向不懈努力，几乎都成为社会各界的成功人士，其中不乏行业领袖、社会精英。

10% 的人，他们的短期目标不断地实现，成为各个领域中的专业人士，大都生活在社会的中上层。

60% 的人，他们安稳地生活与工作，但都没有什么特别的成绩，几乎都生活在社会的中下层。

剩下 27% 的人，他们的生活没有目标，过得很不如意，并且常常抱怨他人、抱怨社会、抱怨这个“不肯给他们机会”的世界。

其实，他们之间的差别仅仅在于，25 年前他们中的一些人知道自己到底要什么，而另一些人则不清楚或不很清楚。

第三节 职业生涯规划编制

“凡事预则立，不预则废。”在完成自己的职业目标定位后，科学地规划自己的职业发展，对大学生将来顺利就业，无疑具有非常重要的意义。那么，什么是职业生涯规划？职业生涯规划的意义何在？我们该如何进行职业生涯规划？下面，我们就结合当代大学生的现实情况，对这些问题做出系统的梳理和分析。

一、职业生涯规划的编制准备

目前我国使用的“职业生涯规划”概念，是在美国心理学家舒伯提出的生涯规划概念基础上，逐渐演变和发展起来的。在舒伯看来，“生涯”统合了个人一生各种职业和生活的全部角色，由此表现出个人独特的自我发展形态。当然，关于职业生涯规划，社会上还有很多狭隘的理解，甚至有人认为职业生涯不需要规划，也根本无法进行规划。所以，本书认为在进行职业生涯规划前，有必要对如何理解职业生涯规划做进一步解释。

（一）理解职业生涯规划的系统性

关于“职业生涯”概念，狭义的理解就是个人职业的发展道路，包括就业的形态、工作的经历以及与职业相关的活动等，指的是一个人从职业学习开始到职业劳动最后结束的全部经历。职业生涯伴随着人的大半生，对职业生涯的规划，就是为自己的未来人生绘制理想的蓝图，根据自己的职业倾向，确定最佳的职业奋斗目标，并为实现这一目标做出行之有效的安排的过程。近年来，随着职业指导理论研究的深入和职业指导活动的普及，职业指导学术研究领域，不约而同地开始用“职业生涯规划”表达对人整个生涯的宏观设计。“职业生涯规划”可以用于个人，也可以用于组织的发展。

规划不同于计划，职业生涯的发展无法计划，但却可以规划。规划是为了实现目标所做出的预先考虑和安排，它是战略思考、总体布局和行动策略，而不是每月、每周、每天必须完成哪些具体指标的任务设计和作息安排。规划从职能上说主要包括以下三方面内容：一是确立目标以及目标的优先次序；二是预测对实现目标可能产生影响的未来事态；三是提出实现预期目标的行动策略和保障措施。

舒伯认为，作为系统的职业生涯规划，应以个人的发展为着眼点，将个人与职业、个人与社会融为一体，既要考虑个人发展才能的机会，同时也要兼顾社会的需要和利益。这一思想把职业生涯规划上升到更高的层面，即从个体发展和整体生活的高度，来考察个人与职业、个人与社会的关系，而不只是局部的“人职匹配”关系。作为系统的职业生涯规划，其目的不仅是帮助人们按照自己的条件找到一份合适的工作，更重要的是帮助人们真正了解自己、了解职业领域，并根据主客观条件，设计出合理、可行的职业与人生发展方向，并在此基础上通过自我提升、自我营销和整合资源等措施，最大限度地实现自我价值。

（二）理解职业生涯规划的全面性

舒伯提出了生涯发展的新观念——生活广度、生活空间的生涯发展观。他将生活广度（发展阶段）和生活空间（角色）交汇成为生涯彩虹图，如图 3-5 所示。

生涯彩虹图生动、形象地呈现了人一生的各个发展阶段和所扮演的主要角色。他认为人一生所扮演的角色，就像天上的彩虹般色彩丰富。不同时期不同角色的组合，构成了生涯形态的全部。生涯彩虹图非常直观地在同一张图上，展现了个人生命的长度（发展阶段）、宽度（角色）和深度（个人对角色的投入程度），以及生命的意义所在。

在生涯彩虹图中，横向层面代表的是人一生的“生活广度”，又称为“大周期”，包括生涯发展的主要阶段，即成长阶段、探索阶段、建立阶段、维持阶段和退出阶段，在彩虹的外层标示出了发展阶段和对应的大致年龄；纵向层面代表的是由一组角色组成的“生活空间”，由一组角色和职位组成，包括人在一生当中必须扮演的五种主要角色，即子女、学生、休闲者、公民和持家者，它描绘了生涯发展阶段与角色间的相互影响和发展状况。个人在不同时期对不同角色的投入和重视程度，以每一道彩虹深浅不一的颜色来表现。

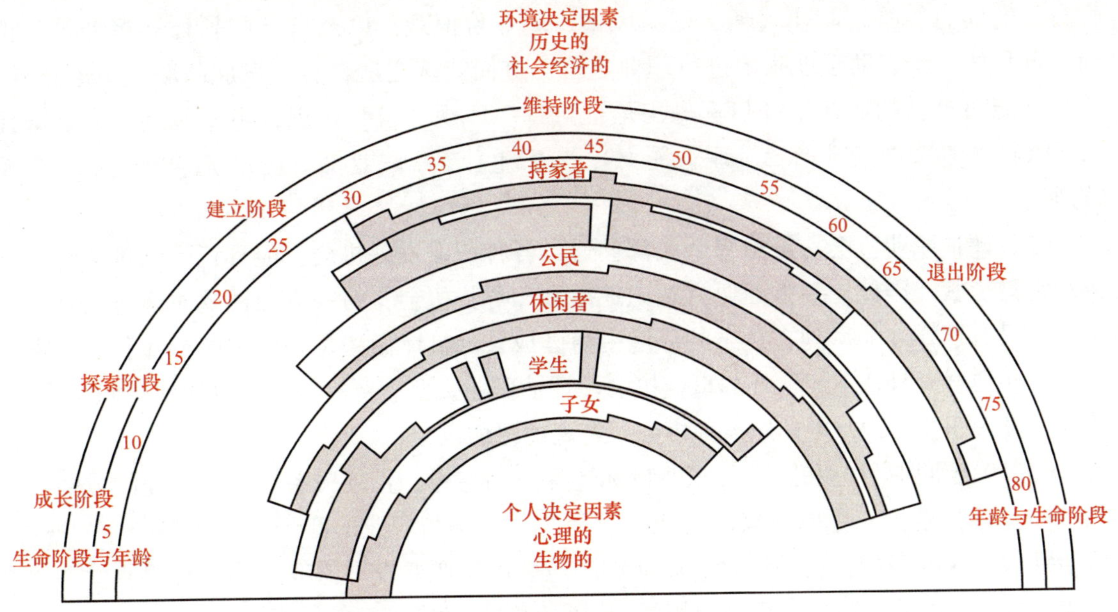

图 3-5　舒伯的生涯彩虹图

（三）理解职业生涯规划的独特性

职业生涯规划还具有差异性和独特性。每个人都有自己独特的人格特征、成长环境、现实条件和价值取向，所以职业生涯规划不能千人一面，而要根据自身特点实事求是地进行规划。柏拉图曾说过："如果你不能成为大道，那就当一条小路；如果你不能成为太阳，那就当一颗星星。决定成败的不是尺寸的大小，而在于做一个最好的你。"

在职业生涯规划过程中，做最好的自己，既是一种境界又是一种精神，既是一种平和的心态，又是一种理想的激情。人生来就是有差异的，就像世界上没有两片完全一样的树叶，每个人的能力和智力水平都参差不齐，每个人都有自己的优势和劣势，漫漫人生路，要学会使自己的才能得到最大限度的发挥，每个人如果都能尽自身最大努力，达到自己能力所能做到的最好程度，那他就是最好的。

当今社会需要各类人才，每个人都有适合自己的位置，正如天上繁星点点，却依然拥有各自的一片天空。不必去追求那些不切实际的目标，可以从自己的实际出发，科学规划自己的未来，一点点进步，一步步超越，朝着既定的方向不断前进，只要抓住机遇，每个人都可以使自己变得更加出色，做最好的自己。

二、职业生涯规划的编制流程

在制订职业生涯规划时，还需要注意以下问题。首先，应该保持开放的心态，不断学习和成长，以适应不断变化的社会环境。其次，需要培养积极的心态和行动力，不断追求自己的梦想和目标。最后，需要注重实践和反思，不断完善自己的规划。

（1）客观认识自我。职业生涯规划最基础的工作，就是要客观地认识自我，充分了解自己的能力结构、职业兴趣、行为风格、职业价值观，以及自己的长处和短处等。正确的自我认知，有助于准确地进行职业定位，进而能选定适合自己发展的职业生涯路线，并最终能对自己的职业生涯目标做出最佳选择。客观的自我认识，主要包括：喜欢干什么（职业兴趣），能够干什么（职业能力），最看重什么（职业价值观），适合干什么（个人特质）。

（2）评估职业机会。虽然每个人都会遇到各种职业发展机会，但真正受到机会青睐的人却是极少数。因此，一方面要有意识地播种和寻找机会，另一方面还要对环境因素充分了解，只有这样才能做到在复杂的环境中稳健成长。具体做法是深入了解行业和职业需求状况，并结合自身特点评估外部事业机会。评估职业机会需要注意：充分地搜集职业信息，积极地投入职业实践，主动地播种机会，客观地评估机会。

（3）确定职业目标和路径。职业目标选择正确与否，直接关系到人生事业的成败。正确的职业选择至少应考虑：兴趣与职业的匹配，性格与职业的匹配，特长与职业的匹配，价值观与职业的匹配，内外环境与职业相适应。由于职业发展路线不同，对职业发展的要求也不相同。因此，在职业生涯规划中，必须做出最适合自己的抉择，以便使自己的学习、工作以及各种行动措施，沿着自己的职业生涯路线或预定的方向前进。

（4）终身学习，高效行动。在确定职业生涯目标后，行动便成了关键的环节。这里所说的行动，是指落实目标的具体措施，主要包括工作、训练、教育、轮岗等方面的措施。例如，为达成职业目标，在工作方面，你计划采取什么措施，提高你的工作效率？在业务素质方面，你计划学习哪些知识，掌握哪些技能，提高你的业务能力？在潜能开发方面，采取什么措施开发你的潜能；等等，都要有具体的计划与明确的措施。

（5）与时俱进，灵活调整。要使职业生涯规划行之有效，必须不断地对职业生涯规划进行评估与调整。其调整的内容包括：职业的重新选择，职业生涯路线的选择，人生目标的修正，实施措施与计划的变更等。在职业发展过程中，理想与现实的脱节几乎人人都会碰到。发生这种情况时，先要调整好自己的心态，在自己可以掌控的情况下，审时度势灵活调整；在自己无法掌控的情况下，要静下心来等待机会。

三、职业生涯规划的编制原则

职业生涯规划是在全面认识自身素质和职业生涯发展规律的基础上，通过对职业生涯发展的展望和描述，而绘制出的关于如何实现职业发展目标的战略构想和实施蓝图。为使职业生涯规划在实践中真正发挥方向引领和行动指南的作用，在职业生涯规划编制过程中，还必须遵循以下三项原则。

（一）现实性原则

现实性原则，即规划编制必须符合实际情况，不能脱离现实。首先，规划编制必须充分考虑自己的实际情况，包括个人能力、兴趣爱好、家庭背景和社会资源等因素。其次，规划编制必须符合市场需求和行业趋势，要与市场需求相匹配。

为了更好地体现现实性原则，可以结合数据分析和案例研究来进行规划编制。例如，在进行规划编制时，先通过收集和分析行业数据和市场信息，了解行业发展趋势和市场需求，然后借鉴前人的职业发展经验，制订符合市场需求的职业生涯规划。

现实性原则还告诉我们，职业选择应当是社会需要与个人利益的统一。它要求大学生在进行职业生涯规划编制时，积极把握社会对人才需求的动向，把社会需要作为出发点和归宿，以社会对个人的要求为准绳，来进行个人职业生涯规划的编制。

（二）可行性原则

可行性原则，即规划编制必须切实可行，不能好高骛远。它要求在编制职业生涯规划时，必须充分考虑规划落地的可能性，从而确保自己的职业生涯规划既不会过于简单，也不会过于困难，而是既具有一定的挑战性，同时又具备实现的可能性。

可行性原则要求我们在编制职业生涯规划时，一定要在充分了解真实的职业领域的基础上，做到切实可行，否则只会成为永远无法实现的空想。当然，生涯发展的目标也不能定得太低，否则虽然可以轻易实现，却不能充分发挥自己的潜能。

为了更好地遵循可行性原则，大学生可以利用一些方法和工具进行职业生涯规划编制。例如，借助 SWOT 模型，分析自身的优势和劣势，以及外部的机会和威胁，从而制订更具可行性的职业生涯规划。

（三）长期性原则

长期性原则，即规划编制必须着眼长远，不能只看眼前利益。它要求大学生在制订职业生涯规划时，不仅要考虑当前的需求和条件，还要考虑未来的发展潜力和长期利益。这意味着职业生涯规划不仅要有可行性，还要具有前瞻性和可持续性。

职业发展是一个长期的且充满不确定性的过程，不能一蹴而就，需要一步一步地实现。因此，职业生涯规划的编制还必须要有阶段性，要建立具有时间性、阶段性、承接性和协调性的子目标，从而使职业发展的长期目标分阶段逐步实现。

职业生涯规划的编制，还应当考虑其长期、中期以及短期规划的衔接与协调。从规划纵向的协调性看，它应该将不同阶段的职业发展任务有机结合起来，从规划横向的协调性看，它应该将个人、家庭和社会各方面的发展有机结合起来。

案例分析

做自己的人生设计师

小王是南方某高职院校计算机科学专业二年级学生。小王从小就对计算机充满兴趣，从高中时期就开始自学编程。进入大学后，他更加专注于专业学习，希望未来能在 IT 行业有所建树。然而，随着学习的不断深入，他逐渐意识到自己对编程的兴趣，可能并不是个人发展最大的动力，他更希望创造出实际的产品或服务来改变世界。通过学习和老师的启发，他为自己做了人生规划。

（1）自我评估。小王通过自我反思和与同学、老师的交流，明确了自己的优势在于编程和创意，同时也认识到自己在团队协作和管理方面的不足。

（2）市场调研。为了了解市场需求，小王参加了多个与创业和创新相关的活动，结识了不同行业的专业人士，了解到目前市场上对具有创新思维和技术的产品经理的需求很大。

（3）目标设定。结合自己的兴趣和市场需求，小王决定将职业发展方向调整为产品经理，目标是进入一家创新型的科技公司，从产品助理做起，逐步提升为产品经理。

（4）行动计划。为了达成目标，小王制订了以下计划。

① 加强自己在市场营销、用户体验等方面的学习，选修相关课程或参加培训。

② 积极参与校园社团活动和创业项目，提升自己的团队协作和管理能力。

③ 利用假期和课余时间进行实习，积累工作经验。

（5）反馈与调整。在实施计划的过程中，小王会不断进行自我评估和反馈，根据实际情况调整自己的学习方向和实践方向。

思考题

（1）你认为小王的自我评价方式是否正确？

（2）你是否认同小王对产品经理的理解？

（3）你认为小王对自己职业目标的设定合理吗？

（4）如果你是小王，你将如何平衡学习和参与实践活动的时间？

（5）本案例对你有哪些启发？

拓展阅读

职业生涯规划中的PDCA循环

PDCA循环是美国质量管理专家沃特·休哈特首先提出的，后由戴明采纳、宣传，最终获得普及。PDCA循环不仅仅可以用在质量管理体系中，宏观地看，其实它更是一个很好的方法论，可以广泛地运用于职业规划、学习、生活当中，是一个从计划、实施、检验到行动往复循环逐步提高的过程，由量变到质变的一种行动模式，可以具体到职业规划当中来看。

第一，计划（Plan）。一个职业生涯成功的人，在其每个职业阶段中应该都有明确的目标，才能一步一个脚印，从低阶职位迈向高阶职位。刚毕业的大学生对其第一份工作肯定有他的憧憬，但是造化常常弄人，一个看似好的计划却并不一定能获得成功。计划的制定必须符合实际情况，不能太高也不能太低，太高了打击士气，太低了起不了激励作用，不利于自己进一步成长。如何才能制订一个好的计划呢？对自己有个全面且正确的认识非常重要，即“知己知彼，百战不殆”。

第二，执行（Do）。好的计划归根到底在于执行，对于“行”从古至今有很多的说法：“言行一致”“讷于言而敏于行”说的就是“行”的重要性。行动贵在坚持，这其实是非常难的一件事，也就是常言讲的“说时容易做时难”，能持之以恒坚持下来的人很少。对于这个问题笔者是这样看的，执行不能坚持很大的原因在于当初制订的计划不切实际，如自己本身的长处在销售，但偏偏希望在技术方面有所发展，这会让自己非常痛苦，在追求技术的道路上也不能走得更远；再如一个程序员职业生涯的头两年要求自己熟练掌握 Delphi、C#、Java，这本身执行起来就有困难。因此对职业生涯的某一阶段，我们所制定达成目标的行动必须是让我们感觉到快乐的、有兴趣，同时也是比较合理的过程，那我们才能坚持到底。

第三，检验（Check）。对于检查，需要确定时间点和标准点两个因素。通常某阶段生涯规划的大目标下可能分好几个子阶段，其每一个子阶段都可以作为一个检查点。检查的标准以当初设定的计划为标准，如果完成了计划，那么执行是成功的，相反就不成功。

第四，行动（Action）。对检查不成功的目标进行判断，是计划有问题还是执行有问题，如果计划有问题，应当调整计划进入一个新的 PDCA 循环，如果执行有问题，应该分析自己在时间、精力、金钱上的投入是否不足，方法上有没有问题。比如，子计划中的学习计划没有成功，就得分析花费在学习上的时间是否足够、参加专业的培训是否必要、资料是否充足、学习方法是否合理等。深入挖掘导致执行不成功的因素，找到原因后针对问题点加以改进，进入下一个 PDCA 循环。周而复始直到职业生涯有一个更好的发展。

本章小结

本章探讨了职业方向选择、职业目标定位和职业生涯规划编制的作用、意义、主要内容、理论依据、基本过程和应该注意的问题，同时还简要介绍了职业方向选择的方法论、职业目标定位的辅助决策工具和职业生涯规划编制的前提性问题。本章的重点是职业方向的选择，难点是对设计思维的理解和辅助决策工具的使用。

职业规划大赛指导

大学生职业规划大赛成长赛道备赛要点

按照首届全国大学生职业规划大赛通知要求，成长赛道的评审标准是：职业目标20分、行动成果40分、目标契合度30分、实习意向10分。

以下三点为对职业目标的要求。

（1）职业目标应该体现积极正向的价值追求，同时能够将个人理想与国家需要、经济社会发展相结合。

（2）职业目标匹配个人价值观、能力优势、兴趣特点等。

（3）准确认识目标职业在专业知识、通用素质、就业能力等方面的要求，科学分析个人现实情况与目标要求的差距，制订合理可行的计划，以满足职业发展的需求。

对照上述要求，建议同学们在准备比赛时重点做好以下四项工作。

一是深入了解国家经济社会发展现状，特别是国家的产业政策和发展战略，在此基础上分析国家和所在区域对人才的培养需求。

二是准确把握个人的价值取向、兴趣特点和能力优势，搞清自己想干什么、能干什么和干什么更有乐趣、更有成就感。

三是将个人的职业发展与国家的需要和经济社会发展的要求结合起来，制订出积极、正向且能体现个人优势和符合个人价值观与兴趣特点的职业目标。

四是准确认识目标职业的要求，在此基础上运用科学的手段和方法，客观评价个人现实情况与目标要求的差距，并以此制定切实可行的计划来缩小这个差距。

课程思政活动

老宁是某机车车辆股份有限公司的车辆钳工，高级技师，高铁首席研磨师，第十四届全国职工职业道德建设标兵个人，大国工匠人物。他是国内第一位从事高铁转向架“定位臂”研磨的工人，也是这道工序最高技能水平的代表。

2006年，老宁成为第一位学习380A型列车转向架研磨技术的中国人，他对技术的掌控和精准把握，让日本专家都竖起了大拇指。他负责的这道工序，不只在中国，在全世界所有高铁生产线上，都要靠手工研磨。按照国际标准，留给手工的研磨空间只有0.05毫米左右，也就是相当于一根细头发丝。过去的十多年，老宁就在这细如发丝的空间里施展着自己的绝技。磨小了，转向架落不下去，磨大了，价值十几万元的主板就报废了。他的同事说，老宁的绝活也正在这里，他可以像绣花一

样，把切口表面这些隐约的竖线，织成一张纹路细密、摩擦力超强的网。“0.1 毫米的时候，国内大概有十几个人能干。到了 0.05 毫米，别人都干不了了，目前就只有他能干。”

由于他是高铁研磨的第一把手，所以很快就当上了班长。可是，没过多久，他却找到领导说不想当班长，还是让我干活吧。他说，自己对管理不感兴趣，感觉自己还是做擅长的事比较拿手。

老宁说，工匠就是凭实力干活，实事求是，想办法把手里的活干好，这是本分。他说，要把这份手艺继续干下去，干到自己干不动为止。

一心一意搞技术，这似乎与当下大多数人的追求不同。对此老宁说，我不是完人，但我的产品一定是完美的。做到这一点，需要一辈子踏踏实实做手艺。

思考题：

（1）老宁是怎样成为大国工匠的？

（2）你是否认同老宁“一心一意搞技术”的发展定位？

（3）在老宁身上有哪些值得你学习的地方？

（4）本案例对你有哪些启发？

形成性训练

一、思考题

（1）如何进行职业发展方向选择和职业目标定位？

（2）如何进行职业目标分解？

（3）如何选择职业发展路径？

（4）试述 CASVE 循环模型的操作程序及其作用。

（5）简述 SWOT 决策模型的操作程序及其作用。

二、职业方向选择

结合本章所学知识，在前面所做的自我探索和职业探索基础上，按照以下五个步骤，进行个人职业发展方向选择。

（1）自我认知。回顾自己的兴趣、爱好、优势和劣势，思考自己在学习、工作、社交等方面的表现；识别自己的特点和潜力，列出自己感兴趣的职业或行业，并说明原因。

（2）职业调研。选择至少三个你感兴趣的职业或行业，进行深入调研；搜集关于这些职业或行业的信息，包括职位描述、工作环境、薪资水平、发展前景等；了解这些职业或行业所需的知识、技能和经验，以及相关的资格认证或学历要求。

（3）职业方向选择。基于自我认知和职业调研，选择一个你认为最适合自己的职业方向；阐述选择该职业方向的原因，包括它与你的兴趣、能力、价值观等方面的匹配度；描述你对该职业方向的理解和期望，包括工作内容、工作环境、发展机会等。

（4）行动计划。制订一个实现该职业方向的行动计划，列出你需要学习或提升的技能、知识和经验，以及相应的学习或实践途径。

（5）反思与调整。在完成职业方向选择和行动计划后，思考你的选择是否经过深思熟虑，是否真正符合你的兴趣和长期职业规划；如果发现需要调整，请说明原因并给出新的职业方向选择和行动计划。

三、职业目标定位

结合本章所学知识，在前面所做的自我探索和职业探索基础上，按照以下四个步骤，借助决策和目标制定工具进行个人职业目标定位。

（1）运用 SWOT 模型进行个人职业发展的优势、劣势和机会、威胁分析。在此基础上初步确定个人的职业发展方向。

（2）运用 CASVE 循环进行个人职业目标选择。通过沟通、分析和综合，在自己的职业发展方向下，选择 3 ～ 5 个职业岗位，作为你毕业后第一份工作的备选方案，然后通过评估各备选方案实现的可能性，以及这个方案对自身及他人的影响，对这些备选方案进行排序。

（3）运用生涯平衡单对各备选方案进一步进行量化分析。将上述排在前面的三个备选方案填入生涯平衡单，然后从不同维度对它们进行打分和计算加权分，最后计算各个备选方案的总分。完成上述计算后，反思和分析计算过程，完成职业目标选择。

四、职业生涯规划编制

在前述练习基础上，编制一份职业生涯规划书，其中包括自我评估、职业环境研究、职业目标设定、行动计划实施与调整、总结与反思等内容。规划书应条理清晰、逻辑严密、表达准确。在实施过程中，要不断反思和调整自己的行动计划，确保其与职业目标保持一致。

第四章 职业生涯规划实施与反馈调整

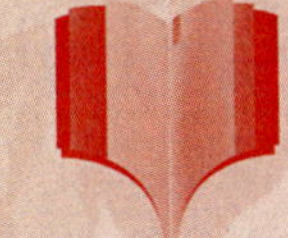

学习目标

（1）了解职业生涯规划实施的路径和方式。
（2）理解行动在个体职业发展中的作用。
（3）掌握职业生涯规划实施的原则。
（4）理解职业原型体验的作用。
（5）掌握职业生涯规划调整的依据。
（6）掌握职业生涯规划调整的逻辑和方法。

导入案例

晓夏为某高职院校商务英语专业的学生，从大一到大二再到大三，随着对大学新鲜感的逐渐淡去，她成了校园里的老生，天天都很忙，上课、听讲座、参加社团活动……但她又不知道自己在忙什么。有时觉得很累，可想到要为毕业后的工作打基础，就觉得这些付出也许是值得的。有时又很茫然，甚至有点沮丧，因为忙得毫无头绪，不知道这样的付出对未来的发展有没有作用。

第一节 规划实施

无论目标多么伟大，规划多么美好，如果离开脚踏实地地实施，一切都将是一纸空文。从这个意义上说，晓夏的忙碌和沮丧是可以理解的。但是，这种没有目的的忙碌是没有意义的，因此在编制了职业生涯规划之后，还必须制订相应的行动计划，通过有条不紊、实实在在的知识积累、素养提升和能力拓展来不断地充实和丰富自己，才能在激烈的就业竞争中找到自己的位置，在未来的人生道路上取得事业与生活的双丰收。

一、目标分解

规划实施的第一步是要对规划目标进行分解，即将规划的总目标分解为一个个具体的小目标。从时间维度看，规划目标可以分解为长期目标、中期目标和短期目标。在一般情况下，短期目标要服务于中期目标，中期目标要服务于长期目标。从内容维度看，规划目标可以分解为知识目标、素养目标和能力目标。

（一）知识目标

知识是人们在实践中所获得的认知和经验的总和，大学生毕业后无论从事什么工作，必要的知识积累都是不可缺少的。今天的学校教育改革虽然更加重视能力与创造性的培养，但一个不容忽视的现实情况是：能力的提升需要以一定的知识积累为前提，发明创造需要以一定的知识为基础和原材料。从事职业活动所需要的知识，通常会因职业性质和职业要求的不同而不同。

对大学生而言，职业知识主要是通过学校教育的途径获取的。因此，大学生首先应该按照学校的培养计划，认真完成学习任务，尽可能利用学校的教育资源获得职业知识，作为将来职业需要的储备。另外，在知识积累过程中，还要注意构建多维、动态的知识结构。具体来说就是既有比较充实的专业知识，又有比较广泛的邻近学科知识及开阔的视野；既能站在前人的肩膀上，又不被前人所束缚。

（二）素养目标

职业素养是指人在职场中表现出来的综合品质，包含职业道德、职业技能、职业行为、职业作风和职业意识等。很多企业界人士认为，职业素养至少包含两个重要因素：敬业精神和合作的态度。敬业精神就是不管做什么工作，都一定要做到最好；敬业不仅仅是吃苦耐劳，更重要的是要“用心”做好公司分配的每一份工作。职业态度是职业素养的核心，好的职业态度，如负责、积极、自信、建设性、乐于助人等，都是决定一个人职场成败的关键因素。

良好的职业素养也是企业招聘员工时最重要的考核指标。例如，成都大翰咨询公司在招聘新人时，综合考查毕业生的专业素质、职业素养、协作能力、心理素质和身体素质。其中，身体素质是最基本的，好身体是工作的物质基础，职业素养、协作能力和心理素质是最重要和必需的，而专业素质则是锦上添花。职业素养可以通过个体在工作中的行为来表现，而这些行为以个体的知识、技能、价值观、态度、意志等为基础。良好的职业素养既是企业招聘人才的基本要求，也是个人事业成功的基础和关键。

（三）能力目标

不同职业岗位具有不同的工作内容与职责特点，它向任职者提出了相对独立的能力标准，这些标准是实施人员选择、培训、考核与人才流动的基础。例如，企业的管理者应该具有三种基本能力，即技术能力、管理能力、人际关系能力。当然，处于不同地位的管理者，因工作任务、管理范围、领导对象的不同，对这三种能力的要求也略有不同。

影响能力的因素有很多，先天遗传素质是能力形成和发展的自然前提和基础，后天的环境和教育对能力的形成和发展有十分重要的作用，所以能力是先天素质和后天环境教育相互作用的结果。所谓个体差异，是指个体在成长过程中因受遗传和环境的交互影响，使不同个体之间在身心特征上显示出彼此不同。人与人之间在能力上的差异主要表现在能力类型的差异、能力发展水平的差异、能力表现早晚的差异。

而现代管理原则强调，通过科学的测定，以中等水平的人为标准，为每一个职务或工作岗位提出统一的工作标准或劳动定额。这使得具有不同职业能力水平的人，面临不同的问题，形成不同的心态。规划实施的重要任务之一，就是要通过实际工作体验，帮助个人了解自己的能力倾向，并在此基础上找到适合自己的发展平台。

二、行动计划

完成了目标分解之后，下一步的关键是根据分解后的目标，制订实现目标的行动计划，并依据行动计划采取行动。从某种意义上说，唯有行动才能让目标从想法逐渐步入现实。因此，在大学生活中，不但要将规划目标分解为不同阶段和不同方面的小目标，还要制订相应的行动计划，从而确保通过小目标的实现最终实现大目标。

（一）制订行动计划

行动计划是一个包括行动任务、阶段划分和任务分解三方面内容的行动指引和备忘，它可以帮助人在实施规划时方向清晰、全情投入。

（1）总目标。总目标是指规划的总目标，如实现出国留学。

（2）年计划。年计划是指为了更好地完成一年内的任务而制订的计划，它通常以月为单位来制定。例如，为实现第一年通过大学英语四级考试这一目标，将学习任务细分到12个月中，如每月要掌握多少词汇量，要完成多少听力练习，要做多少阅读理解训练等。

（3）月计划。月计划是指围绕月目标而制订的计划，通常以周为单位来制定。例如，为完成每月掌握1000个单词、完成60篇阅读理解练习的目标，每周需要安排多少任务量。

（4）周计划。周计划是指围绕周目标而制订的计划，通常以天为单位来制定。例如，为完成每周掌握250个单词、15篇阅读理解练习的目标，每天需要安排多少任务量。

（5）日计划。日计划是指围绕每日目标而制订的计划，以每天时长为单位来制定。例如，为完成每日40个单词、1篇阅读理解练习的目标，每天需要安排多少时长和任务量。

（二）让计划可执行

你有没有遭遇过所谓的“完美计划”后的“完美怠工”呢？一年之计在于春，人们常常会在新年的时候既憧憬又悔恨地跟自己说：新的一年一定要不一样，要变成更好的自己。可是第二年、第三年……同样的计划塞满了抽屉，可最后，它们都仍然只是计划。计划的执行为什么这么难？如何才能让自己开始行动呢？

（1）建立成长型思维，打破阻碍行动的枷锁。很多时候，不能开始行动是因为畏难情绪，而畏难情绪的背后是固定思维。斯坦福大学教授卡罗尔·德韦克认为，人的思维模式可以分为两种，一种是“固定型思维模式（Fixed Mindset）”，相信天赋的作用，只做自己熟悉和轻松能够做好的事情，不去尝试有挑战性的新任务，因为担心做不好会被贴上天分不高的标签。另一种是“成长型思维模式（Growth Mindset）”，认为学习不在天赋，而在于努

力，他们乐于尝试新事物，认为只要努力去做，一切皆有可能。

（2）小步子，具体化。很多时候，不能开启行动可能是因为目标定得太大，或者不够具体。为此，可以借鉴“小步子原理”。“小步子原理”，简单来说就是在改变的路上迈出小小的一步，获得一个小小的成功。小成功虽然小，却能够让人们切实体会到改变的好处，也会塑造一种希望感，让人们相信改变是可能的，并促使人们不断迈开步伐。另外，在制订计划时，要注意将任务拆解为动作。例如，将“坚持锻炼身体”改为“早上 6 点去操场跑步 20 分钟”，从而使任务更容易理解和执行。

（3）运用优先矩阵，保证完成重要任务。优先矩阵是美国著名管理学大师史蒂芬·柯维提出来的四象限时间管理法，他按重要和紧急两个不同的维度，对任务进行了划分，形成了重要紧急、重要不紧急、紧急不重要和不重要不紧急四个象限，如图 4-1 所示。

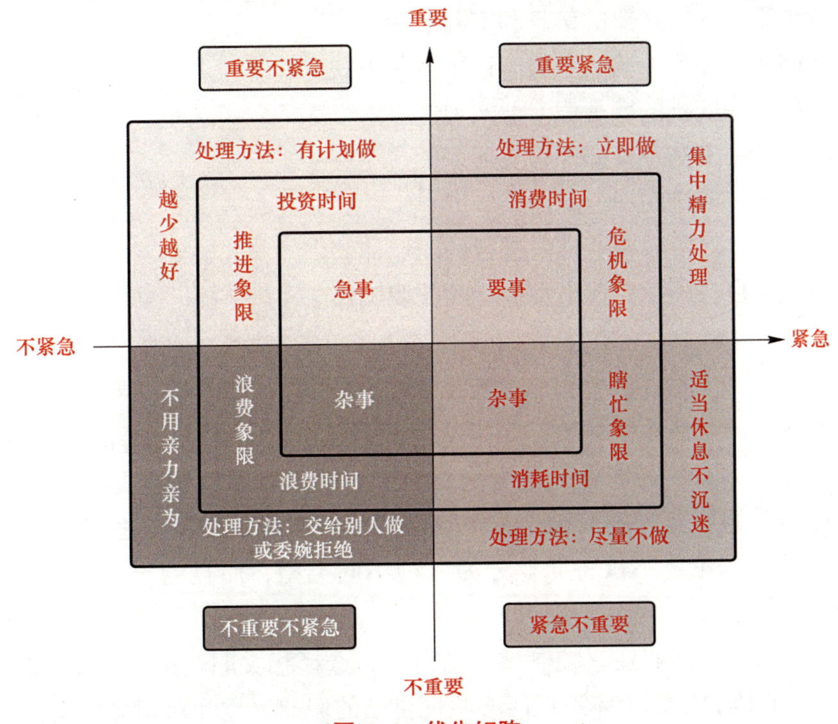

图 4-1　优先矩阵

优先矩阵的核心是要事优先。这里说的要事是指那些能让你离目标更近的事情，以及对你未来有价值的事情。它强调做事情前一定要先学会判断，该行动是否有助于自己离目标更近。其基本策略是：优先去做重要且紧急的事情，尽量不做或少做紧急但不重要和不重要也不紧急的事情，从而保证有时间去做重要但不紧急的事情。

三、原型体验

在前文中介绍了设计思维的操作步骤，其中的第四步即为快速原型，它表达的意思是用尽可能低的成本和尽可能快的速度，做出可以试用的东西，即原型。这里借用原型用来表示可供人参与其中，进行自我探索和职业探索的工作岗位。“纸上得来终觉浅”，大学生要想真正了解某一职业的特性和要求，以及真正搞清自己到底喜欢什么工作和胜任什么工作，唯一的途径就是进行职业原型体验。同时，职业原型体验也能为个体提供深入了解行业、企业和职业的机会。在现实生活中，体验职业原型的方式很多，下面介绍三种常见的方式。

（一）基于专业学习的职业原型体验

基于专业的职业原型体验，是一种从自己所学专业出发，寻找与之相匹配的工作岗位进行职业体验的方式。这种原型将专业知识与实际工作紧密结合，提供了一个全面了解专业知识应用场景的平台。通过这种职业原型体验，个体不仅能够提升专业技能和就业竞争力，而且能够更深入地了解自己和了解职业，从而为个体更好地规划自己的职业发展和更好地进行就业决策，提供必要的信息和实际经验。

基于专业的职业原型体验，主要有以下五种方式。

（1）由学校统一安排的寒暑假专业实习。

（2）由学校统一安排专业课课程实习。

（3）由学校统一安排的毕业实习。

（4）由学生从自己所学专业出发进行的职业体验。

（5）由学生从自己所学专业出发进行的兼职工作。

（二）基于个人兴趣的职业原型体验

基于个人兴趣的职业原型体验，是指从个人兴趣出发，寻找与之相匹配的工作岗位进行职业体验的方式。霍兰德职业兴趣理论，为个体的职业原型体验提供了一个参考框架，个体可以通过霍兰德职业兴趣测试，了解自己的职业兴趣，以及与之相匹配的职业领域。霍兰德的职业类型理论，不仅将职业分为六种不同类型，而且给出了各种类型的代表性职业。

大学生可以在霍兰德职业兴趣测试的指引下，选择相关职业进行原型体验。在这种以兴趣为基础的职业体验中，个体不仅能够验证自己的职业兴趣和对相关职业进行深入了解，而且有可能找到自己感兴趣的工作，甚至是钟爱一生的事业。心理学研究表明，从事自己感兴趣的工作，能使个体在工作中维持长期的动力和参与度，且有助于实现工作与个人生活的平衡。

（三）基于社会实践的职业原型体验

基于社会实践的职业原型体验，指的是从社会需要出发，在不同类型的工作岗位进行职业体验的方式。它通过将学生置于真实的社会工作场景中，强化了“学以致用”的理念。这种职业原型体验不仅超越了传统课堂的局限，还提供了一个广阔多元的职业环境，让参与者在实践中直接面对职业挑战。这种职业原型体验不仅能促进学生知识和技能的获取，深化对职业角色的理解，而且能帮助学生融入职业文化，培养必要的职业素养，体验到职

业背后的责任感与成就感。

基于社会实践的职业原型体验，主要有以下六种方式。

（1）参与社区服务。

（2）参与非政府组织的志愿工作。

（3）参与社会调查。

（4）参与创业项目。

（5）参加三下乡活动。

（6）参与由学校、政府或社会组织发起的社会实践项目。

案例分析

世界技能大赛冠军是怎样炼成的

世界技能大赛冠军、全国五一劳动奖章获得者、全国技术能手、全国爱岗敬业汽修工楷模……这一个个耀眼的荣誉和头衔都属于27岁的云南小伙金龙，年纪轻轻的他已经是一名特级技师了。

“不论是学知识还是学技术，只要感兴趣、能坚持、肯钻研，就一定能有出彩的人生。”聊到个人的“成功秘诀”，金龙这样说。

金龙出生在云南省保山市一个普通的农民家庭。他的第一次人生转折来自2010年3月。当时，某技师学院来云南招生，专业是汽车钣金与涂装。金龙起初只是出于好奇去随便听听，然而听着听着，就喜欢上了给车喷洒颜色的活儿。

“兴趣爱好是最好的老师。”在金龙看来，最初的“喜欢”是自己能够成功的先决条件。到了技师学院学习后，金龙把大部分的时间和精力都花在学习与实操钻研上。终于在2011年学院举行的学生技能运动会上，他以优异的表现一举夺魁。

从那之后，金龙从市级、省级、国家级各类技能竞赛中，慢慢找到了自己的优势，先后获得浙江省中职技能大赛冠军和全国赛二等奖。

世界技能大赛（以下简称世赛）被誉为“技能界的奥林匹克”。2014年2月，第43届世赛汽车喷漆项目中国集训基地落户他曾就读的技师学院。金龙得知这个消息后，毅然辞掉工作报名参加世赛。最终他以全国选拔赛冠军的成绩挺进国家队。

接下来的训练非常艰苦。“中途有其他选手退出，但我坚持了下来。”金龙回忆说。记得夏天训练时，室内温度能高达40℃。为了不影响训练效果，全身必须裹得严严实实，一天训练下来要换七八套工作服。

长达一年的高强度集训，枯燥又辛苦，但恰恰是这一过程，让金龙对工匠精神的内涵有了新的认识。“只有不懈地钻研、不懈地坚持，兴趣之花才能结出丰硕的果实。”

功夫不负有心人，2015 年 8 月，金龙勇夺第 43 届世赛汽车喷漆项目冠军，使中国实现了世界技能大赛金牌零的突破。

思考题

（1）金龙是怎样成为世界技能大赛冠军的？

（2）兴趣在金龙的冠军之路上起到了什么作用？

（3）高强度的训练在金龙的冠军之路上起到了什么作用？

（4）在金龙身上还有哪些品质对他的成功起了非常重要的作用？

（5）本案例对你有哪些启发？

拓展阅读

对话职业原型

对话职业原型，既是一个深入了解职业和从业者生活的重要方式，也是一个与目标职业和目标企业产生链接的方式。为提高同学们的对话成功率，在这里向大家介绍一些过来人给同学们提的建议。

预约

首先必须明确的是原型谈话不是找工作，也不是真的“采访”，因此，当你试图和某人约谈时，不要使用“采访”“访谈”这样的正式词汇，否则对方可能因为自己不负责招聘方面的工作，或者感觉太正式而拒绝你。

先发邮件或者微信说明情况，再打电话约定时间地点，这是最有效的方式。介绍自己，并说明你的介绍人，最好附上一个中立机构的名称。如果遭到质疑，解释清楚，你此时此刻不是来找工作的，仅仅是了解一些情况来帮助自己做更好的选择。

在对方条件允许时，安排一个 20 ~ 30 分钟的电话或面谈。如果对方很忙，询问下一次合适的时间，或者请他给你介绍其他谈话对象。

如果你想面谈（最佳方式）避免把约见电话变成电话访谈。但有时，约见对象会在电话里说“我现在就有时间，你想问什么？”此时，应做好电话访谈的准备。如果能安排面谈，需确定具体的地点和路线。

谈话

与原型对象谈话时，一定要把控好时间，不要超出预定时间，但若对方愿意多谈一会儿，也要做好继续谈的准备。假如他不想多谈，就要适时结束，再约下次。

在谈话中，还要注意提问的方式。如果他愿意多说，就用开放式提问；但若对方不愿意多说，就使用封闭式提问。

谈话后

原型谈话是为了了解他人的经历，从而推论自己如果从事他现在的职业会怎么样。谈话结束了，围绕你的目标，你觉得需要做些什么呢？访谈后建议评估访谈成果。在约见和访谈时表现如何？准备如何？是否得到了想要的信息？还缺少什么信息？还需要访谈其他对象以确认目前得到的信息是否过于主观？等等。

另外，访谈是我们与职场前辈的深度接触，如果处理得当，你会收获一个职场导师。比如，你可以写一封感谢信，感谢对方时间和精力的投入，最重要的是要在信里写到你的收获，如你更新了哪些认知，开启了怎样的行动，后续的行动进展也可以视情况向对方汇报。如果可以，还可以请他推荐其他访谈对象。

第二节　规划评价

职业生涯规划是一个动态的过程，必须根据实施结果进行及时的评价与修正，以更好地符合自身发展和社会发展的需要。职业生涯规划评价过程是个人对自己认识不断深化的过程，也是对社会认识不断深化的过程。它对职业院校大学生的职业生涯规划质量和就业能力的提升，具有非常重要的作用。

一、规划评价的作用

在职业生涯规划实施过程中，必然存在各种问题或不适应。职业生涯规划评价的最直接作用是及时发现和解决规划实施中的问题。评价与实践是相辅相成的，及时发现实践中产生的问题，能够帮助人更好地评估与修改职业生涯规划，而评估与修改职业生涯规划，能够帮助人更好地规避问题，实现高质量的发展。

（一）有助于全面地认识自我

评价是一个不断深化自我认识的过程，它有助于大学生在成长过程中正确而全面地认识自己。随着大学生心智的不断成熟和阅历的日渐丰富，原本的自我认识已经具有滞后性，进行职业生涯规划评价能让大学生重新认识自己。因此，要有计划地在规划实施的各个阶段，对自己的职业生涯规划进行评价，以便及时校正职业发展方向和目标，明确自身所需要进一步加强的知识和能力，从而激发自身潜力，促使个人不断成长。

（二）有助于抓住职业发展中的重点

由于职业生涯规划评价是全方位的评价，它不仅需要对规划者本人的情况进行评估，还需要对影响其职业规划实施的各方面因素进行分析和评价。因此，它能够帮助大学生科学地、客观地分析职业发展中出现的问题和困惑，找到每个发展阶段应该完成的重点任务，激发大学生的工作潜力与发展动力，促进大学生以最佳状态反思自己的职业发展，进而有步骤地、有条理地实施职业规划，实现职业发展目标。

（三）有助于调整职业发展的方向与目标

在实践活动中对自身职业生涯规划进行评估，能使大学生深刻了解和认识自己。虽然在开始制订职业生涯规划时，大学生已经进行了比较充分的自我探索，但是，随着社会的发展变化，作为社会成员的大学生也在变化。因此，只有通过定期的自我评价来认识动态变化的自己，并在完善对自己认识的基础上，对职业发展的方向与目标进行相应的调整，才能使职业规划匹配发展中的自己，对个人的职业发展起到应有的促进作用。

二、规划评价的标准

职业生涯规划是基于特定环境和个人条件制定的，但随着环境和个人条件的变化，必须对职业生涯规划能否适应变化中的环境和个人条件进行评价。而评价职业生涯规划既要看其可行性，也要看其适配性。其具体标准包括以下四项。

（一）身心健康

身心健康看起来好像和职业生涯没有直接的关系，但是相信大家曾不止一次地听到这样的案例：一些成功的经理人或专家，在正值壮年且处于事业巅峰之际，却英年早逝；一些出入高级写字楼的金领、银领，尽管住着豪宅开着豪车，在外人眼中风光无限，但却终日背负巨大压力。所以评价职业规划的合适与否，不仅要看规划的职业目标能否实现，还要看实现的目标与个人能力是否匹配，如果我们从事的工作要以牺牲身心健康为代价，这就是不合适的。

（二）家庭和睦

曾仕强先生曾说，人最要紧的是生活，而生活中又以家庭生活为第一要务。谁也不能否认职业生涯的每一个发展阶段都与家庭息息相关，寻求职业与家庭的平衡是每一个职业人所追求的。麦考林国际邮购公司 CEO 顾备春先生曾说过这样一段令人感动的话："其实，成功与否、钱多少、职位高低并不是主要衡量标准。一定还要有家庭、生活的成功。到今天，我认为那个正在母腹孕育的孩子，才是我三十多年来最大的成功。那天，陪太太做孕

前检查，B 超时看到小生命在动，真是感动极了。”试想，以牺牲家庭和谐为代价的职业成功，又怎能是真正的成功。

（三）工作胜任

胜任工作看似简单，实际做到却并不容易。尤其是随着企业的发展，工作要求不断地变化，需要工作者不断调整以跟上职位需求。取得业绩看似较难，实际操作起来也是可行的。只要按时、按质完成本职工作，就是一种取得工作业绩的表现。但是胜任工作、取得业绩不代表就会获得职位升迁。例如，一个火车司机，他的职业成功可以体现在长期坚持安全、正点地将乘客或货物运达指定地点，而不是当上铁道部部长。这个标准还蕴藏着一层含义，即对所从事职业的兴趣。如果个人对于工作已毫无兴趣可言，就很难做到不断自我调整以胜任工作。

（四）自我超越

职业成功还有一个重要的衡量标准是个人潜能是否得以充分发挥，能否不断超越自我、满足自我实现的需要。马斯洛的需要层次理论是大家所熟知的。马斯洛的贡献不仅是将人的需要分层级，更重要的是发现了“自我实现这样的高级需要也是与生俱来的”这一规律，如婴儿第一次吸吮到乳汁的快乐就是自我实现的体现；在工作中发挥潜能、不断自我超越也是一种自我实现。职业成功就是提高每个人的需要满足度的过程，尤其是高级需求。可以这样理解，一般人的生存需要满足度如果为 85%，职业成功者的生存需要满足度可能达到 90%，甚至 95%；一般人的自我实现需要满足度如果是 10% 的话，职业成功者的自我实现需求满足度可能达到 30% 或 50%，甚至更高。

三、规划评价的方法

要对职业生涯规划进行客观理性的评价，就需要运用正确科学的评价方法。不管是自我评价、他人评价，还是过程评价与结果评价、内外部评价，都是为了判断自己与现实环境、职业目标的兼容性，并找出其中的差距，提高评价的客观准确性。

（一）对比反思法

对比反思法是指在规划职业生涯的过程中，要善于思考和向他人学习，每个人都有自己不同的职业生涯规划方法，学会对他人的职业生涯规划进行分析，吸取有用的方法，再对自己的职业生涯规划进行反思，看是否出现了他人做职业生涯规划时出现的问题，有则改之，这样有助于评价和修改自己的职业生涯规划。

在职业生涯规划开展的过程中，也需要对自身职业生涯规划进行反思，如职业生涯规划中的某些计划按时完成了没有？通过实践活动有没有收获？与预期效果的差距是什么？为什么会产生这些差距？这些都是需要我们不断自问的问题，再根据回答和客观事实对自身职业生涯规划进行调整与修改。

（二）交流反馈法

交流反馈法又称为360度反馈方法。这套评价方法是由英特尔企业率先提出并实施的。在这套评价法中，评价者包括所有与被评价者有密切接触的人。也就是说，被评价者的上司、同事、下属、客户和自己都需要参与整个评价。被评价者通过评价者对自己职业生涯的评价反馈意见，来对自己的职业生涯规划进行修改。作为大学生，交流反馈法的评价者应该包括学校、老师、同学、朋友和自己。其中，最重要的是需要做好同学和朋友之间的评价和自我剖析评价。

1. 同学和朋友的评价

同学和朋友是个人在大学生活中相处时间最长的人，搜集不同的同学和朋友给出的评价，这有助于个人集思广益，发现自身的优势和不足，从而对个人的职业生涯规划加以改进和完善。

2. 自我剖析

自我剖析是对自我进行反思总结，这是一种充分发挥主观能动性的过程，可以使自我剖析成为个人自我认识、自我完善的有效手段，并在不断自我剖析和完善中对个人的职业生涯规划做出相应的调整。

（三）分析总结法

分析总结法是指对自己的职业生涯规划进行分类，其要点如下。

1. 分析基准

（1）我的人生价值观是否发生了变化？

（2）外部环境是否发生了变化？

（3）我目前遇到的最大问题是什么？

（4）我在实践过程当中发现了自己的哪些不足？

2. 目标与标准

（1）我现处于职业生涯的哪个阶段？这个阶段的特点是什么？

（2）我先前制定的职业生涯规划目标是否可行？有没有其他更新的目标出现？

（3）如何来判断自己是否成功？

3. 生涯策略

（1）我是否需要调整职业生涯规划的实施策略？

（2）我对职业能力的获取和提升如何？

（3）我在职业目标的角色转变方面有什么问题吗？

（4）对我而言，现在还有什么问题是暂时没有办法解决的？

4. 生涯行动计划

（1）我的目标达成计划是否合理？

（2）我的目标达成需要哪些人的帮助？

（3）我在达成目标的过程中最大的障碍是什么？

5. 生涯考核

（1）在目前职业生涯规划开展的过程中，我有哪些做得好，哪些做得不够好？

（2）我现在最欠缺的是什么？是知识水平、技能，还是人脉？

（3）我应该如何应用我所学到的知识技能？

（4）我现在应该立刻去做的是什么？应该停止做什么？

6. 生涯修正

（1）我是否需要重新选择职业方向？

（2）我是否需要重新调整职业生涯规划目标的实施路线？

（3）我是否需要更换人生目标？

（4）我是否有其他需要更正的方面？

通过对自己进行系统的分析，能够帮助我们深层次地认识和思考自己职业生涯规划的若干问题，只有在分析出问题后，才能进一步地去解决，从而完善我们的职业生涯规划。

案例分析

同届同专业毕业生的职业发展差异

小布和小爱一同毕业于市场营销专业，也同时受雇于同一家店铺，有同样的职位和同样的薪水。

在工作了一段时间后，小爱又是升职又是加薪，而小布仍在原地踏步。小布不满意老板的“不公正待遇”，跑到老板那儿发牢骚。老板说：“小布，你到集市上去看看今天有什么在卖？”一会儿工夫，小布回来向老板汇报：“今早集市上只有一个农民拉了一车土豆在卖。”“有多少？”老板问。小布又跑到集上，回来告诉老板：“一共40袋土豆。”“价格呢？”老板继续问他。“您没有叫我打听价格呀。”小布委屈道。

于是老板把小爱叫来，吩咐他说：“小爱，你现在到集市上去看看今天有什么在卖。”小爱也很快就从集市上回来，他向老板汇报说：“今天集市上只有一个农民在卖土豆，一共40袋，价格是两元一斤。我看了一下，这些土豆的质量不错，价格也便宜，于是顺便带回来一个让您看看。”小爱边说边从提包里拿出一个土豆。“我想这么便宜的土豆一定可以赚钱，根据我们以往的销量，40袋土豆在一个星期左右就可以全部卖掉。所以，我把那个农民也带来了，他现在正在外面等您回话呢。”

这时老板转向了小布，说道：“现在你知道为什么小爱的薪水比你高了吧？”

思考题

（1）小爱毕业后为什么能很快升职加薪？

（2）小布为什么原地踏步？

（3）故事中的老板喜欢什么样的员工？

（4）本案例对你有哪些启发？

拓展阅读

生涯评估的 GRAI 复盘法

复盘，即对过去所做过的事情进行回顾和总结。

（1）复盘是一种适用于个人学习成长或者团队学习成长、指导他人的工具。

（2）复盘是指通过总结＋推演，对过去进行回顾反思，对成功或者失败进行总结探寻，对未来和新的计划进行推演的方法。

（3）复盘在任何时候都可以进行，无论大小事情，无论是针对自己还是应用于团队，或者协助他人成长，我们都可以应用复盘工具进行一事一复盘、一人一复盘。

（4）应用复盘可以帮助我们快速成长，在个人成长过程中，我们可以对大大小小的事情进行复盘，包括学习的过程、学习的内容以及学习的成果。

GRAI 复盘法一共有四个步骤，即回顾目标（Goal)、结果评估（Result)、分析原因（Analysis)、总结规律（Insight)。

第一步，回顾目标。首先要明确项目或者工作的预期目标；在这里要注意回顾的时候，目标一定是明确合理的，目标本身若不合理，复盘得出的结论也很难有说服力。

第二步，结果评估。也就是表述之前工作的结果数据，和个人对这样的结果是否满意。例如，我们的项目预期是要覆盖全市用户，但最终只覆盖了 60%，这样的结果肯定是不太满意的。我们在做陈述的时候，就要把结果好坏、是否满意写出来。

第三步，分析原因。在收集到这些数据后，我们就要对造成这种结果的原因进行分析。但有时候，原因的构成是很复杂的，需要我们进行层层剖析。这时候，可以通过画树状图的方法进行分析。把核心问题放在树状图的顶端，然后分析其形成的主要原因，再分析每一个主要原因所产生的要素和次要原因是什么。这样层层递进地分析，既有利于我们保持逻辑性的思考，也可以把所有相关的要素放到一起，不会遗漏任何一个细节问题。

第四步，总结规律。把分析所得的原因总结出来，并提炼成规律分享出去，成为自己和团队以后工作的参考和经验。但需要注意的是，规律并不是总结得越多越好，在一次复盘中，真正有价值的经验如果有两三个就很不错了。

第三节 反馈调整

俗话说："计划赶不上变化。"职业生涯规划受多种因素影响，这些因素又是随发展而变化的，所以要使职业生涯规划在个人职业发展中真正发挥作用，还必须根据环境与个人的发展变化进行及时调整。那么，怎样了解环境和个人的发展变化，怎样对规划进行与时俱进的调整呢？建议一方面要养成自我反思的习惯，另一方面要学会借助外力，多去了解老师、同学和家人的看法、意见和建议，并善于从这些反馈中汲取养分。

一、反馈调整的内容

影响职业生涯规划的因素有很多，有的因素可以预测，有的因素则是难以预测的，有的因素是可控的，有的因素是不可控的。在这种情况下，需要根据社会和个人的发展和变化，有针对性地评估与调整职业生涯规划，才能确保规划的有效性。

（一）发展方向

在个人职业生涯发展中，发展方向问题是前提性问题，如果方向错了，越努力离成功的彼岸越远。在今天这个充满不确定性的时代，唯一不变的就是变化。而随着社会政治、经济和技术环境的变化，原先前景一片光明的职业发展方向，很有可能变得阴云密布，甚至是不复存在。在这种情况下，只有及时调整职业发展方向，才能避免被时代抛弃的命运。另外，每个人的眼界格局、价值取向、知识能力和社会资源等，也都处在不断发展变化的状态。当职业生涯规划与个人的现实情况不匹配，或出现更适合自身发展的职业方向时，也需要对原定的职业发展方向进行调整。

（二）规划目标

在大方向正确的前提下，职业生涯规划目标的合适与否，便成了影响个人职业发展的关键。如果一直无法找到和自己目标职业相关的实践机会，或在实践过程中发现自己一直无法适应或胜任该目标职业，甚至因此而导致自身出现压抑和痛苦，就应该考虑更换或调整自己的职业生涯规划目标了。通常情况下，当个人职业生涯规划目标定得过高，超过个人能力水平且无论怎么努力都无法达到时，需要适当调低目标，否则会使自我效能感降低或自信心不足；当个人职业生涯规划目标定得过低，不用努力就能轻易达到时，也需要适当地调高目标，否则目标就因没有挑战性而失去价值，即便成功了也没有成就感。

（三）行动计划

在大方向正确且目标合适的情况下，如果为目标所制订的行动计划与之不匹配时，也无法促进目标的实现。通常情况下，行动计划受阻的原因不外乎两点，要么是自我认识出现了偏差，要么是外界环境发生了变化。当通过规划评价发现上述问题后，应及时分析原因并找出对策，对整个计划进行适当的调整，以及时弥补差距和不足。例如，某同学制定了在本年度争取获得国家励志奖学金的目标，但在他的实际行动中，却没有参加任何第二课堂活动的安排。按国家相关规定，没有参加第二课堂活动，就没有获得国家励志奖学金的资格。所以要想实现既定的目标，就必须对行动计划进行调整，即在行动计划中增加第二课堂活动的任务。为了做到万无一失，还要参照国家励志奖学金评选办法，对行动计划进行全面系统的检查，不要因为任何遗漏和不当之处，影响规划目标的实现。

（四）实施策略

在计划实施过程中，如果总是不能很好地完成目标，除了目标和计划的原因外，也有可能是指向目标的策略和方法出了问题。这时就必须对实现目标的策略和措施进行重新认识，并适时做出相应的调整和修正。例如，在大学一年级时，课程比较少，可以通过多参加社团活动和社会公益活动，开阔视野，提升人际交往能力。但是到了大二之后，紧张的课程安排和各种专业实践会占用大部分时间和精力，此时如果还是像在大一时那样频繁参加社团活动，就会与参加专业课学习和专业实践发生冲突，这就需要对大二的时间安排和学习方式进行调整。再如，许多同学因为缺乏执行力，导致无法完成既定的职业发展任务。这时如果仅仅是在学习时间安排上进行调整，就无法解决问题。它需要深挖缺乏执行力的原因，并有针对性地提出切实可行的实施策略。

二、早期规划调整

职业生涯早期是指从业前的职业选择、职业培训到进入组织这一段时期。这一段时间主要是在 19 ～ 30 岁，这是一个人从学校步入社会、由学生转为员工、由未成年到成年人等一系列角色转变的过程，是个人在角色转变过程中与工作单位互相了解、接纳、协调、融合的过程。在这一阶段，个人和工作单位需要共同面对重要的职业生涯管理任务。

（一）早期职业生涯的特点

了解早期职业生涯的特点，是确立职业生涯调整办法的基础。早期职业生涯的特点主要体现在以下四个方面。

（1）进取心强，具有积极向上、争强好胜的心态。

（2）职业能力不断增强，具有强烈的想要成功的心理要求。

（3）刚刚参加工作，完成向成年人的过渡，开始寻找职业锚。

（4）开始组建家庭，逐步学习调适家庭关系的能力，承担家庭责任。

（二）早期职业生涯常见问题

在职业生涯早期，个人对组织的了解不深，与上司、同事、团队之间尚不熟悉，处于相互适应期。因此，可能会引起一些矛盾和问题。主要问题是容易产生职业挫败感、难以得到信任和重用、组织成员往往对新成员心存偏见或嫉妒、个人与企业文化的冲突等问题。

（三）早期职业规划调整方法

（1）尽快熟悉组织的其他成员。

（2）根据组织的实际情况，确立职业生涯目标。

（3）对组织有一定了解后，进行职业生涯规划，制订职业生涯规划设计表。

（4）参加相关培训，尽快掌握相关岗位技能，熟悉岗位知识，促进个人的社会化进程。

（5）进行更深的自我探索，多方面接触组织中自己感兴趣的岗位，积极争取职位竞争，不断发掘自己的潜力。

对于刚走上社会的毕业生，生涯调整的最佳时期有两个：一是毕业前夕，已有求职的实践，根据新的求职信息和供需实际，在求职过程中进行调整；二是工作三年左右，有了从业的实践，根据从业过程对自身条件的检验，根据周围环境和自身素质的变化，及时予以调整。两次调整，既可以是近期目标，即具体职业岗位的调整，也可以是远期目标或职业生涯发展路线的调整。

对于大多数人而言，工作初期的目标可能更多的就是就业、自立或者养家等简单的需要，但是随着时间的推移、个人的成长和经验的累积，职业的追求开始转向财富、地位、职业理想等。这就更需要对个人的生涯规划进行及时的调整，激励人们去追求更高层次自我价值实现的成功。

三、中期规划调整

职业生涯中期是指 30 ～ 50 岁这一阶段。这是一个时间跨度较长、富于变化、既有可能获得职业生涯成功（甚至达到顶峰），又有可能出现职业生涯危机的阶段。可以说，职业生涯中期阶段是一个人在事业发展道路上最为重要的阶段。

（一）中期职业生涯的特点

中期职业生涯的特点主要体现在五个方面。

（1）创造力旺盛，工作业绩实实在在。

（2）职业能力逐渐成熟，积累了丰富的职业工作经验。

（3）职业发展轨迹呈现倒“U”形变化。在职业生涯中期的初始阶段，职业发展轨迹呈现由低到高逐步上升的趋势，职业顶峰多出现在职业生涯中期的中间段，跨过辉煌的职业高峰后，职业轨迹就会呈现下降趋势，整个过程呈现为倒“U”形曲线的形状。

（4）工作与家庭的冲突越来越明显，经济负担与顾虑越来越明显。

（5）对年龄的增长越来越敏感，意识到职业机会越来越少。

（二）中期职业生涯常见问题

（1）中期职业生涯遇到“瓶颈”。步入中年，个人职业生涯发展机会减少，而个人的发展愿望没有得到满足，企业组织结构成为制约个人发展的主要因素。

（2）出现中期职业生涯危机。职业生涯中期阶段，是个人成长的关键时期。如果职业生涯不成功，就会导致心理受挫，个人对自己的职业发展产生困惑，形成了所谓的中期职业生涯危机。这些危机体现在现实与职业理想不一致、工作业绩发生急剧转折或下滑，以及缺乏明确的组织认同和个人职业认同。

（3）工作与家庭产生冲突。在职业生涯上升期，家庭也需要投入，从而产生工作和家庭的冲突。工作和家庭的冲突表现为三种基本形式，即时间性冲突、紧张性冲突和行为性冲突。

（4）压力大，健康状况不佳。由于当今社会注重业绩表现，因此，经过了多年辛勤劳动的中年人，仍然要积极进取，迎接年轻人的挑战，以便巩固自己经过辛勤劳动换来的地位，造成压力过大从而引起身体健康问题。

（三）中期职业规划调整

对个人的中期职业生涯进行调整时，必须通过一系列措施完成自我实现，充分发挥自己的潜能并获得职业生涯成功。中期职业生涯的调整办法主要有以下四种。

（1）寻求更多的外力，以解决工作与家庭产生的冲突。

（2）主动申请参加一些富有挑战性、探索性的工作，或者参与企业岗位轮换。

（3）主动担任组织中其他年轻成员的师傅、辅导员、导师或教练。

（4）形成新的职业自我概念，寻找更多的职业发展机会。

面对多变的世界，在职业生涯发展的各个阶段，从业者都应经常称称自己的“斤两”，并分析所追求的目标及人生价值实现的情况。工作一段时间，就必须反省：自己喜欢的工作到底是什么？自己的专长是什么？现在工作对自己的重要性、家庭对自己的重要性是什么？有哪些上升机会可供选择？与工作有关的其他考虑呢？存在的威胁是什么？

许多不成功的职业生涯规划都源于对自己、对外界变化分析的忽视。每个阶段，职业生涯规划的特点都不一样，可能发生的调整也不一样。制订规划是为了发展，调整规划也是为了发展。在生涯的每个阶段，为适应社会变化，必须经常思考“我要怎么做才能做得更好”。调整规划并非轻易放弃自己的追求，而是让自己的规划更适应社会、更适合自己。

案例分析

从银行办公室到“海底世界”

固定的朝九晚五、单一的办公区域、重复机械的工作内容，晓寒在黄金时期放弃银行的工作，转战“碧海蓝天”，开启了一段新的人生旅程。

职业生涯开端：安分，坚守10年银行工作

上海是北上广深四个一线城市之一，经济发达、兼容并包，对年轻人充满无限的吸引力和想象力。银行职员是除教师、公务员之外的黄金“铁饭碗”，光鲜亮丽、工作体面，地位高、待遇高。可想而知，上海的银行人员，更是为人所羡慕。

晓寒正是这样一个令人羡慕的女孩。她所在的办公楼坐落于上海的繁华地带，窗外清晰可见标志性建筑物——东方明珠。10年过去了，银行工作固然稳定，但地理坐标长时间不改变，窗外的东方明珠再明亮，也无法胜过心中的一抹蓝色之光。

职业生涯转型：辞职，找寻内心的光亮

辞职创业，家人一开始并不支持。“我跟妈妈汇报辞职的事情时，妈妈正在做菜，她听到后气得真想一把菜刀飞过来。”晓寒笑着说。但之后，妈妈的态度逐渐转变，对她的新工作很放心，而且开始对她的事业关心起来。因为晓寒经常会分享自己的工作细节，让妈妈进入她的工作，偶尔也可以帮帮忙。

其实，晓寒第一次接触潜水是受朋友邀约。晓寒觉得有趣，虽然下水前看见蓝得发黑的海水心跳加快，战战兢兢，但下水后稀奇古怪的海洋生物、色彩缤纷的珊瑚，那起初令人发抖的海水在阳光直射下显得格外晶莹剔透。从那以后，潜水就成了晓寒内心深处的微光。

职业生涯定位：准备，锻造成潜水教练

潜水属于极限、高危运动的一种，往往有压力改变、身体问题、年龄问题、心理压力和容错率低等挑战。从业余爱好者到专业教练，光有兴趣是不够的，晓寒要有超强的耐力和持续学习的能力，吸取先进的知识并传播给学员。因为潜水是一项需要终身学习的行业，涉及领域不仅是潜水知识，更有心理、生理、急救、生物、物理和地理等。除此之外，“平时要培养时间管理习惯，做计划，不拖沓，急事急办，更需要从日常生活中不断加以练习，从小养成的好习惯将在今后的工作中给你带来很多帮助。”潜水教练这一职业，让晓寒有机会见证“惧怕化为勇气，退缩化为成就，胆怯化为信心，期待化为热情”的过程。

职业价值：热爱，发现生命的意义

晓寒的日常，教学员学习潜水，30%在室内，70%在室外。很多学员都是小孩子，引导他们用心欣赏大自然的潜藏之美及人类保护自然环境的责任，帮助孩子们建立自信，传授品格诚信的价值，改变他人，活出更美好的人生。看到他们成长是晓寒最为欣慰的一件事。除了教育孩子的满足感，晓寒从潜水中还找到了其他的乐趣。

潜水可以深入另一个充满不同色彩、环境和稀奇古怪生物的新世界，探索并接触大自然，让感官有了新体验。

潜水可以结识更多志同道合的小伙伴，一起分享成长的喜悦。

潜水可以了解我们赖以生存的海洋，晓寒倡导环保精神，不用一次性筷子，减少塑料袋、吸管的使用，让我们做更多有意义的事情。

实际上，从业之路不止一条，晓寒选择了属于自己的路。

思考题

（1）晓寒原来在银行的工作有什么特点？

（2）晓寒为什么要调整自己的职业发展路径？

（3）晓寒为什么喜欢潜水？

（4）如果你是晓寒会选择调整自己的职业方向吗？

（5）本案例对你有哪些启发？

拓展阅读

转、做、存、扔四字诀

转、做、存、扔四字诀来自戴维·艾伦所写的畅销书 *Get Things Done*。有时候，我们拖延，是因为要做的事情太多、太杂，手里放下了，心里却放不下。这些未完成的事情占用大脑的内存，无法清理，导致做事效率低下。

通常的任务管理方法，是列出所要做的事情，并按轻重缓急排序。虽然有了整理，但所列的这些任务仍然会被放到大脑内存里，仍然会占用内存资源。戴维·艾伦提出的原则是多做一步，不仅列出要做的事情，而且列出这件事下一步该怎么处理、搁置还是丢弃。每当遇到一件事情，在 10 秒内就做一个判断：下一步我该做什么？所有的情况，无外乎四个选择：转，转给别人；做，开始做；存，放入待办清单；扔，拒绝或者忽略它。

转——可以授权给别人，让对方替你完成的动作或任务，坚决转出去

比如，你是党支部助理，负责统筹支部五四评优的工作，包括搜集本学年党支部各种活动资料、完成申报表、完成答辩 PPT 和展示视频，你可以安排你的下属负责各个分任务，你来统筹把控；如果党支部有多个助理，其中有统筹能力更强的，你也可以把更合适的人选推荐给老师；假如在你的团队中没有擅长视频制作的人，你还可以寻求你的老师帮助，看是否可以从学生会借一个擅长做视频的同学过来帮忙。

总之，为了集中精力在个人最重要、最擅长的事情上，可以转出去的事情，坚决地把它们转出去。或许，你一直有顾虑，不敢拒绝别人的请求，更不敢去麻烦别人。其实，你完全可以换一个思路，之所以要把这些工作转出去，为的是更好地完成它们，而不是为了偷懒。

做——必须要做又立刻能做的事，立刻做掉

需要澄清的是“要事优先”，并不代表你在做事的时候，只能先做“重要的事”，再做“不重要的事”。相反，如果一个动作，只需要两三分钟就可以完成，那么建议马上做，不要拖着占用大脑内存。比如，你正要准备迎新晚会的视频，可是，班上的团支书在催你报某个现成资料。因为资料是现成的，找出来，发给他，也许只用两三分钟的时间，如果老惦记这种小事，会占用大脑内存，影响重要任务的准备。

这里还要分享一个关于“做”的经验，那就是确定要做的事，“趁热打铁立刻做掉”。有些事，反正都要做，在当时做，要比一天之后做效果更好。比如，新朋友加你微信，或者给你名片的时候，你随手就可以把备注完善在手机里或者名片上：你们是什么时候认识的？在哪认识？谁介绍的？当时在聊什么重要的事情等。避免半年之后你再突然有事去找他，搜肠刮肚地去回忆这些细节。再如，一场活动结束了，尽管你已经很疲惫，但还是应该马上和相关同事总结工作经验。因为，当时的记忆、体验是最深刻的，马上做，效率最高，效果也最好。

存——需要做，但没有办法马上做，放进你的“待办清单”中

有的人总是感慨，自己怎么总是记不住事情。其实，脑子记不住事情，就对了。大脑的作用，相当于电脑的内存，是用来运算、处理信息、指挥身体的。你把这么宝贵的内存，当作硬盘来记东西，这不是浪费吗？这个待办清单，写在本子上，或者记在手机里，都可以。

扔——转不出去且没法立刻做掉，也没必要存下来以后做的事情，果断“扔”掉

比如，放弃参与某个无关紧要的活动、推掉某次无所谓的交流等。总之，不要让脑子被琐事占领，而是清空它们。

本章小结

本章探讨了以往被人们忽视的职业发展中的重要问题：职业生涯规划的实施、评价、反馈和调整。重视职业生涯规划的人很多，有些人甚至不惜花重金找导师指导自己做规划。然而，对于大多数人来说，职业生涯规划仅限于规划，很少有人认真实施，更少有人会对规划进行评估、反馈和调整。但在今天这个高速变化和充满不确定性的时代，离开评估、反馈与调整环节，职业生涯规划是无法真正实施的。因为“计划赶不上变化”，一成不变的规划不如没有规划。本章的重点是职业规划的实施，难点是职业规划的评价与调整。

职业规划大赛指导

大学生职业规划大赛成长赛道备赛要点之行动成果与目标契合度

根据首届全国大学生职业规划大赛通知要求，成长赛道的评审标准是：职业目标20分、行动成果40分、目标契合度30分、实习意向10分。

1. 对行动成果的要求

（1）成长行动符合目标职业在通用素质、就业能力、职业道德等方面的要求。

（2）成长行动对弥补个人不足的针对性较强。

（3）能够将专业知识应用于成长实践，提高通用素质和就业能力。

（4）成长行动内容丰富，取得阶段性成果。

2. 对行动成果的要求

（1）行动成果与职业目标的契合程度。

（2）总结成长计划中存在的不足和原因，对成长计划进行自我评估和动态调整。

对照上述要求，提醒同学们在准备比赛时一定要把“行动”作为重中之重。

3. 具体建议

一是通过研究招聘启事、岗位说明书、公司章程、企业历史和企业文化，深入理解目标职业的要求，特别是对通用素质、就业能力、职业道德等方面的要求。

二是认真分析个人现实情况与目标职业要求的差距，在此基础上通过一系列有针对性的成长行动，来弥补个人在这些方面的不足，缩小与目标职业要求的差距。

三是在实施成长计划前，要仔细选择目标企业、目标岗位或相关的实践项目，确保能将专业知识应用于成长实践，确保能够有效提升个人的通用素质和就业能力。

四是要充分利用各种资源迅速行动，在行动中要注意行思结合，尽量利用照片、视频、实践日记等方式记录行动过程，并注意通过有形、量化的记录方式呈现行动成果。

五是定期对行动成果与职业目标的契合程度进行评价，并注意总结成长行动中存在的不足并分析其原因，在自我反思和他人反馈基础上及时对成长计划进行动态调整。

课程思政活动

小高从小聪明好学，在水处理公司工作的几年中，通过拆分设备、改装设备等工作，研制出许多新成果，服务于公司。出来创业后，更是独创该行业拥有自主知识产权的、国际领先的超纯水电去离子技术，现已广泛应用于医院手术室、机构实验室等场所。

从最初开公司时一个人苦苦煎熬，到现在已有十几名正式员工；从最初几个月没

有销售一台机器到现在年销售额达两百多万元；从最初缺乏经验，到现在已拥有三项国家专利。当他被问到为什么决定出来创业时，小高说："创业比较容易发挥自己的才能，实现自己的人生价值，同时能通过创业带动就业，为别人创造出更多的就业机会，实现双赢。"

他回忆了一个细节：创业的第三个月，公司还没有收到一笔订单，他心急如焚。有一天，一家公司打来电话咨询，问能否搞一套达标的高纯水设备，并声称之前五家公司均无法达到要求，如没能力，可不要去他们公司面谈。当时他丝毫没有考虑，立刻就去了，在拥有独创技术的基础上，他通过每天十多个小时加班加点的研发，终于解决了该公司的技术需求，在赢得名声的同时，也为他赢得了人生第一桶金。那一刻，他脸上露出了久违的激动之情。

谈及公司今后的发展方向时，他设想公司要往规范化和产业化方向发展。只有规范化，公司才能更有活力，运转无阻；只有产业化，公司才能扩大规模，提高效益。他坦言，今后公司要做大、做强，需要往三个方向走：一是将产品成品销售到医院手术室、机构实验室等场所；二是将产品核心技术转给同行厂家进行生产；三是在全国范围内招省级代理，扩大市场份额。

"商人是为了挣钱而挣钱，而企业家是要以服务社会为基础，要肩负一定的社会责任。我认为，办好一个企业，首先要把产品做好，实现产品服务社会的价值，再把这种价值转换成利润，才能真正实现个人与社会的统一。"这是小高分享的创业心得和经营秘诀。

思考题：

（1）小高为什么会选择创业？

（2）小高在创业中经历了哪些困难？

（3）在小高身上有哪些值得你学习的地方？

（4）你是否认同小高说的企业家要担负一定社会责任的观点？

（5）本案例对你有哪些启发？

形成性训练

一、思考题

（1）如何进行职业生涯规划的实施？

（2）如何理解职业生涯规划的评价？

（3）如何理解职业生涯规划的调整？

（4）如何理解职业原型体验的作用？

（5）如何进行职业发展目标的调整？

二、职业生涯规划评价

请参照表 4-1，对个人职业生涯规划进行评价。

表 4-1　职业生涯规划全面评价

评价方式	评价者	评价内容	评价标准
自我评价	本人	自己的才能是否充分施展 是否对自己在企业发展、社会进步中所作的贡献感到满意 是否对自己职称、职务、工资待遇的变化感到满意 是否对自己处理职业生涯发展与其他人生活的关系的结果感到满意	根据个人的价值观念及个人知识能力水平
家庭评价	家庭重要成员	是否能够理解他人 是否能够给予支持和帮助	根据家庭文化
企业评价	组织同事	是否有下级、平级同事的赞赏 是否有上级的肯定和表彰 是否有职称、职务提升或职务权利范围的扩大 是否有工资待遇的提高	根据企业文化及企业总体经验
社会评价	社会舆论 社会组织	是否有社会舆论的支持和好评 是否有社会组织的承认和奖励	根据社会文明程度和社会历史进程

三、目标分解与任务实施

（1）什么是 SMART 原则？

（2）运用 SMART 原则说出近期的学习目标。

（3）对本学期的学习目标按月计划进行分解。

（4）列出你本周的目标任务清单，根据“重要”和“不重要”“紧急”和“不紧急”，将任务进行排序并行动起来。

四、用生命之花制订行动计划

“生命之花”是一个关于人生幸福和生活平衡的教练工具，也称作生命平衡轮，它可以帮助个体厘清多角色目标之间的关系，看到生活的全貌，发现真正想做的事，如图 4-2 所示。

在这个“生命之花”上，设置了八个和生命状态息息相关的维度。

（1）职业发展。主要指工作目前做了什么样的积累和成就。

（2）财务状况。每个月的收支流水、投资理财，或者说是否实现赚钱的目标。

（3）健康。要关注自己的心理健康。

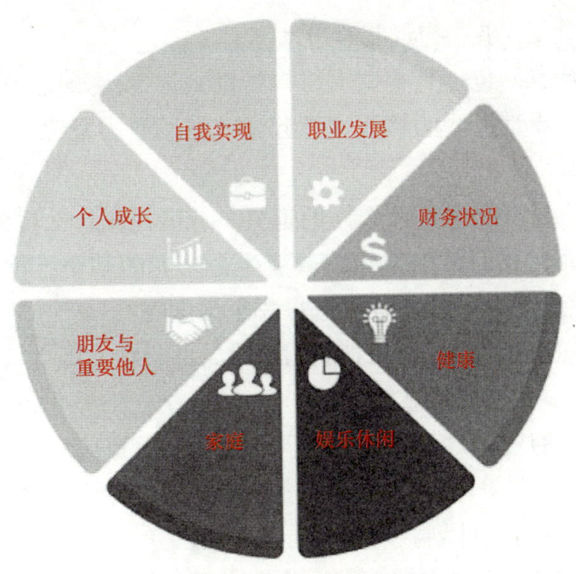

图 4-2 生命之花

（4）娱乐休闲。国外对休闲的质量要求是非常高的。有钱的中产阶级一般会花更多的时间在娱乐休闲和健身上，他们特别希望工作跟生活达到一个高质量的平衡。

（5）家庭。如果已婚，主要指你和另一半组建的家庭；如果未婚，则主要指原生家庭。

（6）朋友与重要他人。对我们非常重要的人脉或者好朋友的关系的维护。

（7）个人成长。一些有收获但没有标准的一些事情，更多是一些自己内心的感受。比如读了一本好书，参加了一次学习培训。

（8）自我实现。这个与个人成长特别容易混淆，主要指有收获、有标准的事情。我们可以理解为是有价值输出平台或者能够得到业界认可的一些事情。它更强调一种输出，比如看书后写了书评。

下面，请你准备好彩笔和白纸，照着以下六个步骤做。

（1）画一朵属于你的生命之花。

首先给自己画一个空白的生命之花，把这八个维度写在圆的外围。然后给每一个维度分别以自己在当月的状态打出一个满意度的分数，从 0 ～ 10 分不等。同分项最好不超过两项，避免出现分数比较平均的情况。

（2）写下三条对当月的感受。

做完当月的生命状态盘点，你有什么样的感悟？写下三条自己的感受。

有人可能会说："实在是太难了。"有人会说："我平时还挺看重家庭的，但是这一次跟家人长期待在一起，好像并没有高质量的陪伴。"不管怎么样，请你先如实写下看完当月的生命之花后的三条感受。

如果可以改变生命之花的某个维度，而且这个维度的改变，会让自己整个感受都变得更好一些，你会选择哪个维度？请你好好思考这个问题，并把原因也写下来。

（3）盘点一下哪些人、事、物资能够帮助你。

接下来进行资源盘点，包括有哪些人可以帮助到你，比如说你的另一半，你的职场导师，你的好朋友等。只要是那些能够让你想起来就特别有力量感，能够帮助你链接资源的人，都可以列为资源的一种。

然后是物资方面，如需要准备什么样的道具，或者说做什么样的事情可以帮助我实现目标。如果在这个方面，我们可以努力去改变生命之花的某个维度，而这个维度的改变，会让自己整个感受都变得更好一些，你会选择哪个维度呢？

请你好好思考这个问题，想好之后把它写下来，并且把原因也写下来。

（4）选一个小目标，集中资源实现它。

当我们盘点完自己的资源之后，不妨从今年想完成的愿望中，挑出一个作为小目标，集中所有资源来实现它。

（5）写出你下个月的行动计划。

现在，请在生命之花的每个维度上写出你下个月的行动计划。你还可以发挥自己的艺术天赋，给生命之花做一些图画等。

（6）结合日历，把事情放到具体的日期中。

为了让行动计划更好落地，请把这些事情放到具体的日期中，在日历上做日程安排。如果发现日历里排不下了，这意味着你需要做一些减法。

同时，你可以借助 Excel 表来帮助自己记录，或者是做一些日总结。

五、贴画制作

活动目的：用画面发现未来，从现在抵达未来。

活动材料：若干本旧杂志、胶水、剪刀，一张 8 开纸。

活动说明：

（1）想象毕业五年后，你在从事什么职业，在过怎样的生活？

（2）如果一切如你所愿，你期待看到毕业五年后最理想的生活画面是怎样的？

（3）从杂志中找到构建这个画面的素材（人、物、风景等），把它们剪下来。

（4）以贴画形式，将这些图片组成你最想看到的毕业五年后的生活画面。

（5）如果你满意你的贴画，就将贴画贴在床头、书桌等你经常能看到的地方，时刻感受憧憬未来带给你的触动。

思考题：

（1）对于这个画面，你满意吗？为什么？

（2）如何才能从现在抵达画面中呈现的那个美好场景？

（3）请为自己制订一个未来一年的行动计划。

（4）请在计划制订三周后评价和调整你的行动计划。

第五章 大学生就业形势与就业准备

学习目标

（1）了解目前的就业形势和国家的就业政策。
（2）理解经济发展、地区差异、行业趋势等对就业形势的影响。
（3）了解技术进步、新兴行业发展和经济全球化等对未来就业的影响。
（4）能够运用所学知识分析自己面临的就业形势。
（5）能够运用所学知识调整自己的就业心理。
（6）能够利用国家和所在区域的就业政策和相关资源寻找自己的发展机遇。

导入案例

小吴是某院校工业机器人专业大三的学生，在即将步入社会之际，他经常感到迷茫。他曾听过祖辈们讲述工厂里的辉煌岁月，也看到身边许多人因为互联网行业而获得了成功。然而，他对自己未来的就业前景充满了疑惑，不知道在今天的经济形势下，可以找到什么样的工作。更不知道自己的未来会有什么样的发展前景。

第一节 就业形势与就业政策

小吴这种情况，在高职院校中其实非常普遍。在当今快速变化的时代，就业形势日益复杂多变，技术进步、经济全球化以及产业结构调整等因素，都在影响着就业市场的格局。就业形势不仅决定着成千上万毕业生的命运，也牵动着千家万户的心。因此，了解就业形势和就业政策，已经成为广大毕业生的必修课。

一、就业形势

随着全球化进程的加速，劳动力市场出现了一系列新变化。失业率上升、就业质量下降，已经成为困扰包括发达国家和发展中国家在内的世界各国的共同问题。国际劳工组织发布的《世界就业和社会展望：2024 年趋势》报告指出，2024 年全球失业率可能仍将上升。预计 2024 年全球失业率将从 2023 年的 5.1% 上升到 5.2%。

智联招聘的调查数据显示，随着产业发展的势头持续上扬，我国吸纳就业的空间不断扩大。2024 年，人工智能、大数据等领域，对专业人才的需求旺盛；康养护理、文化旅游等服务业，对劳动者的需求走高。无论是新兴领域还是传统领域，都展现出了强劲的发展

势头，拉动着相关人才的需求，由此开辟出就业新空间。

就业市场的活跃有力，得益于经济回升向好。脉脉发布的《2024 春招高薪职业和人才洞察》显示，一季度智能硬件行业以 43306 元的新发岗位平均月薪蝉联高薪行业榜第一，这表明随着今年我国高质量发展继续取得新进展，“进”的动能更加充沛，更多就业机会和潜力被激发，同时也为创新创业带来了不少新机遇、汇聚了更多新活力。

当然，从总体上看我国的就业形势依然比较严峻，2024 年大学毕业生就业压力依然巨大。为此，教育部提出“百日冲刺”，提速增效促进大学生就业。在为期三个月的 2024 年春风行动期间，全国举办的招聘活动场次数和发布岗位数量均比去年增加 10%，各地共发放就业补贴超 66 亿元，帮助 6 万余家重点企业解决用工需求 40 余万人次。

二、产业政策

产业政策是国家制定的，旨在引导国家产业发展方向、推动产业结构升级，并协调国家产业布局，以促进国民经济健康可持续发展的政策。产业政策主要通过制定国民经济计划、产业结构调整计划、产业扶持计划、财政投融资、货币手段、项目审批等方式实现。其基本目标是弥补市场缺陷，有效配置资源，保护民族产业成长，增强适应能力与竞争能力。

1. 产业政策的分类与战略目标

我国的产业政策可以分为以下几类。

（1）高新技术产业发展政策。鼓励和支持高新技术产业的发展，如人工智能、生物医药、新能源等；提供研发资金支持、税收优惠和实施人才引进政策；促进产学研合作。

（2）传统产业转型升级政策。针对钢铁、煤炭、纺织等传统产业，实施节能减排、技术改造和兼并重组等措施；支持企业进行技术改造和创新，提高产品附加值和市场竞争力。

（3）战略性新兴产业发展政策。打造战略性新兴产业，如数字经济、智能制造、绿色能源等；制定产业发展规划，提供政策支持和市场引导。

（4）协调发展政策。实施区域协调发展战略，促进东中西部地区的均衡发展；支持中西部地区承接产业转移，发展特色产业。

（5）中小企业发展政策。鼓励和支持中小企业发展，提供融资支持、税收减免和市场开拓指导；建立健全中小企业服务体系，加强技术创新和人才培养。

（6）农业和农村发展政策。实施乡村振兴战略，推动农业现代化和农村发展；支持农业科技创新和产业结构调整，提高农业综合生产能力。

（7）服务业发展政策。加快发展现代服务业，如金融、物流、旅游等；优化服务业结构，提高服务业质量和效益。

（8）绿色发展政策。推广清洁能源和环保技术，促进绿色低碳发展；实施节能减排和生态修复工程，保护生态环境。

2. 科技创新引领就业市场新趋势

推动高质量发展、实现高质量充分就业，离不开科技创新及其带动力。《洞察》指出，

在高薪岗位中，排名前三的是 ChatGPT 研究员、数字前端工程师和模拟芯片设计师。由此可以看出，越是与高科技产业相关的岗位，就业需求增长越快，从业收入也会越高。这样的就业市场势头、产业发展劲头，契合了以科技创新引领现代化产业体系建设的方向。

智联招聘的调查数据显示，2024 届求职毕业生期望行业中，IT/ 通信 / 电子 / 互联网、政府 / 非营利机构、文化 / 传媒 / 娱乐 / 体育行业位列前三，占比分别为 26.4%、9.4%、8.9%。IT 互联网行业为应届生提供了很多就业岗位，也是应届生最向往的行业。

从岗位看，24.2% 的 2024 届求职毕业生希望到技术岗位就业，占比蝉联各岗位之首，并高于去年的 23.9%。其次是行政 / 后勤 / 文秘、财务 / 审计 / 税务，占比分别为 16%、10.9%，持续排名第二、第三位，且高于去年的 14.6%、10.8%。

另外，近年来还出现了大学毕业生“回炉”职校学技能的趋势。对于“回炉”学习技能是否有助于就业这一问题，52.2% 的毕业生给出了肯定答案，43.2% 认为多个技能多条路，33.2% 认为可以以此积累社会经验。

在就业市场对专业技能人才需求持续增大的背景下，院校毕业生要充分发挥自己的优势，在技能型职业岗位寻求发展，避免受盲目追求高学历的社会偏见的影响。

三、就业政策

从 2002 年开始，我国就在借鉴其他国家经验和总结地方成功做法的基础上，形成了积极的就业政策框架。随着我国就业形势的发展和工作需求的变化，政府不断调整和完善积极的就业政策。经过长期的实践和优化，现已形成了覆盖面广、支持力度大、内容丰富且完善的就业政策体系。

促进高质量充分就业，是推动经济高质量发展的内在要求，是提高人民生活品质的根本举措，是适应我国人口高质量发展的必然选择。我们要深入学习领会国家关于就业工作的重要论述精神，切实把高质量充分就业作为人口高质量发展的重要基础，为助力高质量发展、推进中国式现代化贡献力量。

（一）把握高质量充分就业的内涵

党的十八大以来，党中央高度重视就业工作，并在不同时期都提出了明确的就业目标。党的十九大报告指出，就业是最大的民生，要“实现更高质量和更充分就业”。党的二十大报告强调，就业是最基本的民生，要“促进高质量充分就业”。不同时期就业目标的确定，既一脉相承，又创新发展，体现了坚持人民至上和坚持问题导向的原则。促进高质量充分就业作为新时代新征程的就业目标，具有新的时代内涵。

1. 高质量充分就业是推动经济高质量发展的就业

高质量发展是全面建设社会主义现代化国家的首要任务。为此，要加快构建新发展格局，把实施扩大内需战略同深化供给侧结构性改革有机结合，推动经济实现质的有效提升和量的合理增长。这中间，无论是内需的扩大，还是供给侧结构性改革的深化，无论是经济质的有效提升，还是经济量的合理增长，高质量充分就业都是重要支撑。内需的扩大和

经济量的增长，要发挥消费的基础性作用。在决定消费的各种因素中，就业是最基本最重要的。抓就业也是抓发展。供给侧结构性改革和经济质的有效提升，本质上是要更好发挥创新在经济发展中的作用，推动经济发展质量变革、效率变革、动力变革。我国人力资源丰富，有近9亿劳动力，接受高等教育的人口已超过2.4亿。这是我们实施创新驱动发展战略的底气所在。为此，要充分利用好这一宝贵的人力资源，并使各类人才得到优化配置和足够激励，从而更好激发人才红利。

2. 高质量充分就业是提高人民生活品质的就业

实现高质量充分就业，是增加收入、提升社会保障水平和改善人民生活品质的重要基础，也是让人民群众获得感、幸福感和安全感更加充实、更有保障、更可持续的主要依托。高品质生活意味着人民群众的需求更加多样化和个性化，这要求工作岗位也应该多样化和个性化，因此工作岗位丰富多样是高质量充分就业的重要内容。我们要把不断满足人民对美好生活的向往作为出发点和落脚点，创造更多的就业机会和好工作，提升劳动者收入和权益保障水平，促进劳动者体面劳动。

3. 高质量充分就业是促进人口高质量发展的就业

当前，我国人口和劳动力总量呈现减少趋势，但规模依然庞大。同时，人口和劳动力流动性不断增强，各地人口增减分化加剧，这些都迫切需要加快塑造素质优良、总量充裕、结构优化、分布合理的现代化人力资源，以人口高质量发展支撑中国式现代化。这就要求我们把高质量充分就业作为人口高质量发展的重要基础，作为人力资源开发利用的主要途径，主动适应劳动力规模和结构变化趋势，稳定劳动参与率，提高劳动者素质，改善劳动力供给。

（二）找准重点、关键点、难点

我国经济韧性强、潜力大、活力足，各项政策效果持续显现，经济稳中向好的趋势不会变。促进高质量充分就业有坚实基础，但也面临着诸多挑战，因此需要更好聚焦就业领域的重点、难点和关键点，确保就业局势总体稳定。

1. 缓解结构性就业矛盾是重点

当前和今后一个时期，我国就业总量的压力依然存在，但结构性就业矛盾更为凸显，突出表现为招工难和就业难并存。破解结构性就业矛盾既要立足当前，又要着眼长远。短期看，要完善重点群体就业支持体系，加强就业监测分析，分类细化政策措施，使就业支持体系更为精准有效，稳住就业基本盘。长期来看，则要加强趋势性研究和宏观政策协同，将就业优先政策置于宏观政策层面并持续强化，加强对就业领域出现的新变化、新趋势的研判，积极促进高质量充分就业。

2. 促进青年就业是关键点

青年就业关系到个人成长成才，更关乎国家的发展未来。稳定和扩大青年就业是积极促进高质量充分就业的关键所在，这需要政府、企业和劳动者的共同努力。要坚持把促进青年特别是高校毕业生就业工作摆在更加突出的位置，坚持市场导向和政府促进并重，政策激励和服务助力并举，整体推进和重点帮扶并行，尽最大努力帮助青年实现更加充分、更高质量就业。

3. 提高就业质量是难点

目前来看，就业质量存在的问题主要表现在劳动报酬占比偏低、社会保障覆盖面有待进一步提高、就业歧视现象时有发生等。特别是就业质量在不同部门、不同人群、不同地区之间还存在不平衡，对于灵活就业人员和新就业形态从业人员比较集中的部门，提高就业质量的任务更重、压力更大。对此，要破除影响劳动力流动的制度障碍，推进平等就业，形成合理、公正、畅通、有序的社会性流动格局；研究促进平等就业综合性法规和政策措施，推动消除性别、户籍、身份等各类就业不合理限制，增强劳动力市场包容性。

（三）探索实现路径

就业牵动着千家万户的生活。积极促进高质量充分就业，需要从战略高度通盘考虑。深入把握我国发展新的阶段性特征，在推动高质量发展中强化就业优先导向，提高经济增长的就业带动力，不断促进就业量的扩大和质的提升。当前，可以在以下几方面着力。

1. 强化就业优先政策

理论和实践都表明，高质量充分就业的实现，必须有宏观政策的支持。党的十八大以来，党高度重视就业问题，坚持以人民为中心的发展思想，将就业摆在经济社会发展优先位置，创新实施就业优先政策，推动就业工作取得积极进展。因此要继续落实落细就业优先政策，推动形成高质量发展与就业扩容提质互促共进的良性循环。要完善调控手段，充实政策工具箱，强化财政、货币、投资、消费、产业、区域等政策支持就业的导向，实现与就业政策协同联动。各地要结合实际，将就业优先政策贯穿于经济社会发展的各个领域和各个环节，健全就业影响评估机制，提升重大政策规划、重大工程项目、重大产业布局对就业的促进作用，形成更多就业增长极。

2. 在推动经济发展中扩大就业容量

经济增长稳，就业才能稳。要坚持在发展中解决就业问题，在构建现代化产业体系的过程中不断提升就业带动力。在这一过程中，既要促进制造业高质量就业，提升制造业盈利能力和从业人员收入水平，又要扩大服务业就业，支持生产性服务业和服务外包创新发展，加快生活性服务业高品质和多样化升级，还要加快发展数字经济，推动数字经济和实体经济深度融合，培育就业增长新动能。要全面落实、优化调整稳就业政策文件，细化实化政策措施，加大政策宣传力度，推动惠企稳岗政策精准落实、高效直达，充分释放政策红利。

3. 加强教育培训提升就业能力

解决结构性就业矛盾，关键在于加大全社会人力资本投入，提高劳动者素质，建设知识型、技能型、创新型劳动者大军。教育是人力资本形成的重要途径，要进一步提高人才培养的质量，根据未来社会所需要的核心技能，优化课程和学科专业结构，改进培养模式。要加快发展现代职业教育，鼓励支持技工教育特色发展，积极发挥与产业、行业、企业发

展融通的优势，推进校企合作、产教融合，强化职业素质培养和技能实训。要全面推行终身职业技能培训制度，使技能培训贯穿劳动者从学习到工作的全过程，营造终身学习的环境，不断提升人力资本水平。

4. 完善劳动力市场配套制度

提高就业质量，要加强对劳动者的权益保障，完善劳动力市场配套制度。要统筹维护劳动者权益和企业发展，完善工资收入分配制度，完善劳动关系协商协调机制，使人人都有通过辛勤劳动实现自身发展的机会。要特别加强灵活就业和新就业形态劳动者权益保障，补齐相关法律短板，进一步加强对灵活就业的政策和服务支持，提升就业能力和就业质量，促进灵活就业更有序、更可持续、更高质量发展。

案例分析

大学生村官创办首个家庭农场

2013 年 3 月 13 日，“邗江区珠玉瓜果香家庭农场”在方巷镇珠玉村诞生。农场主小谢领到了工商部门颁发的农场营业执照时，激动不已。在场的区工商局局长告诉记者，这是今年中央一号文件首提“家庭农场”以来，我市注册的首批“家庭农场”。

邗江首个“家庭农场”落户方巷

方巷镇珠玉村位于扬州市北郊，土地肥沃，交通便利，邻近主城区，自然资源、产业布局和区域优势得天独厚。村民们祖祖辈辈以传统农业为主，蔬菜种植、家禽养殖是村里的主要经济来源。

小谢是珠玉村的一名大学生村官，2013 年初，他认真学习了中央一号文件，其中，文件中提到的“家庭农场”概念，让他很感兴趣，同时也让他萌生了创业的想法，“想在引导农民致富上做一些探索”。

家庭农场，对于大多数人来说还是很陌生的，那么，什么是“家庭农场”呢？

小谢告诉记者，今年中央一号文件提出，鼓励和支持承包土地向专业大户、家庭农场、农民合作社流转。其中，“家庭农场”的概念首次在中央一号文件中出现，指以家庭成员为主要劳动力，从事农业规模化、集约化、商品化生产经营，并以农业收入为家庭主要收入来源的新型农业经营主体，简单地说就是把单一的农户变成企业性质。

比如，田里的农作物卖到市场去，那只是农产品，如果农产品经过加工卖到市场里去，农产品就有了附加值，那就成了商品，商品都是企业生产经营的，所以创办家庭农场就得拿营业执照，农场就成为企业性质。

“家庭农场”登记注册将在全市推开

事后，小谢还专门就此事与负责方巷镇片区的工商干部进行了交流，觉得这种新的市场主体形式具有机动灵活、规模适度的优点，最适合农业项目的创新创业。在工商干部的鼓励下，小谢对创办家庭农场有了信心。

家庭农场实行企业化经营，需要大量的资金作保障，对此小谢又犯愁了。村党支部书记老朱找到小谢，鼓励他说："过去农民种植养殖很难通过个人名义向银行申请贷款，现在，以企业的身份申请农业贷款还能享受很多优惠、便利政策。"

在工商部门经过预先核准名称、提交登记材料、实地勘察验收等程序后，小谢"家庭农场"的手续很快办妥了。办完农场注册登记后，小谢将心思投入产品上市环节。

目前，农场占地面积35亩，主要种植桃子、杏子和李子三种作物，一期嫁接的苗木挂果期不长，一年后将迎来收获季节。为此，小谢将产品销售提上了议程。通过熟人介绍，村党支部书记朱昉帮他和江苏油田取得了联系，对方向小谢伸出了"橄榄枝"，最终双方达成了初步的采购协议。

此外，记者还从工商部门了解到，为引导农民采取多种方式发展农业，促进农业增收、提高农民收入，目前家庭农场的登记注册工作将在全市范围内推开，申请者可以通过当地工商所进行咨询。

思考题

（1）小谢为什么要创办"家庭农场"？

（2）什么是"家庭农场"，它有什么特点？

（3）小谢的"家庭农场"为什么能得到政府的大力支持？

（4）小谢在经营"家庭农场"过程中借助了国家哪些政策？

（5）本案例对你有哪些启发？

拓展阅读

国家促进普通高校毕业生就业创业的相关政策

国家鼓励企业吸纳高校毕业生就业的政策主要体现在两方面，一方面是鼓励小型、微型企业吸纳高校毕业生的政策，另一方面是引导国有企业吸纳高校毕业生的就业政策。

鼓励小型、微型企业吸纳高校毕业生就业的政策

（1）各地区、各有关部门要认真落实《国务院关于进一步支持小型微型企业健康发展的意见》(国发〔2012〕14号)，为小型、微型企业发展创造良好环境，推动小型、微型企业在转型升级过程中创造更多岗位吸纳高校毕业生就业。

（2）对小型、微型企业新招用应届高校毕业生，签订1年以上劳动合同并按时足额缴纳社会保险费的，给予1年的社会保险补贴，政策执行期限截至2014年年底。

（3）科技型小型、微型企业招收毕业年度高校毕业生达到一定比例的，可申请最高不超过200万元的小额担保贷款，并享受财政贴息。

（4）对小型微型企业新招用高校毕业生并组织开展岗前培训的，按规定给予培训费补贴，并适当提高培训费补贴标准，具体标准由省级财政、人力资源和社会保障部门确定。

引导国有企业吸纳高校毕业生就业的政策措施

（1）承担对口支援西藏、青海、新疆任务的中央企业要结合援助项目，积极吸纳当地高校毕业生就业。

（2）规范国有单位招聘行为，完善公务员招考和事业单位公开招聘制度，探索建立国有单位招聘信息统一公开发布制度，加强国有企业招聘活动监管，在国有企业全面推行分级分类的公开招聘制度，切实做到信息公开、过程公开、结果公开。

（3）规范招收高校毕业生工作的程序和流程。加强招聘过程管理，创新监督形式，在招录岗位、资格要求、招收程序等方面统一安排，及时准确公布报名、资格审查、笔试、面试以及招聘结果等相关信息，切实做到信息公开、过程公开、结果公开。坚决反对任何形式的就业歧视，严禁在招聘过程中违反国家规定对性别、户籍、学历、院校等条件进行限制。

引导鼓励高校毕业生面向基层就业的政策措施

根据《国务院办公厅关于做好2014年全国普通高等学校毕业生就业创业工作的通知》《国务院办公厅关于做好2013年全国普通高等学校毕业生就业工作的通知》和《国务院关于进一步做好普通高等学校毕业生就业工作的通知》等文件规定，国家对引导鼓励高校毕业生面向基层就业的政策措施主要有：

（1）各地区要结合城镇化进程和公共服务均等化要求，充分挖掘教育、劳动就业、社会保障、医疗卫生、住房保障、社会工作、文化体育及残疾人服务、农技推广等基层公共管理和服务领域的就业潜力，吸纳高校毕业生就业。鼓励和引导高校毕业生到城乡基层特别是城市社区和农村教育、医疗卫生、文化、科技等基层岗位工作，进一步完善相关政策，重点解决好他们在工资待遇、社会保障、人员编制、户口档案、职称评定、教育培训、人员流动、资金支持等方面面临的实际问题。

（2）各地区要结合推进农业科技创新、健全农业社会化服务体系等，引导更多高校毕业生投身现代农业。对到农村基层和城市社区从事社会管理和公共服务工作的高校毕业生，符合公益性岗位就业条件并在公益性岗位就业的，按照国家现行促进就业政策的规定，给予社会保险补贴和公益性岗位补贴。

（3）继续统筹实施好大学生村官、“三支一扶”等各类基层服务项目，健全鼓励高校毕业生到基层工作的服务保障机制。高校毕业生到中西部地区和艰苦边远地区县以下基层单位就业的，实行学费补偿和助学贷款代偿政策。对到农村基层和城市社区其他社会管理和公共服务岗位就业的，给予薪酬或生活补贴，同时按规定获得有关社会保险。

（4）高校毕业生在中西部地区和艰苦边远地区县以下基层单位从事专业技术工作，申报相应职称时，可不参加职称外语考试或放宽外语成绩要求。

（5）充分挖掘社会组织吸纳高校毕业生就业潜力，对到省会及省会以下城市的社会团体、基金会、民办非企业单位就业的高校毕业生，所在地的公共就业人才服务机构要协助办理落户手续，在专业技术职称评定方面享受与国有企事业单位同类人员同等待遇。

（6）自2012年起，省级以上机关录用公务员，除部分特殊职位外，均应从具有两年以上基层工作经历的人员中录用。市（地）级以下机关特别是县乡机关招录公务员，应采取有效措施积极吸引优秀应届高校毕业生报考，录用计划应主要用于招收应届高校毕业生。

（7）对具有基层工作经历的高校毕业生，在研究生招录和事业单位选聘时酌情给予优先考虑。

应征入伍服义务兵役

根据《高等学校学生应征入伍服义务兵役国家资助办法》的通知（财教〔2013〕236号），高校毕业生应征入伍服义务兵役，除享有优先报名应征、优先体检政审、优先审批定兵、优先安排使用“四个优先”政策，家庭按规定享受军属待遇外，还享受优先选拔使用、学费补偿和国家助学贷款代偿、退役后考学升学优惠、就业服务等政策支持。

退役后参加政法院校为基层公检法定向岗位招生的，同等条件下优先录取。退役后三年内参加全国硕士研究生招生统一入学考试的，初试总分加10分；立二等功及以上的，退役后免试（指初试）推荐攻读硕士研究生。具有高职（高专）学历的，退役后免试入读成人本科，或经过一定考核后按比例入读普通本科，荣立三等功以上奖励的，在完成高职（专科）学业后，免试入读普通本科，高校毕业生服役期满择业可参照应届高校毕业生办理就业手续。

入伍高校毕业生退出现役后一年内，可视同高等学校应届毕业生，凭用人单位录（聘）用手续，向原就读高校再次申请办理就业报到手续。

第二节 信息获取与信息处理

用人单位的招聘流程通常包括发布岗位、收集和筛选简历、笔试和面试等步骤。如果在不了解用人单位要求的情况下，就急着四处发送没有岗位针对性的个人简历，自然难以获得满意的结果。

一、就业信息的作用

就业信息是指通过各种媒介传递的有关就业方面的消息和情况，如就业政策与形势、就业机构介绍、供需情况、招聘活动及用人信息等。在当今的信息时代，就业不仅是实力的竞争，也是信息的竞争。作为新时代的大学毕业生，应当高度重视就业信息的重要性，积极主动、广辟途径地搜集就业信息，并认真细致、去伪存真地分析、筛选、整理这些信息，从而做出准确的处理，把握就业选择的主动权。

（一）就业信息是职业选择的前提

在我国实行人力资源市场化配置的背景下，用人单位择人与毕业生择业的自主权，已得到进一步的强化，政府职能部门通过智能管理人才资源的方式，已经成为教科书中广泛讨论和评估的内容。当然，对用人单位和毕业生来说，在其各自的自主选择权得到加强的同时，他们也必须以同样的速度提升各自的自主选择能力。

对大学毕业生而言，其进行职业自主选择的前提是具有获取和筛选就业信息的能力。从某种意义上说，就业竞争就是获取就业信息的竞争。谁获得的信息数量多，求职的选择面就宽；谁获得的信息质量高，求职的把握性就大；谁获得的信息及时，求职的主动权就大；谁获得的信息内容全面、要点明确，求职的盲目性就小。

（二）就业信息是择业决策的依据

大学毕业生要想科学地做出择业决策，必须要有足够的、真实的就业信息。这些信息包括国家的就业方针、各地方及行业的就业政策、自己所属院校的就业细则等。当然，更为主要的是用人单位的需求信息。如果这些信息的占有量不足，大学毕业生择业取舍决策的科学性和准确性就要大打折扣。

面试是招聘最重要的环节。对大学毕业生而言，要想顺利通过面试，就必须对用人单位的情况有一定程度的了解，这就是求职时对就业信息深度的要求。如果在面试过程中，只能抽象地表明一个求职的意愿，而对企业的经营方式、产品结构、市场行情及以往的历史和今后的发展一无所知，那么面试的结果可想而知。

二、就业信息的获取途径

搜集就业信息是大学生求职择业前的一项重要任务，而高质量的就业信息往往存在于广泛的信息之中。因此，必须充分利用各种渠道、运用各种手段准确地搜集与择业有关的各种信息，为择业决策做好充分准备。

（一）通过高校毕业生就业指导中心

高校毕业生就业指导中心是获取就业信息的重要渠道，它们提供的信息无论从数量还是质量上看，都有明显的优势。通过高校毕业生就业指导中心获取的信息有以下三个特点。

（1）针对性强。用人单位一般是在掌握了高校的专业设置、教学水平和毕业生的整体情况后，才会向学校发出招聘信息的，这些信息是完全针对应届毕业生的。

（2）信息可靠。本着对广大毕业生负责的态度，学校就业主管部门在将用人单位招聘信息发布之前，要先对就业信息进行审核，以保证信息的真实性和可靠性。

（3）成功率高。用人单位发布给学校的招聘信息具有很大的稳定性，毕业生只要符合招聘单位的用工条件，用人单位通常会立即确定录用毕业生，从而提高求职成功的概率。

（二）通过各级人才市场和中介机构

随着就业方式的发展和就业体制的改变，我国建立了各级人才市场，也发现了许多的中介机构，这些途径为毕业生提供了更多、更好锻炼面试技能和增强面试自信心的机会，大学生通过这些途径可以了解到更多的招聘信息和职位。

（三）通过新闻媒体

大学生的就业问题已经成为社会共同关注的焦点。广播、电视、报纸、杂志等媒体，以及专门为毕业生就业提供服务的专业刊物，受到了招聘机构、用人单位和毕业生的青睐。这些媒体和刊物提供的信息准确、综合性强、涉及面广，不仅可以为毕业生介绍社会需求情况，还可以帮助毕业生认清需求形势。

（四）通过社会关系网

在寻找就业信息的时候，社会关系是一个非常关键和重要的途径，成功率较高，也为很多企业和毕业生所认可和接受。

（1）亲属和朋友。毕业生的亲属和朋友非常关心毕业生的就业问题，同时他们来自社会的多个层面，可以为毕业生提供大量的用人单位需求信息。这些信息往往具有很大的可靠性和广泛性，可以为毕业生提供广阔的就业空间和较多的选择。

（2）专业课教师。专业课教师比较了解本专业的就业方向，也比较了解毕业生的个人情况，而专业课教师在与科研院所、企业和公司合作过程中也建立了一定的人脉关系，对一些用人单位的招聘信息了解得比较详细。

（3）学长和同学。学长和同学是提供就业信息的可靠保证，因为其所从事的工作和了解的工作岗位需求适合本专业的毕业生，而且这些经过亲身体验和感受过的工作情况可以为毕业生提供很好的参考。因此，这个就业渠道成为很多毕业生就业成功的重要途径。

（五）通过社会实践或实习单位

社会实践和实习是大学生开发就业信息的重要途径。在社会实践和打工的过程中，通过自己的努力，可以了解不同的行业对人才的要求，从而正确评价自己，使自己能够准确定位，寻找到适合自己的工作岗位。同时，在实习过程中赢得用人单位的好感和信任，能够谋得就业岗位的大学生也不在少数。此外，通过专业实习或顶岗实习，给实习单位留下较好的印象，也有助于毕业生在实习单位谋得一份工作，或掌握一些用人单位的就业信息。

（六）通过网络

随着信息时代的到来，网络已经成为用人单位和毕业生的一种重要交流方式。网络让人才交流不受地域、空间和时间的限制，用人单位和毕业生将招聘信息和求职信息传递到网络上，可以实现双方的互相选择。网络人才交流打破了人才信息与招聘信息沟通的种种限制，跨越了时空的界限，打破了单向选择的传统人才交流格局。网络人才交流讲究的是规模效应，因此其信息容量之大是其他人才交流方式所不能比拟的。

（七）通过各种类型的“招聘会”

每年都有很多的招聘会，有的是学校主办的，有的是各地毕业生就业主管部门组织的，尤其是有很多针对毕业生的专场招聘会。通过供需双方的直接交流与面试等，毕业生不仅可以掌握许多用人信息，拓宽就业途径，还可以利用招聘会了解用人需求及自身的不足，为自己未来的职业发展做好充分的准备。

三、就业信息的处理

我们处在一个信息“大爆炸”的时代，各种信息充斥其中，善于搜集是前提。一方面，对于自己真正有价值的信息，往往需要自己努力去发掘，同时，信息往往是散乱的，需要去组合。另一方面，很多信息属“垃圾信息”，甚至是“干扰信息”，有片面性，乃至是错误的。因此就业信息利用技巧也是大学毕业生就业信息准备的应有之义。

（一）就业信息处理的原则

1．全面性原则

就业信息搜集首先应遵循全面性原则。如上所述，就业信息具体包括单位名称、性质，单位招聘意向，招聘要求，岗位特点与发展前景，单位联系方式等。如上信息的搜集缺少任何一环都将直接导致信息的浪费。有些会导致信息直接浪费，如缺少单位联系方式；有些则会导致信息间接浪费，如单位招聘意向与要求模糊。在某些场合，尤其要注意就业信息搜集的全面性原则，如各高校、地区举办的招聘洽谈会上，就业信息量大、时间紧，更应注意有的放矢，全面搜集信息。

2. 有效性原则

在信息社会的背景下，充斥着大量垃圾信息、错误信息，干扰甚至误导着大学毕业生。因此必须注重就业信息搜集的有效性。要增加就业信息的有效率，加强就业信息的甄别能力。例如，根据信息发布机构的公信力判断：一般各高校就业指导部门发布的就业信息有效性较强，网络就业信息有效性较低。再如，根据就业信息本身的可信度判断：一般在就业信息中提及要预收各类“管理费”“上岗费”等费用的往往是误导信息。无招聘要求，即来即上岗的一般也是误导信息。

3. 针对性原则

由于专业特点、高校层次、用工类别的客观区别，就业信息也有着不同的针对对象，大学毕业生也需予以甄别，以做到针对性原则。要树立“职位无高低优劣之分，但有是否适合之别”的意识。首先，应做准确的自我定位，对适合自己的工作有一个合适的估计。然后根据自我职业定位，有针对性地搜集、筛选就业信息。

4. 细致性原则

在竞争的社会背景下，细节往往决定成败。在大学生就业这一问题上亦是如此。当大家水平、能力相当，面对的信息搜集途径和对此所付出的精力、努力也相当时，越能注意到细节、做到细致性原则的，越能在竞争中脱颖而出。例如，有的同学在校期间就开始建立自己的就业信息库，有意识地对自我定位不断明确，对自己有意应聘的行业、单位进行了解，自然能够在就业信息准备上做到胸有成竹。再如，有的同学不仅收集用人单位关于招聘意向、招聘要求等信息，而且对用人单位往年用工特点、人力资源部门的用工取向也做了全面的了解，这样的信息自然比其他信息有效得多，其就业成功率也会高得多。

（二）就业信息处理的方法

就业信息的处理过程实际上是一个求职决策的过程，也是择业的关键。求职者在广泛搜集就业信息的基础上，要结合自己的实际情况，依据国家、地区的政策和法规，对获取的原始信息进行有目的、有针对性地归纳、整理、分析和选择。搜集、处理就业信息在时间上要注意动态性，以掌握用人单位发展过程中的变化和趋势；在空间上讲究全面性，以了解各地区、各部门和各行业的人才供求状态；在内容上注意信息的广泛性，认真分析影响就业求职的各种因素。一般来说，分析、处理就业信息要做好以下四个方面的工作。

1. 进一步深入分析就业信息

就业信息直接与职业特性相关，内容涉及以下要素。

（1）职业的名称。职业的名称是指要从事职业的名称。

（2）职业的性质。职业的性质是指全民所有制还是个体经营，是企业单位还是事业单

位，是独资还是合资，是简单劳动还是复杂劳动，以及工作关系的隶属关系等。

（3）职业内容与特点。职业内容与特点说明该工作是做什么的、为什么做、如何做等问题。

（4）工作环境。工作环境包括很多方面，如使用什么工具进行劳动，工作是在室内还是在室外，工作时间的长短，劳动强度的大小，工作地区是沿海还是内地、是城市还是乡镇等。

（5）工作待遇。工作待遇包括工资、奖金、福利、保险、住房条件等。

（6）职业前途。职业前途是指该职业今后的发展方向及变化趋势，个人发展的空间、晋升的机会等。

（7）职业对从业者的要求。职业对从业者的要求是职业信息的重要内容，不同的职业对从业者的要求是有区别的，主要有以下几方面：对从业者性别、年龄、身高、相貌、健康、体力等生理素质方面的要求；对从业者的兴趣、性格、能力、气质等心理素质方面的要求；对从业者学历、专业、知识和技术技能方面的要求；对从业者的思想作风、职业道德、创新精神等思想素质方面的要求。此外，还要分析职业的地区特点、行业特点、单位特点和岗位特点，因为不同的岗位决定该职业的不同地位和作用。岗位的人员数目、年龄及文化程度的结构、专业结构和工作环境，都会对从业者的发展及适应度构成影响。

2. 加工与处理已知的就业信息

在广泛搜集就业信息的基础上，再从实际出发，结合自身的情况对就业信息进行加工处理，去伪存真，去粗取精。对所掌握的信息要进行有针对性的整理、分析排列，在整理中，要去掉不属于自己就业范围或不适于发挥自己专业特长的单位，然后将余下的按适合自身特点、有利于发挥素质优势、有利于自身发展的顺序进行研究，确定取舍。这样处理，可以使信息更具准确性、全面性和有效性，从而更好地为求职择业服务。求职者想对就业信息做出科学的分析和判断，就要对信息的可靠性、准确性和真实性做出分析判断。有些信息含糊其词，模棱两可；有些信息夸大其词，混淆视听。对那些虚假的信息，必须对其精确鉴别，予以澄清和剔除。由于信息不准、内容失真造成求职失误，甚至造成其他损失的现象，已是屡见不鲜。所以，在获取信息时，应冷静分析，认真考察信息源的可靠性。

3. 挖掘潜在的就业信息

许多信息的价值往往不是浮在表面上的，必须经过深入挖掘才能发现。比如，根据某些单位的现状，可能还难以预测该单位和自己今后的发展。然而，有些单位虽然目前可能条件较差，但从长远来看是有前途的，能够为人才提供较大的发展空间。这就要求毕业生既要站在高处，从长远的、大局的方向看职业、单位的趋势；又要留意信息的细枝末节，由表及里地挖掘信息的内涵价值。首先要有这种意识，其次要综合其他信息进行分析。有时，还需要有一些专业知识和经验。例如，从单位的组织结构了解其管理模式和运作机制，从单位的人事、财务报表分析它的人力资源状况和经济状况，从单位历年的招聘岗位和人数的变化了解它的经营方向变化，甚至从单位招聘的过程和方式，如笔试的内容、面试的问题、联系方式等方面，来看其是否与自己的预期判断相一致。

4. 及时反馈、运用就业信息

在当今变化万千、节奏加快的时代，就业信息由于其传播速度快，共享程度高的特点，毕业生得到的信息仅仅代表着一种可能的机会，而且充满着竞争。机会往往稍纵即逝。因此，毕业生获取就业信息后，一定要及时反馈、运用所获取的就业信息。

（1）就业信息的时效性强，一旦决定就要不失时机地主动与用人单位的主管人员联系，询问应试的方式、时间、地点和要求，并准备好一套自己完整的求职材料。

（2）根据筛选出来的就业信息的招聘条件和岗位要求来对照检查自己的不足，想办法及时弥补。这一做法尽管在毕业前的有限时间内稍显仓促，但比无动于衷的做法要好很多。

（3）及时输出对他人有用的信息。有些信息对自己不一定有用，可是对他人却十分有用。遇到这种情况，千万不要抓住这些信息不放。你能主动输出对他人有用的信息，不仅对他人是帮助，同时也增加了与他人交流信息的机会，甚至有机会从他人手中获取对自己有用的信息。

案例分析

获取信息，未雨绸缪

小艳是国际贸易专业大三的学生，她很早就从老乡和学长那里听说，现在毕业生找工作是越来越难。鉴于这种情况，她未雨绸缪，大三一开学就积极行动，通过各种途径搜集就业信息。

首先，她把已毕业学长留下来的就业资料梳理了一下，既了解了毕业生求职的知识和技巧，又获得了相关用人单位的一些信息。她充分利用自己人缘关系比较好的优势，与在上海、北京、深圳等地工作的诸多校友和老乡取得了联系，希望他们能够提供所在单位和城市的相关用人信息。

接着她又查询了学校就业指导中心网站，熟悉了网站的功能，了解了学校就业工作的安排，以及学校和各地人才招聘会的情况，还对与学校有长期联系的单位进行分析和预测，比较全面地掌握了这些单位的基本情况。同时，她还一直在毕业实习的那家单位帮忙，积极争取留下来的机会。

做好了这些准备后，小艳根据搜集到的信息，结合自己的专业特长和兴趣爱好，坚持宁缺毋滥的原则，有针对性地向几家用人单位投递了求职简历。由于准备充分，对求职单位又非常熟悉，在经过一系列的考核后，有好几家单位愿意接受她，而毕业实习的那家单位也向她表示了明确的录用意向。

思考题

（1）案例中的小艳为什么能收到好几家单位的录用通知？

（2）小艳在就业指导中心网站获得了哪些信息？
（3）小艳从毕业学长那里获得了哪些信息？
（4）如果你是小艳，你会怎样处理获得的信息？
（5）本案例对你有哪些启发？

拓展阅读

全国省级公共就业和人才招聘网站名单

2021 年 3 月由人力资源和社会保障部发布的全国省级公共就业和人才招聘网站名单见表 5-1。

表 5-1　全国省级公共就业和人才招聘网站名单

序号	省市	网站名	网址
1	部级	中国公共招聘网	http://job.mohrss.gov.cn/
		就业在线	https://www.jobonline.cn
2	北京	北京市人力资源和社会保障局“就业超市”	http://fuwu.rsj.beijing.gov.cn/jycy/jycs/index.html
3	天津	天津市就业岗位信息归集系统	www.guiji.cnthr.com
		中天人力资源网	http://www.cnthr.com/
		开元人力资源网	http://www.tjkyhr.com/
4	河北	河北公共招聘网	https://rst.hebei.gov.cn/ggzp/
		河北人才网	https://www.hbrc.com.cn/
5	山西	山西人才网	https://www.sjrc.com.cn
6	内蒙古	内蒙古自治区招聘会云服务平台	http://zph.nmrc.com.cn/SysHome/Index
7	辽宁	辽宁省人力资源市场信息系统	http://rlzy.lnrc.com.cn
		辽宁省人力资源市场信息系统微信小程序	关注“辽宁省就业和人才服务中心”公众号，点击右下角“公共服务”，进入辽宁省人力资源市场信息系统微信小程序
8	吉林	吉林就业信息管理系统（吉林就业创业网）	http://jljycy.hrss.jl.gov.cn/
		吉林省人才交流开发中心	http://www.jlhr.com.cn/
9	黑龙江	黑龙江省人力资源和社会保障公众服务网	http://www.hl.lss.gov.cn/jycyNew/login/entry. ks
10	上海	上海市人社局官网“公共招聘”栏目	http://www.rsj.sh.gov.cn/zp/zyjs/index.shtml
		上海留学人才网	https://www.sotsw.cn

续表

序号	省市	网站名	网址
11	江苏	江苏省人社一体化信息平台公共人力资源市场子系统	https://www.js365job.com/
12	浙江	浙江人才网	http://www.zjrc.com/
		浙江省引才云平台	https://yp.zjrc.com/
		浙江省人力资源网	https://www.zjhr.com
13	安徽	安徽公共招聘网	http://www.ahggzp.gov.cn/
14	福建	福建省公共就业服务网	http://220.160.52.235:81/
		中国海峡人才网	http://www.hxrc.com/
		福建省毕业生就业创业公共服务网	http://220.160.52.58/
15	江西	江西人才人事网	www.jxrcw.com
		江西人力资源网	www.jxsrl.com
16	山东	山东公共招聘网	www.sdggzp.cn
17	河南	河南招才引智创新发展大会官网	https://www.zghnrc.gov.cn/
		中国中原人才网	https://www.zyrc.com.cn/
		河南就业网	www.jiuye.gov.cn/
18	湖北	湖北公共招聘平台	www.hbggzp.cn
19	湖南	湖南省公共就业服务信息平台	http://rst.hunan.gov.cn
20	广东	广东就业网	http://hrss.gd.gov.cn/jyzl/
21	广西	广西壮族自治区“数字人社”经办管理信息系统	http://gxjy.gx12333.net/
22	海南	海南省公共招聘网	http://zhaopin.hainan.gov.cn/
23	重庆	重庆就业网	http://ggfw.rlsbj.cq.gov.cn/cqjy/business/website/job/jobindex.html
24	四川	四川公共招聘网	http://www.sc91.org.cn/
		四川人才网	http://www.scrc168.com
		成都人才网	http://www.rc114.com/
25	贵州	贵州公共招聘网	http://gzggzpw.gzsrs.cn/
		贵州就业帮 App	网页搜索“贵州就业帮”下载 App
		筑人才 App	网页搜索“筑人才”下载 App
26	云南	云南人才网	http://www.ynhr.com
		云南公共就业服务网	http://jyj.yn.gov.cn/

续表

序号	省市	网站名	网址
27	西藏	西藏公共就业招聘网	https://www.xzggjyzpw.com/
		西藏人力资源市场管理服务中心	https://www.xzrcfw.com
28	陕西	陕西公共招聘网	http://snjob.gov.cn/
		秦云就业企业用工供需平台	www.qinyunjiuye.cn
29	甘肃	甘肃省大就业信息管理系统	http://10.192.193.15:7010/product/
		甘肃人才网	www.gszhaopin.com
30	青海	青海人才市场网	http://www.qhrcsc.com
		青海公共就业招聘服务平台	http://rst.qinghai.gov.cn/qhrst/index/qhrs/talant/index.jsp
31	新疆	中国新疆人才网	www.xjrc365.com
32	新疆生产建设兵团	新疆生产建设兵团公共就业和人才服务网	http://jyfw.xjbt.gov.cn

第三节 就业观念与就业心理

大学生的就业问题，一直备受社会各界的关注。大学生的就业指导，必须结合其就业观念、就业心理和就业方式，有针对性地进行。

一、就业观念更新

（一）当代大学生就业观念的误区与挑战

树立正确的就业观念，是大学生成功就业的第一步。目前高职院校的就业通道虽然比较畅通，但其毕业生的就业情况却并不乐观。究其原因，虽然有来自学生、学校、企业和社会各方面的原因，但最根本的原因还是学生本人没有树立起正确的就业观念。

1. 理想化就业观念

受社会舆论、政策、家庭、教育等传统观念的影响，许多大学生的就业期望值偏高，对与就业相关问题的认识过于理想化。具体表现在：部分学生总是怀着寻求理想职业，实现自我价值的强烈愿望，对社会和人生存在不切实际的幻想；部分学生对工作报酬、工作环境和职业发展的期待过高，并认为达不到其基本要求就不值得做；部分学生一味追求到大城市、经济发达地区的国有单位和高薪企业就职，认为在小城市、小企业和欠发达地区工作就对不起自己上的大学。

2. 终身就业观念

社会主义市场经济体制的建立，虽然使得大多数企业被推向市场，但在政府机构和学校等事业单位，却依然存在着类似“铁饭碗”的“编制”。于是，许多大学生就将“考编”当成了自己最大的追求。在这种观念的误导下，一些毕业生只要没有找到自己满意的职位和单位就坚决不就业，宁愿在家待业也不愿意到“非编”单位上班。

3. 从众就业观念

从众就业观念主要表现在两个方面：一是盲目跟随。看别人报考培训班自己也报，看别人考职业资格证书自己也考，看别人到大厂就业自己也要去大厂，这种观念一方面让本就激烈的就业竞争变得更激烈，另一方面使得许多同学找到了并不适合自己的工作。二是盲目攀比。一旦自己所应聘单位在工资、福利、地域、声誉等方面不如自己的同学，便感觉丢面子、不甘心、犹豫不决，甚至不惜放弃就业机会。这种就业观念，使许多学生错失了就业良机。

（二）适应变革，重塑观念

随着经济和社会的高速发展，我国高等教育已经从精英教育向大众化教育转变，对人才要求也在不断提高，大学生在就业过程中必然会遇到理想与现实不一致的问题。这些转变要求大学生要充分认清当前的形势，要从传统的就业观念束缚中解放出来，正确认识自我，客观判断形势，树立现代的就业观念，努力实现充分就业。

1. 大众化就业观念

大学毕业生应转变“精英”意识，树立大众化就业观念。目前，我国高等教育已经从精英教育向大众化教育转变，大学生作为高级人才所具备的优势不复存在，对学历的追求必将逐渐被高素质、高水平的新要求所取代，就业竞争将更加激烈。对即将踏入社会的大学毕业生来说，就业的首要问题就是要适应社会的发展和时代的要求，转变自身的就业观念，把握机遇，发挥优势，树立大众化的就业观念。与此同时，要拥有容纳社会的良好心态，正确地对待自己在就业时遇到的问题。面对新的就业形势，大学生要树立广义的就业观念，明白只要有一份工作，不管是国有单位，还是非国有单位，不管是在城市还是在农村，工作都是就业。在工作过程中还要不断学习，提高综合素质，以适应知识经济时代的要求。

2. 动态就业观念

随着我国社会主义市场经济体制的建立和逐步完善，社会人力资源的合理有序流动已成为一种普遍现象。同时，企业兼并、破产、裁员、精简、末位淘汰等现象已司空见惯，所以一次性就业很不现实。大学生应树立多层次的、动态的“终身”就业观念，以长远的眼光看待就业，必要时可以选择先就业，在实践中提高综合素质，然后再择业，以求得更

大的发展。大学毕业生就业只是职业生涯的开端，绝不意味着一生只能在一个岗位上，在以后的人生道路上大学生还会面临很多选择。在严峻的就业形势下，大学生不可固守职业理想，白白错失就业良机，而应先尽力把握每一个就业机会，在实践中提升含金量，提高技术、人际、管理等方面的能力，为再次寻找理想职业做准备。

3. 自主择业观念

教育部、公安部、人事部、原劳动保障部发布的《关于进一步深化普通高等学校毕业生就业制度改革有关问题的意见》，要求进一步转变高校毕业生就业观念，建立市场主导、政府调控、学校推荐、学生与用人单位双向选择的就业机制。自主择业为大学生提供了自由选择职业的权利和机遇，使其可以按自己的爱好、兴趣选择适合自己的职业。但这对大学生来说也是一个挑战，因为他们的就业要按照市场的供求规律行事，即“优胜劣汰”。用人单位青睐那些综合素质强和有真才实学的优秀大学生，而综合素质差又缺乏社会适应性的大学生很可能会找不到工作。

二、就业心理调适

就业心理是指大学毕业生在考虑就业问题、为获得工作做准备及在寻求工作过程中产生的各种心理现象。就业是大学生活中的重要内容，多数大学生从进校起就会考虑自己的就业问题，为自己的未来做准备，就业心理贯穿在整个大学的学习和生活中。就业也是大学生人生道路上的一次重大考验，随着就业形势的日益严峻，大学生的就业心理也日益复杂。因此，了解大学生就业的一般心理问题，掌握心理调适的方法，对高职生顺利度过大学生活和成功实现高质量就业具有非常重要的现实意义。

（一）大学生就业心理上存在的问题

1. 认知心理问题

激烈的就业竞争使大学生长期处于心理危机状态，在求职时容易产生自卑、自负等不合理的认知。有自卑心理的大学生容易缺乏自信心或过低地评价自己，在择业时往往消极等待，不敢主动向用人单位推销自己，不敢参与就业竞争，甚至出现自我封闭的精神状态。有自负心理的大学生在求职中往往单方面考虑自己的择业理想，对用人单位提出各种过高要求，最后的结果是“高不成，低不就”。

2. 情绪心理问题

情绪是有机体对客观事物是否符合其主观需要而产生的态度和体验，陷入心理危机的学生，其情绪反应一般表现为焦虑、急躁、悲观和不满等。焦虑是由于担心不能达到预期目标而形成的紧张不安的心理状态，它容易使大学生在求职时出现紧张、烦躁、心神不宁、注意力不集中、睡眠不良和意志消沉等症状。急躁是指大学生择业中经常表现得忧心忡忡、烦躁不安、心理紧张、无所适从。而多次求职失败容易导致悲观、抑郁和不满等挫折心理的产生，进而使大学生择业行为发生偏差。

3. 社会心理问题

大学生就业的社会心理问题，指的是大学生就业过程中受社会或者他人影响而产生的心理问题。其突出表现为从众心理、攀比心理和嫉妒心理。从众心理是指个体在群体压力下，在认知、判断、信念与行为等方面与群体多数人保持一致的心理。攀比心理是指大学生在择业过程中不从自身实际出发，拿自己身边同学的择业标准来定位自己的择业标准的心理。嫉妒是对他人的成就、特长及条件产生的既羡慕又敌视的情感，它容易使人借助贬低、诽谤甚至报复的手段，来摆脱自己的愤怒和困扰。

（二）大学生就业心理的自我调适

所谓自我心理调适，就是根据自身发展及环境的需要，对自己的心理进行控制和调节，从而最大限度地发挥个人潜力，维持心理平衡，消除心理困扰。不良的心理有碍于就业，因而需要进行适当的调节。为此，大学生可以采用以下三种方法来进行自我心理调适，从而有效地排除心理障碍，以良好的心态和健康的身体顺利实现就业。

1. 主动宣泄法

宣泄法中最常用的方式是倾诉。可以找一个值得信赖的人，如父母、老师、朋友等，将心中的想法、苦闷统统讲出来。还可以阅读或朗读一些富有内涵、哲理和充满向上精神的文字，从而开阔视野，舒缓压力。当然也可以通过欣赏音乐、做自己喜欢的运动等，来走出过分紧张和压抑的情绪状态。

2. 注意转移法

所谓注意转移就是将自己的注意力，转移到其他人或事物上去。过于强烈的消极情绪都与当时的情境密切相关，只要善于脱离不利的情境，对于情绪的控制就变得相对容易。例如，当产生心理问题时，自己首先应该冷静下来，做一些自己感兴趣或是有待解决的事情，等平静之后再考虑就业的问题。

3. 自我暗示法

自我暗示是运用内部语言或书面语言，来进行自我情绪调节的方法。例如，当面对求职造成巨大压力，个人感到无所适从的状况时，可以暗示自己一步一步去做、一件一件去做，事情总会有结果。积极的自我暗示有一种神奇的力量，可以启动和控制潜意识能量，调动非智力因素，借此可以调整心态，补充精神动力和坚定成功信念。

三、就业方式转变

工业化的就业模式表现为三种形式：组织型、集中型、单一型。当前，基于工业经济范式下的劳动雇佣关系，已经不足以涵盖数字经济范式下，一个人与不同社会经济单位之间的关系。就业形式也正在发生重大变化：从组织型转向自主型、从集中型转向分布型、从单一型转向多元型。在这种背景下，大学生的就业方式，也必须与时俱进地跟上这种文化。

在新个体经济时代下，大学生要把自己当成个体户，这是未来职业发展的先决条件。

面对灵活用工新模式的井喷式发展，新的工作范式推动了新的变化，而这一切源于基础要素发生了变化，主要从以下三个层面考虑。

1．从岗位到工作任务

就业包含岗位、劳动力和劳动关系三个基本要素。如今，这三个要素正在迅速地发生着变化。比如，岗位正在解构成更小颗粒度的工作任务。

2．从劳动力到人力资本

员工身上所有技能的总和，被称为人力资本。但在过去，人力资本是作为整体来使用的，现在每一个技能都可以分开来使用。

3．从劳动关系到人力资本关系

随着经济社会结构的调整和科学技术的发展，在灵活用工背景下出现了多元劳动关系，如劳务派遣、零工等类型。

总之，当前的就业形态正在从集中型向分布型、自主型的工作方式转变，而自主型的关键在于越来越强调个人工作的独立性和可决策性。

案例分析

2024 年高职院校毕业生招聘会上的求职达人

“这是我第二次来找工作，原来那份工作太没挑战性了。”某职业学院应届毕业生阿荣刚刚辞掉前一份工作，现在他又特意从安徽老家赶到广州，参加 2024 年广东省某高职院校承办的广东省高职院校毕业生现场招聘会。

“其实找工作不难，但是找到满意的工作不容易。”在招聘会现场，阿荣投了八份简历，主要以销售类工作为主。他告诉记者，如果这次招聘没有结果，他准备去中西部地区试一试，中西部地区虽然相对来讲比较落后，也苦一点，但发展空间还是很大的。

与只专注于沿海、白领、写字楼的毕业生相比，愿意“俯下身”的求职者并不在少数。在中国水利水电第十六工程局有限公司的招聘摊位前，前来应聘的毕业生排起了长龙。公司人力资源部负责人告诉记者，面试官通常会问应聘者是否愿意下基层工作，是否接受外派，大部分面试者都会给出肯定的答案。

虽然面试谈得很好，但真正坚持在基层工作的并不多。“现在很多‘90 后’都是独生子女，吃不了苦，父母也不愿意让孩子常年在外面跑，所以企业不怕招不到人，最怕留不住人。”这位人力资源部负责人说。

“外面太危险了！”阿荣的同学小谢开玩笑地说道，牌子响、工资高、求稳定，这些常年被谈起的求职标准仍是当今毕业生求职的最佳意向。

记者在多个招聘会现场看到，国企、事业单位的招聘摊位前，应聘者排起了长队。多位国企的人力资源负责人告诉记者，平均每场都能收到三四百封的简历，有的热门企业甚至收到了五百余封。

与国企的门庭若市相比，一些小微私企相对冷清了许多。某私企总经理胡某告诉记者，私营企业在吸引求职者方面完全没有优势，“虽然我们也会提供同等的待遇，但是受传统观念影响，主动选择私企的学生还是少数。”

是否国企就意味着稳定的职位和高昂的薪金？相较于私营企业，国企的岗位相对稳定，但是工作地点不一定稳定，且随着市场化趋势的加强，国企工资水平愈发与业绩相挂钩，进入国企就等于拿到了铁饭碗的思想已经过时。

思考题

（1）案例中的阿荣说找工作不难，你是否认同他的观点？

（2）阿荣为什么觉得找到好工作不容易？

（3）你是如何看待国企优势的？

（4）你是否愿意到私营企业工作？

（5）本案例对你有哪些启发？

拓展阅读

影响大学生就业观念的主要因素

影响大学毕业生择业观的因素有很多，既有外因，也有内因，归纳起来，主要有以下几条。

社会的影响

随着市场经济体制的发展和改革开放的不断深入，毕业生择业观表现出二重性。一方面，他们目睹了社会主义市场经济体制和改革开放取得的伟大成就，自主意识、竞争意识、风险意识、创业意识有所增强，他们希望通过自己的努力，提高素质，公平竞争，找到适合发挥自己才能、体现自身价值的理想岗位。另一方面，社会转型时期，利益的多元化带来社会价值观念的多元化，这对毕业生择业观的形成有着深远的影响。大学生对职业的评价和选择比以往任何时候都复杂得多。部分学生容易受以经济利益为基点的一些错误的价值观的影响。

学校的影响

随着大学毕业生从国家计划分配制度向自主择业就业制度的转变，毕业生从过去的被动等待分配转向了主动上门求职择业。而高校的毕业生就业教育未能完全适应这一转变，就业教育只局限于就业政策与求职技巧的教育，对毕业生的择业观教育没有足够的重视，对毕业生的择业观教育缺乏新意，针对性不强、效果不理想。

家庭的影响

现在的大学生社会经验不多、社会关系简单，经济不能独立。许多大学生是独生子女，加上有的家长管教过多，致使他们自理自立的能力差，到毕业时还摆脱不了家庭的“怀抱”。一些毕业生对于工作地点、职业岗位并无多大主见，有的完全听从父母的安排。来自农村或边远贫困地区的毕业生，家长不愿让孩子毕业后再回到家乡去；来自大城市的毕业生，家长则不愿让孩子离开大城市。父母的工作若不好，就不愿让子女继承父母之业，相反，父母工作好的，就千方百计让子女回到身边来。

毕业生自身因素的影响

第一，择业期望值过高和社会实际需求不一致，导致“高不成，低不就”。“天之骄子”的优越感仍存在一些人的意识里，过高估计自己，心理期望值过高，与真实自我形成强烈的反差。一味向往党政机关、教学科研单位、效益好的大中型企业单位等，而对人才需求量较大的乡镇企业、边远地区、艰苦行业却不屑一顾。第二，追求热门，忽视自身特点，盲目择业。一些大学生在求职现场，不顾自身能力、专业适应性，专门寻找热门职业，报考的人数越多，他们对那些职业的渴求越大。第三，单纯强调自我价值的实现，过分突出自我。在择业时，把个人兴趣、爱好放在第一位，把是否有利于个人发展作为首选因素或唯一因素，而不考虑社会的需要。

本章小结

本章简要介绍了国内外的就业形势和我国的产业政策和就业政策，探讨了就业信息的作用、获取途径和处理方式，分析了大学生的就业观念、就业心理和就业方式。本章的重点是就业形势和就业政策，难点是大学生的就业观念转变和就业心理调适。大学生的就业选择必须建立在国家需要和社会经济发展需求的基础之上，必须将个人发展与国家需要紧密结合；大学生的就业准备必须与时俱进，必须主动适应经济增长方式的转变和培育新质生产力的要求。

职业规划大赛指导

大学生职业规划大赛就业赛道参赛要求

大学生职业规划大赛成长赛道职业教育组面向职教本科三、四年级学生和高职（专科）二、三年级学生，重点考查学生的求职实战能力、个人发展路径与经济社会发展需要的适应度、就业能力与职业目标和岗位要求的契合度。

参赛选手要在大赛平台提交以下参赛材料。

（1）求职简历（PDF 格式）。

（2）就业能力展示（PPT 格式，不超过 50 MB；可加入视频）。

（3）辅助证明材料，包括实践、实习、获奖等证明材料（PDF 格式，整合为单个文件，不超过 50 MB）。

就业赛道现场比赛环节设主题陈述、综合面试、天降录用通知三个环节。

（1）主题陈述（7 分钟）：选手借助 PPT 和视频，陈述个人求职意向和职业准备情况，展示通用素质与岗位能力。

（2）综合面试（8 分钟）：评委提出真实工作场景中可能遇到的问题，选手提出解决方案，评委结合选手陈述自由提问。

（3）天降录用通知（3 分钟）：用人单位根据选手表现，决定是否给出录用意向，并对选手点评。

拟参加比赛的同学，可以结合自己职业体验、顶岗实习和求职准备积累参赛素材。这部分要特别注意以下三点。

（1）必须通过实际体验了解目标岗位要求。

（2）必须根据目标岗位要求准备求职简历和辅助证明材料。

（3）必须结合目标岗位的通用素质和胜任力要求准备主题陈述和综合面试。

课程思政活动

小陈是深圳某大学计算机科学与技术专业的应届毕业生，他通过企业网站求职成功，现为中兴通讯股份有限公司的软件开发人员。

提起自己的应聘经历，小陈认为，首先要对将要从事的行业以及行业里面的公司做到心里有谱，要弄清楚自己到底想要什么样的工作，由于他的专业是计算机科学与技术，自己也对此专业比较感兴趣，所以他就只针对 IT 企业或互联网企业投递简历。

小陈的面试机会几乎都是通过网申获得的。他建议如果公司在自己所在的城市，不妨自己带份简历直接到心仪的公司去寻找机会。除了关注网络外，小陈还提到可以充分运用自己的人际关系网络，如已在公司就职的师兄师姐等。

小陈说，在投递简历时要针对性提供资料，重点突出、表达清晰。他提醒大家网投时不要只用附件，因为招聘方根本就没时间打开附件，而要把亮点放在第一页，把能做的事情放在企业招聘者第一眼就可以看到的地方。小陈还特别提到，由于现在网上申请系统大都是由程序来筛选简历的，所以出错率会比人工高。在网络投递

简历时多提及这个职位要求的关键词，如精通C++，熟悉Java等，这样在筛选的时候被程序选中的概率会提高。另外，如果网投被刷，这并不证明自己的能力不行，只是与该企业该岗位不匹配而已。最后，他提醒大家真实和诚实是必须遵守的求职法则。

思考题：

（1）为什么说真实和诚实是必须遵守的求职法则？

（2）职业人应该具备哪些道德素养？

（3）小陈认为求职可以利用哪些人际关系？

（4）本案例对你有哪些启发？

形成性训练

一、思考题

（1）如何看待当前国内外的就业形势？

（2）如何理解国家的就业促进政策和高质量就业政策？

（3）如何理解就业信息的作用？

（4）当代大学生应该树立哪些就业观念？

（5）如何看待远程办公和灵活就业方式？

二、撰写行业调查报告

（一）分析所处行业的发展状况

结合自己所学专业，分析自己所处行业的发展状况，探索自己感兴趣的行业乃至职业的就业形势，具体如下。

（1）调查分析感兴趣行业的发展状况及前景，形成调查报告。

（2）调查分析感兴趣职业的发展要素及前景，形成调查报告。

（3）对本专业往届毕业生的就业情况进行调查，形成调查报告。

（二）分析提示

（1）分析行业的发展状况及前景时，不仅要关注宏观发展趋势，而且要注意选取该行业具有代表性的企业进行具体调查分析。

（2）职业发展的调查报告应包括该职业目前的发展状况、薪酬动态、社会需求及就业现状、职业素质要求及行为规范、入职途径及能力提升等方面。

（3）分析本专业往届毕业生的就业状况之前，先思考要分析的角度和所涉及的具体方面，可设计调查问卷，开展有针对性的调查。

三、就业困难帮扶

组成就业困难帮扶活动小组，每个人分享自己面临的就业困境和疑惑，并在小组讨论中思考通过哪些相关的政策和措施能够解决这些问题。方法建议如下。

（1）说出自己的困难。

（2）通过小组头脑风暴，寻找解决问题的办法。

（3）在白板上写出解决思路。

（4）在白板上列出相关政策。

（5）确定解决办法。

（6）制订和实施行动计划。

（7）总结反思。

四、就业政策梳理

大学生就业政策涉及大学生就业的方方面面及诸多细节，目前，各省市在国家大政策的基础上，分别出台了相关的具体政策措施。作为大学生，了解自己所处具体环境的政策措施及细节，可以更好地指导自己的求职择业活动。方法建议如下。

（1）梳理你所在省、自治区、直辖市的就业政策。

（2）思考哪些政策对毕业后的就业有帮助。

（3）梳理目前国家、省、自治区、直辖市关于创业的政策和法规。

（4）讨论政策带来的创业机会。

（5）讨论符合高职大学生的创业项目。

第六章

岗位认知与职业发展

学习目标

（1）理解岗位的概念和要求。

（2）能够从招聘启事和岗位说明中认识岗位。

（3）能够从行业和企业发展中认识岗位。

（4）掌握职业胜任的概念和要求。

（5）能够结合学习和实践提升个人通用素质和岗位胜任能力。

（6）能够有意识地结合国家发展需要来提升个人职业发展潜力。

导入案例

小王是某院校的学生，即将面临毕业和找工作。在大学期间，他没有确定自己的职业发展方向，因而面对众多岗位时感到迷茫不已。恰巧在一次校园招聘会上，小王遇到了一家知名企业的招聘代表，他向小王详细介绍了公司的各种岗位和职业发展路径。这让小王意识到，他要先了解不同岗位的要求，才能做出自己的职业发展选择。

第一节 岗位认知

岗位是企业根据生产实际需要而设置的工作位置。企业根据劳动岗位的特点对上岗人员提出的综合要求形成了岗位规范，这构成了企业劳动管理的基础。在个人职业发展过程中，了解和认识不同岗位是至关重要的。这有助于大学生更好地了解职业和职业发展，并在此基础上选择更加适合自己的职业发展方向。

一、从招聘信息看岗位

招聘启事是用人单位面向社会公开招聘所需人员最重要的信息，是向应聘者公开告知招聘需求的方式。从招聘启事中了解岗位要求，是求职者准备简历和面试的重要步骤。为帮助大学生更好地了解岗位和实现就业，下面就介绍几个从招聘启事中认识岗位的具体方法。

（1）仔细阅读职位标题。职位标题通常会直接说明这个岗位的主要职责和所需的技能或经验。例如，“高级软件工程师（Java）”这个职位标题就明确指出了该岗位需要 Java 相关的技能。

（2）认真分析职位描述。仔细阅读职位描述部分，了解这个岗位的主要职责和日常工作内容。注意关键词和短语，如“负责项目的需求分析”“管理跨部门团队”等，这些都可能是该岗位招聘的核心要求。

（3）关注任职资格要求。任职资格要求部分通常会明确列出所需的学历、工作经验、技能和证书等。注意是否有特定的行业或领域经验要求，以及是否需要特定的技能或证书。

（4）理解公司文化和价值观。在招聘启事中，有时公司会提到自己的文化和价值观。理解这些信息有助于判断这个岗位是否适合自己，并能在面试中展示自己对公司的了解。

（5）注意软技能要求。除了硬技能，如编程、设计等外，招聘启事中还可能提到一些软技能，如沟通能力、团队协作能力、解决问题的能力等。这些软技能在面试中同样重要，因此需要准备相关的例子来展示你的能力。

（6）研究岗位在公司结构中的位置。如果可能的话，可以了解一下这个岗位在公司组织结构中的位置，以及它与其他部门或岗位的关系。这有助于你更好地理解这个岗位在整个公司运营中的作用。

（7）解读隐藏信息。有时招聘启事中可能会有一些隐藏的信息或暗示。例如，如果职位描述中提到了“快速变化的环境”或“高压工作”，那么这可能意味着这个岗位需要应对较大的工作压力和挑战。

二、从岗位说明看岗位

一份完整的岗位说明书通常由工作描述和工作规范两部分构成。工作描述是关于任职者所从事的工作本身特性的信息，包括岗位名称、工作目的、工作职责与任务、工作联系、工具和设备、绩效标准、权限岗位的晋升与替代、工作条件等。工作规范是指特定岗位对任职者胜任特征的基本要求，主要包括任职者应具备的教育背景、工作经验、知识技能、个性特征、身体要求等。从岗位说明书认识岗位，需要特别注意以下几个问题。

（1）仔细阅读岗位概述。岗位概述通常位于岗位说明书的开头，它简要介绍了该职位的主要工作内容和目的。仔细阅读岗位概述有助于你快速了解该职位的核心职责。

（2）深入分析主要职责。仔细阅读并列出岗位说明书中的主要职责部分，这些职责将告诉你日常工作的内容，以及该职位的工作重心。

（3）关注所需技能。岗位说明书中通常会列出岗位所需的技能，包括专业技能和通用技能，这些技能是完成职位职责所必需的。

（4）理解资格要求。资格要求部分会明确列出岗位所需的学历、工作经验、专业背景等。这些要求是该岗位的基本门槛，你需要确保自己符合这些要求。

（5）注意工作条件。岗位说明书中可能还包含工作条件的信息，如工作地点、工作时间、出差要求等。这些信息对于判断该职位是否适合你非常重要。

（6）理解职位的发展前景。如果岗位说明书中提到了该职位的发展前景或晋升机会，这将有助于你了解该职位的长期价值和潜在的职业发展路径。

（7）关注绩效标准。某些岗位说明书可能会提及绩效标准或期望成果。这些信息将帮助你了解该职位的工作目标和期望，以及如何评估员工的表现或成果。

三、从行业和企业看岗位

要全面了解岗位要求和岗位发展，还需要了解岗位所在的行业和企业。因为任何岗位都有其依附的行业和企业，都有其产生和发展的历史。通过了解目标岗位所在的行业和企业，可以更全面地了解目标岗位的社会价值和发展前景，以及该岗位工作可能给个人带来的社会身份、经济回报和职业发展前景。

（一）从行业发展看岗位

了解目标岗位，首先需要对其所处的行业进行深入了解和分析，包括所属行业的发展状况、发展趋势、行业规则及行业管理措施等。比如，从事金融行业，需要了解该行业的特点和规范，国内外发展状况及相关政策。从事美容美发行业，需要了解该行业国内及本地区的发展状况，国际国内流行趋势，先进的美容技术，行业规范和管理制度等。从事服装行业，需要了解服装行业的发展趋势，流行色和流行款式，服装技术发展潮流等。

家有家法，行有行规。进入一个行业，还需要了解行业的法律法规和政策，这样才能知道什么事情能做，什么事情不能做。而行业的法律法规和政策，又是随着时代的发展和社会的进步不断成熟完善的，为确保其员工能够及时了解行业法律法规和政策的变化，企业会定期对员工进行相关培训和指导。即将进入某行业的新人或想要了解某行业的大学生，也要及时了解该行业法律法规和政策的变化，避免因掌握的信息陈旧而误读行业。

（二）从企业发展看岗位

了解目标岗位，还需要认真分析其所在企业的发展历史、现实状况、公司章程、工作纪律、服务规则、奖励办法和薪酬待遇等，只有这样才有可能对公司的现实处境和未来发展前景进行正确判断，进而对个人能否融入企业和胜任岗位要求做出正确评估。

在激烈的市场竞争中，企业为了保持竞争优势，需要不断升级岗位要求。这就要求员工不断提升自己的专业技能和综合素质，以适应企业的发展要求。同时，企业也需要根据市场和自身的发展情况，不断调整和优化岗位要求，以吸引和留住优秀的人才。

案例分析

了解岗位要求，调整目标再“出发”

小扬，30岁，毕业后，在一家纸品厂担任检测员的职位。除了完成本职工作，她还协助厂内的人事行政部门策划和组织了很多活动。小扬在工作之余，通过自学和参加成人教育课程，成功拿到了人力资源管理专业的成人本科学历。渐渐地，她

对人事工作产生了极大的兴趣，但一直无法下定决心是否就此转岗。

2021年10月，她所在的纸品厂面临倒闭，她被迫失业了。借此机会，小扬打算转岗，向几家企业的人力资源岗位投递简历后却杳无音信，眼看一起失业的几个同事都陆续找到了工作，情急之下她找到了社区的职业指导人员寻求帮助。

举止大方的小扬，向职业指导师介绍了自己的职业规划：如果继续从事质检工作，以她十余年的工作经验不会再考虑一线岗位，今后的目标是往管理层发展。特别是这几年人事方面工作的涉及，让她对人事工作充满了热情与期待，所以她失业后寻找的都是人力资源方面的岗位，而且都是500强或大型知名企业，在她看来只有这样的企业才能让她在岗位上学到更多的知识，也有利于今后自身的职业发展。

针对小扬的情况，职业指导师从以下几个方面给出了建议和指导。

借助测评软件明确求职目标

根据霍兰德职业兴趣测试结果显示，小扬偏向于ESC型人格，这类人格适合的职业有商业经理、办公室主任、人事负责人、调度员等。结果显示，这与小扬自身的求职目标不谋而合。由此可见，近阶段人力资源岗位对于小扬来说是可以考虑的转岗目标之一。

优化简历提高求职成功率

简历是求职过程中必不可少的“敲门砖”，同时也是非常重要的“第一印象”。小扬的简历较为普通，因其仅有一段质检的工作经历，虽然能带给企业较为忠诚的职业态度，但针对人力资源岗位，这样的简历没有任何优势。职业指导师建议她在工作经历中丰富自己协助人事部门开展工作的描述来吸引HR的注意，从而提升被选中的概率来获得面试机会。

结合实际合理设定求职期望值

小扬在与指导师的交谈中多次提到她想进入大企业学习人事方面的知识，这类企业在人事方面有较为规范的管理和制度，对自己深入掌握这个岗位知识有更多的帮助。事实上，小扬在规划自己的求职目标时并没有考虑到岗位自身的情况，很多企业在招聘人力资源岗位时都偏向于有类似工作经验的人，更何况大型企业在专业知识上有更高的要求。显然，小扬的工作经历并不符合她所应聘的企业要求，职业指导师建议她不妨先从规模较好的民营企业入手，积累这方面的工作经验后再考虑往大型企业发展。

小扬在听取了职业指导师的建议后，改变了原先的求职策略，修改了自己的求职简历，并转投区内规模尚好的民营企业来积累人事方面的经验。没过多久职业指导师就收到了小扬的入职消息，目前她已在新岗位上工作3个多月了，在职业指导师的帮助下，她也慢慢了解了一些政府平台的招聘网站和渠道，同时积极参与各类政策培训会来强化自身的业务水平。这段时间她也为公司招聘到了不少优秀的人才，对人事方面的工作有了更深的认识和了解。她说这份工作不一定是她的最终目标，但这份工作经验一定是她今后职业发展道路上不可或缺的部分。

思考题

（1）你是否认同小扬在工作之余考取了人力资源管理专业的学历？

（2）你认为小扬对人力资源岗位的认识是否正确？

（3）如果你是小扬，你会寻求职业指导师的帮助吗？

（4）你是否认同职业指导师对小扬的指导？

（5）本案例对你有哪些启发？

拓展阅读

高薪诚聘公告

本公司是专业从事泵类产品及给水排水设备生产经营的企业，业务遍及各行业，在国内已有相当的知名度，下属的公司、办事处遍及十几个大城市。为进一步拓展国内市场，将公司发展成为中国制泵行业的领军企业，经市人事局同意，诚聘优秀人才，具体招聘岗位如下。

★分公司（部）经理 5 名：40 周岁以下，大专以上学历，五年以上销售经验，两年以上销售管理经验，有管理才能，身体健康。

★高级业务代表 30 名：35 周岁以下，大专以上学历，两年销售经验，熟悉给排水专业知识者优先。

★广告策划 1 名：40 岁以下，美术相关专业，五年以上工作经验，具有平面设计、CI 策划经验，有创意制作能力，身体健康。

★会计 1 名：40 岁以下，大数据会计相关专业毕业，三年以上工作经验，熟悉会计相关业务，了解国家相关税务法规，身体健康。

以上人员需具有敬业、创业精神，勤奋踏实，有强烈的责任心、事业心和开拓精神，吃苦耐劳、刚毅顽强。应聘者经公司培训考核后，一经录用，待遇从优。业务代表待遇底薪 1800 元 + 佣金 + 良好的晋升机会。凡有志者，请将个人资料（学历复印件、身份证复印件、简历、工作业绩、一寸近照一张、联系电话等）寄至本公司行政人事部。初选合格者即通知面试，未接到通知者应聘材料恕不退还。欢迎全国精英来信应聘。公司将为您提供创业沃土，共图公司大业。

地址：×× 市 ××× 路 ××× 号。

邮编：××××××。

电话：××××××××××××。

第二节　职业胜任

职业胜任是指在职业活动中，个人能力和人格等品质能够满足职业要求的状态。在当今竞争异常激烈的就业环境中，不断提升职业能力是保持竞争力和适应职业发展的关键。因此，大学生只有不断提升职业能力，满足用人单位的职业要求，才能在激烈的就业竞争中胜出，从而在未来的职业活动中获得优秀的工作成绩。

一、胜任特征

胜任特征这个概念是由哈佛大学教授戴维·麦克米兰于 1973 年首次提出来的，他将胜任特征定义为能够区分在特定工作岗位和组织环境中绩效水平的个人特征。不同工作岗位的胜任特征是不同的，概括下来包括以下四个方面。

（1）知识水平。无论从事何种职业，都需要具备一定的相关知识。不同职业所要求具备的相关知识不同。要想很好地完成一个岗位的工作任务，就必须掌握生产活动中所涉及的相关知识。这些知识囊括很多方面，如岗位作业的流程和程序，涉及人对机械、人对人、人对事物的各种相关关系和正确处理的方式和方法等。

（2）职业技能。在心理学中技能被定义为“通过学习而达到的一种熟练行动”。一般来说，可以将技能区分为动作技能和心智技能。动作技能是指人体所做的一系列操作性的实际动作，如机械操作、汽车驾驶等。心智技能是指借助内部言语在头脑中进行认知活动的方式，涉及感觉、知觉、记忆、想象、思维等心理活动，以抽象思维为主。

（3）个人特质。个人特质是一种相对持久的个体行为特征。通常可以将个人特质分为自我形象和社会角色。自我形象是个体对自己身份、个性和价值的概念，是人们对自己的知觉和认识，包括个人的价值观、对人或者对事的态度和看法。社会角色是一种因为属于某种社会团体或者组织而得到强化的个体行为方式。目前测量个人特质最主要的内容就是职业人格。

（4）动机水平。动机是指在特定领域内，驱动、指导、选择个体行为的思想。动机是一种潜在的需求，它能驱使个人进行选择或者用以引导个人的行为。动机可分为内部工作动机和外部工作动机。内部工作动机是指因为工作本身具有挑战性、趣味性等而使得个体产生的工作愿望，这种愿望的产生由工作本身决定。外部工作动机是指工作愿望不是由工作本身产生的，而是由工作以外的因素，如报酬、社会承认度等其他与结果相连的因素产生的。

职业胜任是一种潜在的、持久的个人特征，它与一定工作中的优秀绩效有着很强的因果关系。职业胜任是基于工作情景本身建立的，所有工作都有相对特定的工作情景。可以将职业胜任与工作分析结合在一起，通过工作分析去研究职业胜任。

二、通用素质

通用素质是指个体在多个领域和情境中都能展现出的基本能力和品质，这些素质通常不局限于某一特定职业或行业，而是具有普遍适用性和跨领域性。通用素质的培养对于个人的全面发展至关重要。它们不仅有助于个体在职业生涯中的成功，而且有助于个人在日常生活和社交中的表现和适应。

（一）职业精神

职业精神是与人们的职业活动紧密联系、具有职业特征的精神与操守，体现了从业者对工作的敬业、勤业、创业和立业态度。职业精神是对职业的热爱和敬畏，能够激励我们全身心投入工作，不断追求更高的职业境界。职业精神的主要内容包括以下五个方面。

（1）敬业。敬业是从业者基于对职业的敬畏而产生的一种全身心投入的、认认真真、尽职尽责的精神状态。它意味着对工作的认同感、责任感和对提升工作质量和效率的追求。

（2）勤业。勤业是指从业者对自己的工作充满热情，愿意投入大量的时间和精力，以求达到最佳的工作效果，以及勤奋努力、不怕困难和勇于面对挑战的工作状态。

（3）精益。精益是从业者对每件产品、每道工序都凝心聚力、追求极致的职业品质，以及在工作中精益求精，不断追求卓越，通过持续努力和改进达到更高的工作标准和质量。

（4）专注。专注是“大国工匠”必须具备的精神特质。表现为在工作中能够全神贯注，不受外界干扰，始终保持对工作的专注和热情。

（5）创新。创新是职业精神的重要组成部分，要求从业者不断学习新知识、新技术，勇于突破自我，推动工作的改进和发展，以及行业和社会的进步。

（二）心理素质

心理素质是指个体在遗传基础之上，通过后天环境与教育的影响，经过主体实践训练所形成的性格品质与心理能力的综合体现。它对大学生处理复杂多变的工作环境和人际关系，以及实现个人全面发展具有至关重要的影响。心理素质主要由以下四个方面组成。

（1）心理潜能。每个人生来就具有优秀的潜能，潜能是人的心理素质乃至社会素质赖以形成与发展的前提条件或某种可能性。

（2）心理品质。良好的心理品质包括自知、自信、自强、自律、乐观、开朗、坚强、冷静、善良、合群、热情、敬业、负责、认真、勤奋等。

（3）心理适应能力。心理适应能力包括感知世界、认识自我、人际交往、心理应变、竞争协作、承受挫折、调适情绪、控制行为等能力。

（4）内在动力。内在动力是指驱动个体成长的内在力量，它包括对成功的追求、合理的需要、适度的动机、广泛的兴趣、适当的理想和科学的信念等。

（三）思维能力

思维能力是指人们在工作、学习、生活中遇到问题用到的能力，它是通过分析、综合、概括、抽象、比较、具体化和系统化等一系列过程，对感性材料进行加工并转化为理性认识及解决问题的过程。思维能力主要包括以下四个方面。

（1）逻辑推理能力。逻辑推理是指从已知的判断中推理出一个新判断的思维形式。这种能力对于解决复杂问题、进行科学研究以及日常决策都至关重要。

（2）空间思维能力。空间思维能力涉及对形状、大小、位置、方向等空间关系的理解和推理。它对于解决涉及空间关系的问题非常重要。

（3）批判性思维能力。批判性思维是指个人独立判断所学东西的真实性、精确性和价值，从而对做什么和相信什么做出合理决策的思维活动。

（4）创造性思维能力。创造性思维是指能产生新的思维成果，具有独创性的思维。它能帮助人们打破传统框架，提出新颖的解决方案。

（四）沟通能力与协作能力

良好的沟通能力与协作能力是在任何职业中都至关重要的技能。它包括以下四个方面。

（1）有效表达观点，即拥有清晰明了的表达能力。例如，在团队会议上能够清晰地陈述自己的想法，并且使他人容易理解。

（2）倾听他人，即拥有倾听并理解他人的能力。例如，在与客户沟通时，能够仔细倾听客户需求，从中获取关键信息。

（3）解决冲突，即拥有能够以积极的方式处理和解决各种冲突的能力。例如，在团队项目中，处理团队成员之间的分歧，促进团队达成一致。

（4）团队合作，即拥有能够有效地与团队成员合作，共同达成目标的能力。例如，在团队项目中主动协助其他成员，共同完成任务。

（五）执行能力和领导能力

执行能力和领导能力是职业胜任不可或缺的两种能力，在现代组织管理中占据着举足轻重的地位。执行能力是指个人或组织完成目标过程中所展现的效率和效果。领导能力是感召和激励他人共同开创事业的能力。它们涵盖了以下六个方面。

（1）完成任务的意愿和能力。这是执行力的基础，指的是个人或团队对于达成目标的积极态度、内在动力，以及完成任务所需要的知识能力。

（2）制订计划的能力。明确的目标和详细的计划是提高执行力的关键。在制订计划时，需要考虑目标的明确性、可行性和实时性。

（3）克服困难完成任务的能力。克服困难完成任务是执行力的本质特征，坚持执行计划和不断推动工作前进是提高执行力的有效方式。

（4）团队合作能力。团队合作能力是指在团队中与其他团队成员相互理解、相互协作和互相扶持的能力。通过加强团队合作可以共同完成任务，提高整体执行力。

（5）决策能力。决策能力是指能够制定符合组织长远发展的战略和规划，并在重大选择面前做出重要决定的能力。它需要开阔的视野和强大的分析判断能力与选择能力。

（6）管理能力。管理能力是指有效地管理组织资源，包括人力、物力、财力等，以及妥善地协调各方面关系，以确保组织正常运行的能力。

三、胜任能力

岗位胜任能力是指个体在特定工作岗位上成功完成工作任务、实现工作绩效目标所必须具备的知识、能力和个人特质。它使个体能够胜任岗位要求，并在工作中表现出色。影响个体岗位胜任能力的因素很多，对高职院校的大学毕业生来说，最重要的是专业能力、实习实践经历和问题解决能力。

（一）专业能力

专业能力通常指的是一个人在特定领域或职业中所具备的知识、技能和经验，这些能力使得他们能够高效、准确地完成工作任务。以下是关于专业能力的三个要点。

1. 知识

（1）专业知识：特定领域或行业的深入理解和研究。

（2）行业知识：了解行业的最新趋势、标准、法规和政策。

（3）跨学科知识：掌握多个学科或领域的知识，有助于在复杂环境中解决问题。

2. 技能

（1）技术技能：在特定领域或行业中使用的具体工具、软件或机器的操作能力。

（2）沟通技能：有效地与他人交流，包括口头和书面表达能力。

（3）团队协作技能：在团队中有效合作，共同完成任务。

3. 经验

通过实际工作积累的经验，包括解决问题、应对挑战和完成项目的经验，以及从过去的经验中学习和成长，不断改进自己的工作方法和技能。

提升专业知识与技能、获得行业认证与职业资格，以及进行技术进修与继续教育是我们在职场中保持竞争力的关键。通过不断学习和实践，我们可以不断提升自己的专业素养和能力水平，为未来的职业发展打下坚实的基础。

（二）实习实践经历

实习实践经历是提高岗位胜任能力的重要途径。通过实习，大学生可以深化专业知识、提升职业技能、提高问题解决的能力、培养团队协作和沟通能力、增强职业素养、建立职业网络以及增强自我认知。这些能力的提升将有助于学生在未来职业生涯中更好地适应岗位要求，从而实现个人和组织的共同发展。

（1）深化专业知识。通过实习，学生可以将课堂上学到的理论知识应用于实际工作中，从而深化对专业知识的理解。这种实践经验有助于他们将抽象的理论转化为具体的实践技能，为未来职业生涯奠定坚实的基础。

（2）提升职业技能。实习期间，大学生将有机会接触并使用行业内的专业工具和技术，学习并掌握各种职业技能。这些技能是岗位胜任能力的重要组成部分，对于提高工作效率和绩效至关重要。

（3）增强职业素养。通过实习，大学生可以更加深入地了解行业文化和职业规范，并逐渐培养出符合职业要求的工作态度、职业道德和职业行为。这些职业素养对于他们在未来职业生涯中保持专业性和竞争力至关重要。

（4）培养协作能力。实习通常是在一个团队环境中进行的，需要与同事、上级和客户进行频繁的沟通和协作。这种经历有助于培养大学生的团队协作精神和良好的协作能力，使他们能够更好地融入团队，发挥个人优势，实现共同目标。

（5）增强自我认知。实习经历可以帮助大学生更加深入地了解自己的兴趣、优势和不足。通过反思和总结实习经验，他们可以更加清晰地认识自己的职业目标和发展方向，为未来职业生涯做出更加明智的决策。

（三）问题解决能力

问题解决能力是指个体在面对挑战、困难或复杂情境时，能够识别问题、分析原因、提出解决方案并有效实施的能力。这种能力对于个人和组织在日益变化的环境中保持竞争力和适应性至关重要。

1. 问题解决能力包括的关键步骤

（1）问题识别。首先需要敏锐地识别出存在的问题或挑战。这可能涉及观察、搜集信息和数据分析等技巧，以确定问题的本质和影响。

（2）问题分析。识别出问题后需要深入分析问题的原因、影响因素和可能的后果。这通常涉及逻辑思维、批判性思维和系统思考等能力，以便全面理解问题的复杂性和关联性。

（3）方案生成。在分析问题的基础上，需要创造性地提出解决问题的方案。这要求个体具备创新思维和想象力，能够产生多种可能的解决方案，并考虑各种方案的可行性和效果。

（4）方案评估。在生成多个解决方案后，需要评估每个方案的优缺点、风险和潜在影响。这涉及权衡利弊、预测结果和评估资源等能力，以便选择最佳或最合适的解决方案。

（5）方案实施。选定解决方案后，需要将其付诸实践。这要求个体具备执行力和团队协作能力，需要按照计划实施解决方案，并监控进度和效果。

（6）评估反馈。在解决方案实施后，需要评估其效果和影响，并根据实际情况进行调整和改进。这涉及反思、学习和持续改进等能力，以便不断优化问题解决的过程和结果。

2. 为了提升问题解决能力可以采取的措施

（1）学习相关的知识和技能。通过学习和掌握相关的知识和技能，可以提高识别和分析问题的能力，为解决问题提供有力的支持。

（2）培养创新思维。通过参加创新训练、参与项目实践等方式，培养自己的创新思维和想象力，以便在解决问题时能够产生多种可能的方案。

（3）锻炼实践能力。通过实际操作和项目实施等方式，锻炼自己的执行力和团队协作能力，以便在解决问题时能够顺利实施方案。

（4）寻求反馈和持续改进。在解决问题的过程中，积极寻求他人的反馈和建议，并根据实际情况进行调整和改进，以不断优化自己的问题解决能力。

案例分析

职场新人的跳槽经历

娟娟高职毕业后，在一家大公司找到一份文员的工作，虽然这工作没有多少含金量，工资也不高，但好在舒适又体面，也不用承受太大压力。

初入职场，有很多东西要学，娟娟也算勤勤恳恳。可是一年以后，一切都熟悉了，她就觉得工作跟玩似的，无非就是做做表格，复印一些文件，帮领导跑跑腿，无聊又无趣，根本没有任何上升空间。

眼看着同时入职的新人一个个升了职加了薪，或者变成部门里的骨干，可娟娟还是拿着当初的薪水，还是一个无关紧要的人物。很多次，她想要调岗，去做物流，或者跑销售，但一打听，这些工作都挺累，加班是常态，更别想有时间坐在办公室里聊天。让她放弃目前舒适的工作去受罪，实在不甘心，于是，娟娟只得一边羡慕别人一边纠结。

娟娟在文员的岗位上一干就是三年，后来部门大换血，新的领导带来了新的文员，无奈，她只得接受人事部的调岗决定。好在，有几个岗位可以选择，最终她选择做计划员，这份工作虽然不及文员轻松，但含金量颇高，很受公司重视，而且工资也高出很多。

刚开始，娟娟觉得自己因祸得福，一次人事变动，让自己有了更好的工作，可是好景不长，很快她就开始叫苦不迭了。这份工作要求她了解公司产品，随时跑生产现场，和各个部门协调，还有大量的数据录入工作，忙得她脚不沾地、焦头烂额，别想坐下来聊天休息，连喝口水的时间都没有，就连周末，也是电话不断，还都是些急需要处理的棘手问题。

两个月下来，娟娟人瘦了一圈，她觉得自己天天都被放在火上烤，想想觉得真不划算，还不如做文员呢，于是打了辞职报告，重新在另一家公司找了一份文员的工作。虽然偶尔也会羡慕别人拿高薪，嫉妒别人升职，但她再也不敢轻易换工作了。

和娟娟比起来，小妮的运气似乎要差一些。高职毕业后，她一直找不到合适的工作，最后，不得不在一家小公司做销售。作为一个没经验没背景的新人，最初的艰辛可想而知。每天天不亮就起床，一边吃早餐一边在脑海里演练和客户见面的情景，坐公交还在翻看客户资料，打电话说到嗓子哑，感冒了还得出差。

如此辛苦，头几个月也没多少业绩，还经常被其他同事抢单。小妮觉得特别委屈，无数次萌生辞职的念头，但转念一想，连个普通的销售员都做不好，还能做什么呢？天底下又哪有轻松挣钱的工作？无路可退，只得咬牙坚持。慢慢地，她积累了不少客户，也适应了职场上的激烈竞争，不再觉得苦累，之后她凭着骄人的业绩，做了部门主管。

后来，小妮不想过这种无规律的生活，于是主动申请了调岗，到人事部做个小职员。虽然新工作需要从头学习，但尝试过销售，这点困难根本不算什么，她不但很快胜任，还一路坐到了经理的位置。

再后来，小妮跳槽到一家大公司，职位薪水都很高，完成了职场上的华丽转身。

思考题

（1）娟娟在做文员的三年中为什么没有选择“跳槽”？

（2）娟娟做了两个月计划员后为什么会选择“跳槽”？

（3）如果你处在娟娟的位置，你会“跳槽”吗？

（4）小妮的职业发展为什么会越来越好？

（5）本案例对你有哪些启发？

拓展阅读

如何培养沟通能力

沟通一般指人与人之间信息的传递与交流过程，沟通能力是现代人最基本的职业核心能力。沟通包括语言沟通和非语言沟通，语言沟通主要包括口头和书面语言沟通，而非语言沟通则主要包括声音、语气、肢体动作等方面的沟通。沟通能力的培养是个知行结合的过程，它需要我们特别注意以下几方面内容。

尊重差异

在一个文明的社会里，只要个人的行为不妨碍社会的健康发展，不妨碍他人的生活，它就有存在的权利，任何人都没有权利也不可能消除这种差异。因此，我们不能指望得到每个人的认可，不可能与每个人都成为知心的朋友，你也不可能喜欢所有的人，你可以不欣赏、不喜欢某个人，但是你不能歧视他，他只是和你不同而已，你要尊重这种不同。我们也不能在与别人交往中，一味地迁就别人，从而丢掉自己的个性。古人语：“君子和而不同”，意思就是有差别才会和谐。人与人的交往贵在求同存异。

学会换位思考

我们要想与别人进行良好的沟通，首先要理解别人。而最好的方式就是先转换立场，站在对方的立场上来看、来听、来理解事情。当你能够设身处地地站在对方的立场上来看待事情，那么你就可以很容易地找出双方的共同点。这时，你不仅能理解对方说了什么，你还会理解对方为什么会这样说。

树立“共赢互利”的观念

我们与他人交往和沟通，最重要的不在于我们怎么说，而往往在于我们是怎么想的、是怎样做的。我们在与他人的互相帮助中增进感情，加强联系。当你为他人带来的价值越来越多时，你也会得到别人越来越多的认同和重视，从而你也就会得到越来越多的帮助。

积极实践

与他人沟通的能力不是只通过阅读或思考就能获得，关键在于学习、生活、工作中多积极主动地与他人进行沟通交流，这样得到锻炼的机会也就越来越多，获得的感受和经验也就越来越多，与人交往和沟通起来也就越来越游刃有余、得心应手。我们可以多参加社会实践、团体活动、小组讨论、演讲比赛等。特别要注意的是，现在手机的高度普及和互联网的发达，导致很多人都喜欢用手机或电脑进行非面对面的沟通。但是，我们在充分利用移动互联网等新兴渠道与人沟通时，也要注意人与人的沟通要想进一步深入，往往面对面的方式更容易得到信任。我们既要走出书斋，多与社会进行沟通；也要抛开手机，多与人进行面对面的沟通。

第三节 职业发展

职业发展既是个体在职业生涯中的成长、进步和转变过程，也是个体与组织相互作用、相互适应的过程。近年来，许多有远见的企业纷纷开始关注员工的职业发展，他们采取创新的人力资源管理方式，在帮助员工实现个人职业发展的同时，也实现了企业自身的稳定发展。

一、人才培养计划

在企业众多的员工帮助计划和组织发展计划中，“实习生计划”和“管培生计划”无疑是最引人关注的两项。在这两项计划的实施过程中，企业虽然投入了大量的人力物力，但也都在不同程度上，促进了员工队伍的稳定发展。

（一）实习生计划

实习生计划是指帮助实习生在实习期间明确目标、提升技能和积累经验的系统性人才培养计划。它既是企业招聘人才和培养人才的重要通道，也为大学生了解职业、企业和行业，增加社会阅历和实践经验，提升运用所学知识解决实际问题的能力，提供了难得的机会。

1. 实习目的

（1）理论与实践相结合。将课堂所学知识应用于实际工作，增强实习生的专业能力和职业素养。

（2）职业适应性。帮助实习生适应职场环境，增强对未来职业的适应性和责任感。

（3）经验积累。通过实习，实习生可以积累工作经验，丰富简历，提高就业竞争力。

2. 实习内容

（1）专业技能培训。根据实习生的专业和实习岗位，进行专业技能的培训和指导。

（2）职业素养培养。培养实习生的沟通能力、团队合作能力、解决问题的能力等。

（3）实习任务分配。根据实习生的能力和实习岗位的需求，分配具体的实习任务。

3. 实习要求

（1）遵守实习纪律。实习生应按时、按地参加实习，遵守实习单位的规章制度。

（2）认真完成实习任务。实习生应认真完成分配的实习任务，做好实习笔记。

（3）总结反馈。实习生应对实习经历进行总结和反馈，形成实习报告或总结报告。

（二）管理培训生计划

管理培训生计划是企业为了培养和选拔未来的管理人才而设立的一种重要人才战略。通过全面系统的培训和实践机会，管理培训生可以快速成长为具备全面素质的管理人才，为企业的发展提供有力的人才保障。

1. 计划目标

（1）培养具有全面素质的管理人才。通过全面系统的培训和实践机会，管理培训生能快速成长为具备优秀专业知识、良好沟通能力、团队合作意识、创新能力和领导力等全面素质的管理人才。

（2）满足企业人才需求。管理培训生计划是企业为适应市场竞争加剧和迅速变化的商业环境而做出的一种人才战略调整，旨在满足企业对高素质、全面发展的管理人才的需求。

2. 培训内容

（1）专业知识培训。专业知识培训包括深入了解企业所属行业的市场动态、发展趋势和竞争格局；学习如何进行市场调研、数据分析和竞争对手分析；掌握基本的管理理论、方法和工具；了解基本的财务知识、投资分析和风险管理等。

（2）综合素质培训。综合素质培训包括提高口头和书面表达能力，学会有效沟通；培养团队协作精神，学会在团队中发挥作用；激发创新思维，培养解决问题的能力；通过模拟领导情境，培养领导能力和决策能力。

3. 培训形式

（1）理论学习。通过课堂讲授、案例分析、小组讨论等方式，学习管理理论知识和实践技能。

（2）实践锻炼。安排管理培训生参与实际项目，担任一定职责，通过实践锻炼提升能力。

（3）导师制度。为每位管理培训生配备经验丰富的导师，进行一对一的辅导和指导。

4. 职业发展前景

管理培训生计划的培训周期一般为 1 ～ 2 年，完成管理培训生计划后，优秀的培训生将被选拔为企业的中层或高层管理人员，承担更重要的管理职责。同时，企业也会为管理培训生提供广阔的职业发展空间和晋升机会。

二、职业发展路径

职业发展路径是指个人在职业生涯中所经历的一系列职位、职责和角色的变化过程。它通常是根据个人的职业目标、兴趣、能力和市场需求来制定的。职业发展路径可能包括多个阶段，每个阶段都伴随着新的职责、挑战和机会。

（一）职业发展路径包括的类型

（1）专业深化：在某一特定领域内深化专业知识和技能，成为该领域的专家或权威。

（2）管理晋升：通过承担更多的管理职责和领导角色，逐步晋升到更高的管理层级。

（3）跨领域发展：在不同的职能领域或业务部门之间转换，拓宽职业视野和经验。

（4）自主创业：利用自己的专业知识和创新能力，创办自己的企业或开展新业务。

（二）职业发展的不同阶段

在初入职场阶段，应该尽快适应工作环境和团队文化，并积极向同事和领导学习请教。同时，我们还需要不断提升自己的专业技能和综合素质，为将来的职业发展打下坚实的基础。在这个阶段，我们可以主动承担更多的工作任务，通过实践锻炼自己的能力，积累经验。

在职业发展的中期阶段，我们可能已经积累了一定的经验和能力，但仍然应该继续学习和进步。此时，我们可以考虑拓展自己的业务领域和人际关系网络，寻找更多的发

展机会和挑战。同时，我们也需要关注自己的职业瓶颈和局限性，寻找突破的方法和途径。

在职业发展的后期，我们可能已经成为某个领域的专家或领导者。此时，我们应该更加注重个人品牌的塑造和传承，为行业的发展和社会的进步贡献自己的力量。我们可以通过积极参与行业活动、发表专业文章、分享经验知识等方式来提升自己的知名度和影响力。

三、职业发展潜力

职业发展潜力是指个人在未来职业发展中可能达到的潜在高度。它受到多种因素的影响，包括个人天赋、努力程度、教育背景、工作经验、人际关系以及市场环境等。要评估个人的职业发展潜力，可以从以下四个方面入手。

（1）学习能力。个人是否具备持续学习和自我提升的能力，以适应不断变化的市场需求和职业挑战。

（2）适应能力。个人是否能够在不同的工作环境中快速适应并发挥出色，以及是否具备应对职业变化和挑战的能力。

（3）人际关系。个人是否建立了广泛的人脉网络，能够与同事、上级、客户等建立良好的关系，为职业发展提供支持。

（4）创新能力。个人是否具备创新思维和解决问题的能力，能够提出新的想法和解决方案，推动企业或团队的发展。

为了提升职业发展潜力，个人可以采取以下措施：一是持续学习。通过参加培训、阅读书籍、在线学习等方式，不断充实自己的知识和技能。二是拓展人脉。积极参加行业活动、社交聚会等，建立广泛的人脉网络，为职业发展提供支持。三是积极实践。在工作中主动承担任务、参与项目，积累实践经验，提升能力。四是反思总结。定期回顾自己的职业发展过程，总结经验教训，明确未来的发展方向和目标。

案例分析

学生干部小袁的求职和第一份工作

小袁是某职业学院2021届保险专业的毕业生，在大学期间作为学生干部的小袁认真学习专业知识，努力提高自身专业素质，同时他还获得了保险从业人员资格证。在校的时候，他积极参加学校举办的各种比赛，并且取得了不错的名次，各方面的能力都得到了锻炼和提高。于小袁而言，要找到一份稳定的工作并不难。

但事与愿违，从11月求职开始，小袁的求职之路可谓一波三折。在经过几次失败后，小袁找到了一家保险公司，在总部担任助理工作。最初，在学校担任过主要学生干部的经历让他在工作中得心应手，经理颇为欣赏，并将他作为重点培养对象。

后来，经理为了让他积累更多的社会经验，了解保险行业现状，把他调到一线锻炼，直接与客户面对面。小袁不能领会领导的好意，感觉做外勤工作太辛苦，而且自己又没有客户资源，没干几天就辞职了。

思考题

（1）小袁的领导为什么会安排他下基层？

（2）小袁下基层后为什么会辞职？

（3）如果你是小袁，你会如何看待下基层这件事？

（4）如果你是小袁，你会选择辞职吗？

（5）本案例对你有哪些启发？

拓展阅读

如何制订有效的员工专业能力提升计划

随着职场竞争的日益激烈，制订有效的员工专业能力提升计划对于公司和员工都至关重要。以下是一些建议。

（1）明确目标与需求。公司在制订培训计划时，应该首先明确公司的战略目标和业务需求，并结合员工的岗位要求，确定提升的专业领域和技能方向。

（2）个性化规划。不同员工的能力现状和发展需求不同，因此培训计划应该具有一定的个性化。可以通过定期的职业发展谈话或能力评估，帮助员工制订适合自己的提升计划。

（3）提供资源支持。公司可以提供经费支持或学习资源，包括报名费用、书籍、在线课程等，以鼓励员工参与学习和培训。

（4）营造学习氛围。鼓励员工之间相互分享学习经验和资源，可以通过内部分享会、学习小组等形式营造学习氛围。

（5）奖惩机制。可以建立奖励制度，对于完成培训目标或获得认证的员工给予表彰或奖金，以激励他们持续学习和提升。

（6）跟踪和评估。培训计划的实施需要跟踪和评估机制，以及时了解员工的学习进度和效果，从而对计划进行不断的调整和优化。

通过有效的员工专业能力提升计划，公司可以提升员工的整体素质，增强竞争力，同时员工也能获得个人成长和职业发展的机会。

本章小结

本章探讨了岗位认知与能力提升，帮助大学生了解了如何认知不同岗位，提升自己的职业能力，并为未来的职业发展提前做好准备。通过学习不同岗位的职责、发展路径，大学生将更有信心地面对职场挑战，并找到适合自己的职业道路。在接下来的学习和工作中，大学生可以将这些知识运用到实践中，不断完善自己，提升个人竞争力和职业发展水平。

职业规划大赛指导

大学生职业规划大赛就业赛道备赛要点之通用素质提升

按照首届全国大学生职业规划大赛通知要求，就业赛道的评审标准是：通用素质35分（市场营销、公共服务等岗位45分）、岗位认知程度20分（市场营销、公共服务等岗位15分）、岗位胜任能力25分（市场营销、公共服务等岗位20分）、发展潜力10分、实习意向10分。

其中通用素质包括以下几个方面的能力。

（1）职业精神。

（2）心理素质。

（3）思维能力。

（4）沟通能力。

（5）执行和领导能力。

对照上述评审标准，给同学们提出以下两条备赛建议。

一是深刻理解通用素质的内涵、作用、要素和基本要求，并能结合实习和社会实践，有意识地培养个人的通用素质。

二是在实习实践中要注意行思结合，要尽量利用照片、视频、实践日记等方式记录实习过程，并注意通过视频和权威背书来佐证自己的通用素质。

课程思政活动

李强、谭大伟是住在同一个宿舍的学生，他们所学的专业都是市场营销。毕业时，他们在学校的公告栏看到了一家外企的招聘启事，便都邮寄去了自己的求职材料。后来他们都顺利地通过了笔试，并同时收到了面试通知。

面试时，他们被分在两个会议室。

主考官问了李强一系列关于市场营销的问题。李强对答如流，并不时提出自己的新见解，最后得到了主考官的赞赏。在另一个会议室，谭大伟的面试也进行得很顺利，主考官对他的回答也表示十分满意。

在面试就要结束时，主考官向李强和谭大伟提出了同样的问题："对不起，我们公司的电脑出了故障，参加面试的名单里没有你，非常抱歉！"不过，是在不同的会议室里说这句话的。

胜利在望的李强听到了主考官的话后，马上就变得没有了风度。他生气了，质问考官："为什么会出现这样的事，我这么优秀的一个人，在学校里每次考试都是第一名，为什么不能进入面试？这是公司成心在耍我。"

主考官对他说："你先别生气。其实，我们的电脑并没有出错，你以第一名的成绩进入了我们的面试名单。刚才的插曲不过是我们给你出的最后一道题。面对竞争激烈的就业环境时，你感到惶恐和不安是正常的。但是，你的心理承受能力实在是太差了。市场营销部是全公司最有可能经历风险的部门，作为这个部门的高级人员，我们需要有良好的心理素质。我们希望你能找到更合适的工作。"

李强愣住了："前功尽弃了！没想到这也是一道考题！"

而在另一间会议室里，谭大伟在听完了同样的问题之后，面带微笑，十分镇定地说："我对贵公司发生的这个错误十分遗憾，但是我今天既然来了，就说明我和公司有缘分。我想请您给我一次机会。

主考官露出了满意的神情："你真是一个不错的小伙子！我愿意给你这个机会。"

思考题：

（1）李强的面试为什么会失败？

（2）企业更看重员工的哪些品质？

（3）在谭大伟身上有哪些值得你学习的地方？

（4）本案例对你有哪些启发？

形成性训练

一、思考题

（1）如何通过招聘信息了解岗位要求？

（2）什么是岗位说明书，它包括哪些主要内容？

（3）如何通过行业、企业了解岗位？

（4）如何理解胜任特征？

（5）如何提升个人的职业发展潜力？

（6）为什么理解不同岗位的分类和基本要求对于职业规划很重要？

（7）你认为岗位调研和实践在职业发展中起到了哪些作用？请举例说明。

（8）职场文化对于个人的职业发展有哪些影响？

（9）如何提升自己的职场适应能力？

（10）你认为哪些是你目前职业发展中需要重点提升的职业能力？

二、团队活动

大学生的就业竞争力融合了学生自身条件、个体素质、知识技能、就业观念、环境条件等各方面的综合能力。因此，就业竞争力的提升不是一朝一夕或单一环境造就的。

（一）活动说明

成立就业竞争力帮扶小组，以小组为单位完成以下项目。

（1）互相指出组员目前所具备的就业竞争力有哪些？

（2）还需要继续提升的就业竞争力有哪些？

（3）可以通过什么途径提升就业竞争力？

（二）方法策略

（1）采取自评、小组互评的方式对小组成员逐一讨论。

（2）对每个成员提出中肯的意见和有效的建议。

（3）每人撰写一份就业竞争力提升计划。

三、案例学习与分析

以小组为单位，针对以下案例进行学习和分析。

忙碌的假期

两个月的假期对大学生来说无疑是珍贵的休息和放松的时间，但不少大学生选择打工来体验生活。来自某高职的大二学生阿勇，选择在长沙一家公司物流中心的仓库负责货物配送。尽管这份工作和他就读的市场营销专业没有多大的关系，但阿勇仍觉得受益匪浅：“在工作的过程中我第一次了解到商品的标签包含了那么多信息，也第一次学会了怎么和自己的上司和同事相处。”

针对不少用人单位设置的“经验门槛”，大学生在暑期纷纷加入“实习大军”来提前接触社会。阿勇告诉记者：“现在我的很多同学都在企业实习，有的还跑去外省，以寻求一份合适的实习工作。对我们来说，专业对口的实习工作非常宝贵，一个假期的实习有时比在学校一年学的东西还多！”

思考题：

（1）阿勇为什么选择在假期期间到企业实习？

（2）实习能给大学生带来哪些收获？

（3）一个假期的实习真的能比在学校一年学的东西还多吗？

（4）你是否认同阿勇的观点？

（5）本案例对你有哪些启发？

第七章 简历撰写与面试准备

学习目标

（1）了解企业招聘流程和求职资料的作用。
（2）掌握求职简历的主要内容和撰写要求。
（3）能够根据不同岗位的要求撰写求职简历。
（4）能够根据用人单位的要求制作视频简历和材料。
（5）掌握面试的主要类型及其操作程序和操作要领。
（6）能够根据招聘要求和个人实际情况进行面试准备。

导入案例

晓萍是某高职院校现代物流管理专业的大二学生，在学校的就业讲座上首次直面了严峻的就业现实。数据显示，自高校扩招以来，毕业生人数经历了从不足百万到2022年突破千万的巨大飞跃，而2023年高校毕业生预计达1158万人，再创历史新高。在这浩荡的求职大军中，高职学生面临着更为激烈的竞争，他们需要与学历更有优势的本科生、研究生毕业生竞争，如何才能脱颖而出呢？对此，晓萍十分赞同讲座老师的观点，要利用“高职院校重视实践，学生动手能力强”的优势，实施差异化竞争。但是，怎样在求职资料中体现这些优势呢？

第一节 简历撰写

在完成就业信息的搜集和整理之后，求职者就要有针对性地进行求职资料的准备。求职资料是求职者为应聘预先准备的、向用人单位提交的自我推荐材料，通常包括求职信、个人简历、推荐表、成绩表和各类证书、证明等。但在进入互联网时代之后，招聘单位都将网投简历作为了解和筛选求职者的第一步。

一、简历的基本内容

个人简历是应聘者针对用人单位的招聘要求，结合自己的求职意向而精心准备的关于自己学习、生活、工作经历等方面的概括集合。它是应聘者介绍自己、推销自己的工具，也是自荐材料中最为关键的材料。撰写个人简历的目的是将个人情况用最简练的文字展现在招聘者面前，让用人单位对应聘者有一个简要、清晰的总体了解，并初步判断应聘者是否适合特

定的工作岗位和单位需求。个人简历的主要内容包括个人情况、应聘岗位、教育背景、经历等，目的是让用人单位更加具体地了解应聘者的情况，从而有助于应聘者获得面试的机会。

（一）个人基本信息

个人基本信息主要包含应聘者的姓名及联系方式，其主要作用是方便招聘者清楚、简单地知道简历的归属和联系途径。因此，个人基本信息的内容应该简明、直观、清晰。根据情况的不同，个人基本信息分为必要信息和可选信息。其中，必要信息包括姓名、联系方式（手机、固定电话、邮箱、住址）等；可选信息包括性别、年龄、政治面貌、籍贯、民族、照片等。

（二）求职意向

求职意向是个人简历的核心内容，它详细描述了个人希望从事职业的地域偏好、行业领域以及具体岗位。撰写求职意向时，应紧密结合应聘岗位及招聘方的具体要求，语言要精练、概括性要强，避免使用含糊、笼统、毫无针对性的措辞。一份简历尽可能只有一个求职意向，如果我们有多个职业目标，最好分别撰写不同的简历。

（三）教育背景

对于应届毕业生来说，教育背景是个人简历中很重要的信息，主要包括其在大学期间获得的学位、专业和毕业院校等细节。教育背景的罗列一般以时间为顺序，最近的学历放在最前面，最远的学历放在最后，以此类推。教育背景也分为必选信息和可选信息。其中，必选信息包括时间段、毕业院校、专业和所获得的学历等。可选信息包括研究方向、主修课程、辅修课程和成绩排名等。

（四）实践经历

大学生一般没有正式的全职工作经历，但有利用假期等课余时间打工、兼职、实习或积极参与各类性质的社团活动的经历。如果应聘者已有的工作、实习经历或社团经历与其应聘的职位或者公司业务需求相关，则简历通过筛选的概率会大大增加。因为相关的工作实习经历或社团经历往往最能够体现职位要求的技能，如团队精神、组织能力、协调能力、沟通能力、心智成熟度等。所以工作实习经历或社团经历一般来说是简历的重点内容，招聘方在筛选应届毕业生简历的时候，往往首先看其是否有关于实习经历或社团经历的描述。

（五）所获奖项

所获奖项即应聘者的获奖情况，可填写在大学期间所获得的各种奖项。在描写奖励情况时，应特别强调奖励的级别及特殊性，也就是说奖项必须是对应聘很有价值，能够反映外界对自己过去的评价和认可程度。所以最好能够将所获奖励的难度以数字或者获奖范围表示出来，让招聘方明白所获奖励的含金量。

（六）职业技能

个人简历中的职业技能，一般从通用技能和专业技能两个方面进行描述。通用技能中最常见的是英语技能和计算机技能，专业技能主要指与专业或应聘职位有关的技能。至于这些技能达到的水平，最好用等级证书和职业资格证书来说明，如财会专业的学生能够熟练使用财务软件或已获得 ACCA、CPA 资格等。对于专业资格，除了注明专业资格证书名称外，建议再加上获得的年份。

（七）自我评价

自我评价一般只需要应聘者针对其所应聘的职位特点有侧重地列出几条，千万不要全方位地进行罗列。例如，应聘销售岗位应该重点强调自己的沟通能力、抗压能力；应聘行政岗位则应该重点强调自己的细心谨慎，责任心强。

二、简历的撰写原则

应聘者要制作一份优秀的简历以赢得招聘方的青睐，应该在制作个人简历的时候遵循真实性、独特性、相关性及简洁性的原则。真实可信是应聘者诚信的体现，也是个人简历的基础；独特是简历与众不同、脱颖而出的关键；相关是信息准确匹配的保障；简洁是简历发挥有效性的基础。

（一）真实性原则

简历必须客观、真实，既不要夸大，也不要太过谦虚。当然，简历不可能把自己的所有信息都呈现出来，因此要突出自己与岗位要求的匹配性，有重点地描述个人的优势和取得的成绩，但是这种突出和描述都要以真实存在的事实为基础。

（二）相关性原则

相关性是指简历内容必须与所申请岗位的要求密切相关，无关内容不要写入简历。招聘单位 HR 在筛选简历时，通常是用检索关键词的方式进行的。如果你的简历中没有这些关键词，你就很有可能没有被选中的机会。

（三）独特性原则

当简历通过初步筛选进入招聘官审读环节后，简历中比较特殊、与众不同的经历，会特别容易引起其关注。通常情况下，在其他方面比较接近的情况下，那些具有较强独特性的简历，更容易进入进一步的面试环节。

（四）简洁性原则

简历就是简单的经历，招聘中之所以采用这种方式进行初选，就是要在最短的时间里

了解应聘者的基本情况。因此，对于毕业生来说，简历最好就是一页，而且要注意使用简洁、清晰的语言，把最关键的信息呈现出来。

三、简历的撰写要求

从某种意义上说，简历其实就是个人的销售文件，而产品就是你自己。要让招聘单位注意到你的简历，相信你有可能是他们正需要的“产品”，并产生把你叫来面试和“试用”的想法。具体如何做到呢？这就需要你在撰写简历时，如同营销经理一样，针对前面求职准备时了解到的目标岗位的核心要求，运用合适的策略展示自己的优势，包括匹配需求、突出优势、简洁清晰。

（一）匹配需求

不同工作岗位的职责不同，招聘要求也不同，所以不可能仅凭一份简历包“打天下”，而应该根据应聘的岗位进行定制。可以采取以下三种策略，确保简历精准对接招聘需求。

1. 确定目标公司和岗位

简历投递前，要明确个人能力倾向与职业兴趣所在，继而锁定目标企业与具体岗位。只有这样，才能有针对性地撰写出符合岗位要求的简历。

2. 清晰岗位需求

在确立目标后，需要主动调研并解析目标岗位的具体要求，这样才能更好地对症下药。以电子商务运营专员为例，通过招聘简章提取招聘者筛选要点，如图 7-1 所示。

按照职业技能分类，我们可以整理出简历筛选的三个要点。

（1）专业素养。英语四级，熟悉电商平台、互联网知识。

（2）技能经验。PS 及 OFFICE 办公工具的使用能力，中英文写作能力，国际站操作经验，尤其是 SEO 优化实战经验。

（3）个性品质。抗压能力、研究新事物的精神，积极主动、认真负责。

招聘简章是洞察企业招聘需求的直接窗口，是“简历定制”的重要依据。分析招聘简章时，要重点关注“底线要求”与“优先条件”两大板块，因为它们分别标示了求职者的准入门槛与企业偏好。

底线要求是硬性门槛，未达标则会失去面试机会。这些要求通常围绕学历、专业资质、特定技能及工作经验等来设定。对于这部分，确保简历中清晰、准确地反映你已满足所有必要条件，是简历被进一步考虑的前提。

优先条件则体现了企业对理想候选人的期待，如“有办公室装修经验者优先”。此类要求看似非传统，却是简历个性化和差异化的机会所在。例如，即使个人装修经历非职业性质，但通过参与自家装修项目，你可能获得了项目管理、预算控制、供应商协调等间接经验，这些都可视为与岗位需求相关的软技能和经验，应被巧妙融入简历之中。

Name
Profile

简小小-个人简历

应聘:电子商务运营专员

- 具备电子商务运营实习经历
- 具备网络推广及沟通协调丰富经验

联系方式

手 机 (+86) 188 8888 8888
邮 箱 jianxiaoxiao@qq.com
微 信 123456

Experience

05.2014 至今 **简历设计有限公司** 杭州，中国

运营实习生

- 协助运营总监管理 1 家天猫店、2 家淘宝 C 店日常运营工作
- 负责店铺基础管理、活动策划、渠道分销、资源拓展等工作的沟通协调
- 负责每周六团队例会会议纪要，针对客服每周问题进行归纳总结
- 成功将店铺 DRS 从低于行业水平提高到高出行业水平 20%
- 以淘宝后院为平台成功举行了多次活动，并对会员 QQ 群进行日常维护
- 负责申报聚划算、淘宝清仓、u 站等活动

09.2013 至今 **北京科技大学 BBS** 北京，中国

日月光华版版主

- 论坛版主，坚持定期发布基于网络的文档、规章
- 将 4 版从日人均流量提升至 1000+，成为最有影响力的版面
- 网站内容方面与 SOHU 合作，并定期与同内容网站进行交流，资源共享，提升人气
- 先后选拔几十名人才，按其特长分配工作并协调他们合作

09.2011 06.2013 **樱学社（社团）** 北京，中国

部长 & 社刊主编

- 樱学社是校内明星社团，拥有约 500 名会员（校内规模最大）
- 负责定期组织“初级日语教学”“日本影视交流”及日语角活动
- 负责组织两次“学园祭”活动，以及大型晚会“中日文化交流节闭幕式”
- 组织协调能力获得社团同侪及会员认可，连任两届社团组织部长

Education
Skill

北京科技大学

2008.09～2014.06 上海—中国

专业： 市场营销

辅修： 电子商务

学历： 本科

网络营销 有实践经验 ● ● ● ● ●

沟通交流 熟练掌握 ● ● ● ● ●

语言表达 ● ● ● ● ●

文笔写作 每天坚持写微博 ● ● ● ● ●

自学能力 ● ● ● ● ●

Personality
Hobby

微博 拥有粉丝过千的微博账号：OfficePlus 微软在线

羽毛球 学院羽毛球比赛双打第三名

网购达人 淘宝罕见四钻买家

爱生活，爱运动，爱熬夜

不爱放弃，不爱妥协

勇往直前的电商小强一枚

图 7-1 应聘者简历

简历撰写的核心目标是引起招聘者注意，让他们认为你是该职位的理想候选人，进而发出面试邀请。因此，与其追求一份标准化、格式化的简历，不如注重简历内容与岗位需求的高度匹配与个性化呈现。这意味着，应灵活运用招聘简章中的信息，精准展现你的经历、技能如何贴合甚至超越岗位需求，哪怕是那些看似不寻常的经历，只要能正面支撑你的应聘理由，都值得被巧妙地展现出来。

3. 挖掘经历匹配需求

例如，如果你申请的是一个需要数据分析能力的职位，那么你应该深入挖掘个人在校期间的数据分析项目、课程作业或课外实践等经历，特别是那些能够直接体现你数据分析能力提升和应用的实例。比如，如何通过 SQL 查询处理大量数据、利用 Excel 或 Python 进行数据可视化，以及如何通过数据分析解决实际问题等。通过具体案例，可以清晰展示你的数据分析能力如何与岗位需求一一对应，从而实现经历与岗位的无缝对接。

针对不同的公司，在制作简历时还应该考虑如公司文化、企业背景等信息，这样才能有的放矢，把你的亮点有目标性地展示给公司，使之与企业的理念相契合，从而引起招聘者的共鸣，最终顺利地赢得这份工作。

（二）突出优势

如果仅仅说“担任助理辅导员，负责协助辅导员管理班级”，这样空泛的叙述并不足以让招聘者看到你的能力。可采用描述问题 / 采取行动 / 取得结果的方式让你的经历充实，并用数字、动词突出优势，让经历更有说服力。

1. 用行动和结果突出优势

描述问题（工作内容）：协助世界 500 强企业新产品“大宠爱”在武汉地区的推广。

问题进一步具体化：负责市场调研及问卷调查。

采取行动：根据问卷分析结果，锁定目标客户，采用宠物医院驻点宣传方式，提出宣传意见和策略。

取得结果：所负责的宠物医院“大宠爱”的销量增加 20%。

2. 用数字突出优势

数字最直观、最有说服力，对招聘者吸引力最大。你的每一条核心经历背后，都应该有一个“庞大的”数据库作为支撑。实践经历方面，可以从以下几个方面来“量化”。

“钱”：你是否通过自己的努力，为你所服务的组织节省开支、提高收入等。比如，“组织捐款活动，为身染重疾的 ×× 同学筹得近 2 万元捐款”“担任 ×× 活动负责人……节约一半经费”“所负责的 ×× 商品销量同比增加 20%”。

“时间”：公司总是想方设法在更短的时间内取得更好的成绩。如果你能够证明你会成为一个高效率的员工，那么你获得这个职位的可能性就大大增加，如“15 天实地采集大学城周边生活服务商家信息 760 余条”“10 个工作日完成了 100 多个商品文案的撰写”。

“数量”：在公司中，数量可以充分表明你的效率和能力。例如，“深入市场调查，实地走访调查了 30 家酒店，有效问卷 27 份”“3 天时间为 ×× 房地产公司招募了 60 名周末兼职人员”“带领 12 人团队开展针对 ×× 镇 40 余名留守儿童为期 10 天的夏令营”。

总而言之，量化原则意味着要通过数字吸引简历阅读者的目光，让他们记住你的故事，让他们相信：“我就是你们要找的人。”

3. 用动词突出优势

在写实践经历时应该多用动词，因为动词可以给人一种“你的作用是很大的，你做了很多事情”的印象。对于毕业生来说，如果没有很丰富的实习或兼职经历，就可以用其他方面的经验来弥补，如学生工作和社团活动、课程实训、小组任务、代表小组上台演讲等都可以。

（三）简洁清晰

除了内容的丰富性外，简历的视觉设计也非常关键。一份清晰、条理分明的简历更容易被招聘者注意到。使用合适的字体、合理的版面布局以及恰当的颜色搭配，都能使简历更加吸引人。

1. 简历排版的原则

在简历排版方面有以下六个原则。

（1）对齐原则。相关内容必须对齐，次级标题必须缩进，这样能方便读者视线快速移动，一眼看到最重要的信息。

（2）聚拢原则。将内容分成几个区域，相关内容都聚在一个区域中，段间距应该大于段内的行距。

（3）留白原则。千万不要把页面排得密密麻麻，要留出一定的空白，空白本身就是对页面的分割。这样既减少了页面的压迫感，又可以引导读者视线，突出重点内容。

（4）降噪原则。颜色过多、字数过多、图形过繁，都是分散读者注意力的“噪声”。

（5）重复原则。多页面排版时，要注意各个页面设计上的一致性和连贯性。另外，在内容上，重要信息值得重复出现。

（6）对比原则。加大不同元素的视觉差异。这样既增加了页面的活泼感，又方便读者集中注意力阅读某一个子区域。

2. 恰当的颜色搭配

色彩是影响视觉感知的重要因素之一。在简历设计中，合理的色彩搭配会显著影响阅读者的注意力和情绪反应。研究表明，对比色系的搭配能够引起更多的注意，而同色系搭配则能获得更多的注意时间。此外，浅蓝色背景和黑色文字的搭配被认为可以获得最好的视觉效果。因此，在不同行业的简历设计中，可以根据目标行业的文化特征和审美偏好来调整色彩搭配，以达到最佳的视觉效果和信息传达效果。

3. 合理的版面布局

优化图形和布局可以让简历更好看。图形和布局在简历设计中起到组织和引导阅读者的作用。信息图形化设计可以使烦琐的信息变得简洁明了，有助于凸显重要信息。在不同的行业中，根据行业特点和求职者希望强调的能力，选择合适的图形和布局方式至关重要。

例如，创意行业可能更偏好创新和个性化的图形设计，而金融或科技行业则可能更注重清晰性和逻辑性更强的布局。

案例分析

盲目求职，一无所获

毕业生就业的过程，就是搜集、甄选、使用就业信息的过程，信息搜集的好坏直接关系到就业的质量。因此毕业生要充分利用各种途径搜集尽可能多的信息，从而为成功就业打下良好基础。然而，许多毕业生在求职初期总要走一些弯路，主要原因就在于开始搜集信息时目标不明确，搜集信息的方法不对。

毕业生阿阳学的是一个非热门专业，他知道自己的专业不太好求职，于是采取了“漫天撒网”的办法，自以为网撒得越大，捕到鱼的希望也越大。所以，他把自己精心设计、制作的求职信和个人简历等材料复印了两百多套。然后在邮局买了一本最新的电话号码本，根据上面的单位地址填好信封，然后是装信封、贴邮票……课余时间忙得不亦乐乎，当最后一批求职信投进邮筒时，他心里好像踏实多了，心想这下可以安安心心地等待好消息了。

大约过了一个星期，陆续有十几封“地址不详”或“查无此人”的信件被退回，他表现得满不在乎，坚信好戏在后头。然而，一个多月之后，什么消息都没有，二百余封求职信石沉大海，一无所获。

阿阳非常苦恼地来到学校就业指导中心向老师诉说自己是如何投入“巨资”的，如何满心期盼后又失望的。就业指导中心的老师耐心地为他指点迷津：“你积极主动的精神值得肯定，但找工作一定要有明确的目标，千万不要盲目行事，要根据自己的实际情况和对方的需求有的放矢地投送材料。你现在要做的第一件事应该是赶紧积极地去搜集就业信息，然后才是联系单位、参加应聘等。”

在老师的指点下，阿阳很快改变了策略，重新制作了10份材料，在广泛搜集用人需求信息的基础上，根据自己的实际情况和兴趣爱好，有选择、有重点地参加了几场招聘会，总共投出去9份材料，收到了5个用人单位的面试通知，最后他参加了3个单位的面试，与其中1家单位正式签了约。

本案例中阿阳的想法和做法在毕业生中是比较普遍的。在招聘会上，我们总可以看到一些毕业生手捧一大摞个人材料，像发传单似的见用人单位就塞。他们认为，只要把网撒出去，总能捕上几条“鱼”来，运气好的话说不定还能捕上一条“大鱼”。但结果往往是“大鱼”没撞上，甚至连“小鱼”也没捞着。钱花了，时间和精力也白费了，一切还得从头开始。而且更糟糕的是大量时间和精力换回来的是不断加重的压力和沮丧。

因此，毕业生的自我推荐，得讲究一些方式方法，应有目标、有选择地投送自荐材料或上门应聘，以提高命中率。当然，在刚开始求职时，如果对就业市场的情况不是很了解，可以适当地把“网”撒大一点。但是，这只是一种手段。一定要及时收网，根据自己的求职目标，有针对性地对信息进行分类处理，重点突破。

思考题

（1）案例中阿阳最初投递的求职信为什么会石沉大海？

（2）你认为阿阳到就业指导中心找老师求助的做法对不对？

（3）你是否认同老师给阿阳的建议？

（4）如果你是阿阳，你会怎样安排自己的求职流程？

（5）本案例对你有哪些启发？

拓展阅读

简历是用行动填写的

简历，简而言之，就是对个人经历的精练总结，对过去经历的真实记录。猎聘针对企业HR的调研显示，HR之所以看重应届生的经验是因为有实践经验的毕业生，能够快速适应岗位要求，节省企业培训的时间和精力，降低企业用人成本。有实习经历的毕业生，对社会和真实的职业世界理解得更加深刻，状态会比较稳定，不至于太脆弱，动不动就要辞职。那么，我们在写简历时应该怎样对个人的经历进行梳理呢？

梳理学习经历

在当下的职场环境中，高职学生的学历背景可能在某些情况下会对其求职竞争力构成一定挑战。因此，在梳理个人学习经历的过程中，除了强调校园内的正规教育外，个人主动学习和自我提升的经历也尤为重要。学习经历包括但不限于核心专业课程及其成绩；参与的校内实训课程情况；如果你有通过中国大学MOOC等知名在线平台自主学习的课程，也务必列出来，这些学习经历能彰显你的自我驱动和学习能力。最后，如果你有自考本科等继续教育的成绩，可以列出学校、专业、关键课程和获得的证书等。

梳理实践经历

大学期间的每一次实践，都是塑造简历、展现个人多维能力的宝贵机会。这包括但不限于担任学生干部、勤工助学等兼职工作等。担任课程组长，参与社团活动，参与志愿服务，乃至自己创业等都可以算作实践经历。例如，刑事模拟法庭实训课程小组长，负责撰写法律文书并搜集案例证据，带领组员呈现刑庭全过程，剧本被老师作为样本展示并获得第一名等，类似这样的经历和实践成果都可以写入简历。

梳理项目经历

项目通常指的是一个有明确目标和时间限制的任务或计划。项目可以由团队合作或

个人完成，通常需要一定的资源、时间和专业知识来完成。在简历中，列举项目经历可以展示个人的能力、团队合作精神以及解决问题的能力。项目经历包括但不限于学术科研项目、短期实习项目、校内外竞赛项目，以及实训课程项目等。例如，作为核心成员，参与“智慧物流系统优化”项目，负责数据分析，搜集并分析供应链数据，通过 Python 编程优化库存管理模型，减少物流成本 20%，在“互联网 +”校赛中荣获二等奖等。

第二节 视频求职资料制作

随着通信技术的发展和视频制作技术的普及，越来越多的用人单位要求应聘者提供视频资料。只是有些用人单位要求提供视频简历，有些单位要求提供视频支撑材料或作品集等，以增强个人信息呈现的吸引力和说服力。

一、视频简历

视频简历是把求职者的形象与职业能力表述通过数码设备录制下来，经过对录制后的影像编辑及播放格式转换，再通过播放器播放的一种可以观看求职者影音形象的简历形式。视频简历凭借客观的影音效果以及丰富的信息量，快速拉近求职者和用人单位的距离，使用人单位在较短的时间内能够全面了解求职者。

（一）视频简历的本质

视频简历和传统的文字简历一样，是向用人单位或组织展示、推销自己的一种宣传形式。视频简历可以展示自我的气质、形象、求职方向和职业理想，并可以方便地与文字简历一同投递给用人单位，用人单位在审阅文字简历的同时，还可以观看求职者的视频简历。视频简历适合一些需要个人能力展示或创意类的工作，对教师、主持人等注重语言表达能力的职业尤为适用。不过，需要强调的是视频简历的第一属性仍是简历，如若没有把握住简历旨在向用人单位推销自己这个核心问题，一味寻求技术上的表现而忽略了对自身能力素质的展现，就属于本末倒置。

（二）视频简历的优势

视频简历是信息时代的产物，它顺应了科学技术高速发展的社会趋势，让求职者与用人单位的交流更加简单、快捷和自由。当今社会就业竞争日渐激烈，拥有一份独具匠心的视频简历或许是助你就业成功的第一步。因为相较传统简历，视频简历具有以下三个优势。

1. 立体呈现

与以文档为载体的简历相比，视频简历更为直观、立体，它能让用人单位在短时间内对自己的相关特征形成一个具体和深刻的印象。同时，因为视频简历的表达方式更为丰富多样，，所以能够从多维度上以更加生动的方式向用人单位展示自我。

2. 省时高效

视频简历可展示个人形象、气质、语言表达能力、思维能力，并节省了没有必要的面试时间。不仅可以减少不必要的面试程序、增加用人单位对求职者的了解和认识，还可以在一定程度上为用人单位或组织找到合适的人才，节省时间和金钱。

3. 易于传播

视频简历相当于一个人的数字分身，全天候地替你与用人单位“面对面”交流。它不但可以突破地域和时间的限制，实现异地求职和全天候求职，而且还可以通过互联网让更多的招聘单位了解你的价值。

（三）视频简历的分类

视频简历大致可以分为自述型和创意型。自述型简历是指通过自拍的方式，进行自我介绍。只需要简单干净的背景和一个能自拍的手机就可以做到。创意型简历是指通过其他拍摄方式，如动画、第三视角等来对自己的整体形象进行阐述。在视频当中，可以选择通过添加表情包和搞笑视频等，让整个简历变得生动有趣。此外，视频简历还可以分为求职者通过数码设备拍摄的求职视频简历、在招聘网站使用计算机摄像头自行录制的视频简历以及请专业机构拍摄的视频简历。

二、视频附件

求职资料中的视频附件指的是与求职简历相配合的支撑材料。这些材料在求职过程中扮演着越来越重要的角色，它们为求职者提供了一个独特的展示平台，有助于更全面、生动地展现求职者的个人特质、能力和经验。

（一）视频附件的作用

1. 直观展示个人特质

视频附件可以通过求职者的言行举止、面部表情等，直观地展示出其个人特质，如自信、热情、专业等。这种直观的表达方式，往往比文字更能吸引招聘者的注意，并给其留下深刻印象。

2. 生动呈现工作经验和技能

对于需要实际操作或展示技能的职位，视频附件可以生动地展示出求职者的工作经验和技能水平。通过实际操作演示或项目案例展示，求职者可以清晰地呈现出自己的专业能力和经验。

3. 提高简历的吸引力

在众多简历中，一个包含视频附件的简历往往更具吸引力。视频简历能够迅速吸引招

聘者的眼球，让他们对求职者产生浓厚的兴趣，从而提高简历的筛选通过率。

4. 弥补传统简历的不足

传统简历在表达方式和内容展示上存在一定的局限性，而视频附件则可以弥补这些不足。通过视频，求职者可以更全面地展示自己的背景、经历、能力和成就，让招聘者更全面地了解自己。

（二）视频附件的形式

1. 自我介绍视频

这类视频主要是求职者对自己基本情况的介绍，包括姓名、教育背景、工作经验、技能特长等。其特点是形式更加生动直观，能够迅速吸引招聘者的注意力，并帮助招聘者快速了解求职者的基本信息。

2. 工作技能展示视频

针对求职岗位所需的工作技能，求职者可以录制自己操作、演示或讲解相关技能的视频。其特点是能够直观地展示求职者的专业技能水平。特别是在一些需要实际操作技能的岗位上，这类视频附件更具说服力。

3. 项目经验介绍视频

求职者可以录制自己参与过的项目经验介绍视频，包括项目背景、目标、自己在项目中的角色和贡献等。其特点是能够展示求职者的实践能力、团队协作能力和解决问题的能力。

4. 作品集展示视频

对于设计师、摄影师、艺术家等创意类岗位的求职者，可以录制自己的作品集和展示视频。其特点是能够更加生动地呈现求职者的创意和才华，引起招聘者的关注。

（三）视频附件的要求

1. 内容选择要求

视频内容应与求职岗位相关，能够突出求职者的专业技能、工作经验或性格特点。同时，视频内容应简洁明了，避免冗长和无关的内容。

2. 格式要求

视频附件的格式一般为 MP4 或 AVI 等常见的视频格式，以确保在各种设备上都能正常播放。此外，视频文件的大小应该适中，避免过大导致传输困难或无法打开。

3. 制作质量

视频简历的制作质量应尽可能高，包括画面清晰度、声音音质等方面。这不仅能给招聘者留下良好的印象，还可以提升求职者的形象。

三、视频制作

视频简历和视频附件的制作是一项专业性比较强的工作，虽然现在的拍摄和后期制作门槛已经大大降低，人们通过手机就可以完成全部制作过程。但是从呈现效果看，不同设备和操作人员完成的作品，还是具有非常大差异的。所以为了求职视频的更好呈现，求职者应该对视频制作的设备和制作技术具有一定的了解。

（一）相关准备

（1）录制设备，如数码相机、DV、摄像机等。

（2）文案，即拍摄视频简历的文字稿，可以与提词器结合起来使用。

（3）个人证件等佐证材料，如毕业证书、学位证书、资格证书和各种奖状等。

（二）视频拍摄

按拍摄脚本进行视频简历拍摄。建议在视频中清晰表达自己意向的城市、行业及岗位，并结合岗位招聘要求来介绍自己与之相匹配的经历及优势。结束时，可以对刷到你简历的用人单位表示感谢，以及表达对得到面试机会的期待等。

（三）视频剪辑

视频可使用电脑剪辑，也可以使用手机剪辑软件。手机上的剪辑软件大多自带模板和滤镜，操作简单明了，非常容易上手。视频简历的格式要求通常是时长在 3 分钟以内，大小在 50 MB 以内，建议 MP4 格式，尺寸建议适应手机观看的 9 ∶ 16 竖屏。

案例分析

视频简历的走红

匈牙利电影理论学家巴拉兹提出“视觉文化”，他认为影像的发展标志着视觉文化的到来，印刷文化所代表的那种理性话语文化，被以形象为中心的视觉文化代替。

的确，通信技术推动了抖音、快手等短视频的兴起，进入了“全民短视频”的视觉社会，借用麦克卢汉的“媒介即讯息”理论，可以看出媒介逻辑正在逐渐渗入社会结构之中。如今“微视频”逐渐成为一种新兴的文化符号，并衍生出一种视频化的生活理念。视频简历作为一种集工作、娱乐、观赏于一体的新型应聘表达方式应运而生，具体是指将传统招聘方和应聘者需求的文字简历与视频相结合，产生出一种新颖、便捷、高效的新形式简历。

多线索符号表达，冷热媒介的预言印证

传统的纸质版简历，是以文字符号为主体的线性呈现形式，更像是麦克卢汉所说的“冷媒介”，需要招聘人员自行在其中找到有价值的信息增量。之后，为了在大量的简历中快速识别重点信息，彩色简历更受到招聘方的青睐，加粗或者标红，这些都仅仅是形式的叠加。而视频简历这样一种“热媒介”，信息容量比较宽，承载着较为丰富的关于关系表达的非理性、非逻辑的内容成分，直接刺激人的感觉器官，相较于文字

能够更直接、有效、迅速地做出反应，从而起到人与人、人与内容的连接作用。

平台驱动，打造视频简历新型产业链

随着移动终端的普及和网络的提速，短平快的大流量传播内容具有生产流程简单、制作门槛低、参与性强等特点，逐渐获得各大平台、粉丝和资本的青睐。基于“媒介选择的或然率”，视频简历这样一种新型求职方式在社会上掀起一定的流行热潮，并在现有框架内形成了相应的产业。日前，钉钉结合短视频形式，上线“钉钉新校招”内测产品，学生可以上传展现自我的短视频。7 月 7 日，短视频平台 TikTok 启动了“TikTok 简历”的功能测试项目，旨在帮助用户通过 TikTok 平台直接查看招聘信息，并且制作 TikTok 视频简历进行投递。未来，视频简历或将如表情包、微信红包封面等发展为新的产业链。

媒介化社会下的“虚拟人设”，数字交往初具雏形

媒介化生存已经成为当代人们日常生活的基本样态，个人遵循特定的媒介逻辑和行动机制，在以数字媒介技术为内在驱动的交往活动中得以逐步彰显、形塑和重构。视频简历代表青年在数字媒介中的“人设”，作为一种“缺席的在场”代替物理意义上的身体所表征的自身形象，具有一定的补偿作用。借助文本、声音、图片和影像等元素构建出的“虚拟人设”，在媒介化时代交往生态中，数字交往初具雏形。

思考题

（1）相比传统文字简历，视频简历在传达个人信息、专业技能、工作经验和成就时有何优势？

（2）如何确保视频内容精练且信息传达准确无遗漏？

（3）在制作和分享视频简历过程中，如何保护个人隐私？如何确保视频内容不被非法使用或泄露？

（4）哪些行业和职位更适合采用视频简历？例如，创意、设计、表演等行业可能更容易接受这种新颖的简历形式，但对于传统行业或特定职位，其适用性如何？

（5）招聘者对于视频简历的接受程度如何？他们更倾向于哪些类型的视频内容？视频简历是否真正提高招聘效率，或者只是增加了筛选过程的复杂性？

拓展阅读

视频简历制作注意事项

视频简历的制作不仅是展示个人技能与经历的过程，更是传递个人品牌与职业形象的重要途径。通过精心策划与自然真实的表达，视频简历能够有效提升求职成功率，让应聘者在众多候选人中脱颖而出。视频简历制作要注意以下几点。

（1）录制视频简历时要根据不同职业需要的不同技能展示自身优势，注意扬长避短。

对于注重形象、注重表达能力的职业，如销售人员、新闻工作者、教师、管理人员、咨询人员、培训师、导游等，求职者可以在镜头前展现口才，展示自信与才华。

对于设计人员，可以阐述自己的设计理念，对艺术、生活的理解，表达自己对满意的作品的想法。

对于需要外语的岗位，一段流畅的外语自我介绍，最具说服力。

对于工程技术人员，则可以着重介绍自己的工作经历，结合实际案例描述解决问题的方法、思路。

（2）大学毕业生缺乏工作经验，视频简历应重点突出对专业技能的理解、个人兴趣爱好、社交及团队协作能力，以及出色的沟通技巧。可通过整合同学、导师及实习单位的评价，多维度展现个人综合素质，这些都是文字简历难以充分传达，而视频简历能够生动展现的信息。

（3）录制简历后不要剪辑过多的艺术照片，这样给用人单位感觉不真实、虚假成分太多，不利于成功求职。

（4）录制视频简历时，语言表达一定要吐字清楚，讲解时不要过快，尽量用演讲的方式作为语言表达。语言表达对于成功求职是较为重要的。

（5）视频简历的着装。录制视频简历时应轻装主要以职业装为主，女性的妆容色彩要得体，不宜浓妆，颜色勿过于花哨，以同色系的搭配为宜。着装的效果要表现出职业的干练与智慧，男性最好穿西装。

（6）应该把控视频主体真实性与艺术性的界限划分，因为简历作为求职者的名片，真实是最基本的道德素养。

第三节 面试准备

面试是指在特定的时间、特定的地点、特定的情境下，通过面试官与应聘者双方面对面的观察、交谈的双向沟通方式，了解应试者素质特征、能力状况以及求职动机等的人员甄选方式。从某种意义上来说，面试是招聘方与应聘者双向选择的过程。招聘方希望能通过面试更精确地甄别出所需要的人才；而对于应聘者来说，面试不仅是一次深入了解应聘公司的机会，更是向招聘方充分展现自我、推销自我的契机。

一、面试的主要类型

（一）按照参与人数划分

按照求职者的人数划分，可以将面试分为单独面试和群体面试。

1．单独面试

单独面试又称个人面试，是指面试官与应聘者单独面谈，这是面试中最常见的一种形式。单独面试有两种情况：一种是只有一个面试官负责整个面试的过程，这种面试大多在较小规模的单位录用职位较低的人员时采用；另一种是由多位面试官参加整个面试过程，但每次只与一位应聘者交谈。个人面试的优点是能够提供一个面对面的机会，让面试双方更深入地交流。

单独面试通过后，一般可以参加小组面试。经过小组面试和小组讨论，招聘方会从中筛选出参加最终面试的应聘者。最终面试也会再次出现个人面试的情况，这时可能会有五六位面试官，也许还会有更多的面试官坐在你的面前。在这种面试中，任何一位面试官都可能向应聘者提出各种各样的问题，让应聘者来回答。面对这样的场面和气氛，应聘者必须事先做好心理准备，并要牢记自己的目的是要让对方接纳自己，这是回答问题的出发点和目的。

2．群体面试

群体面试是指多名应聘者参加同一场面试，包括无领导小组讨论、对话座谈、案例分析和角色扮演等不同类型。通过让众人共同面对同一问题情境，考察应聘者在面对各种外部干扰因素时，如何应对问题，能否独立思考，能否开放地接收信息，以及能否通过团队合作完成任务。群体面试往往是一组人参与讨论，讨论过程中，面试官不去干涉应聘者，而是在旁边观察每个应聘者的表现，依据企业不同的要求，观察各有侧重点，包括沟通能力、组织能力、思维逻辑性、总结能力、表达能力等。

群体面试也可以简单理解为小组课题讨论活动。1～10个人为一组，探讨一个社会现象或者一个公司业务问题。面试官给出一个案例供大家讨论，如一个医院里突然来了3位急需手术的病人（1位80岁的老人，1位2岁的孩童和1位医院领导），但是人手不够，只能为其中2位进行手术，问选择哪2位？群体面试中每个人都要发表意见，而面试官将观察每个人的表现。最后筛选合格的应聘者进入下一轮。群体面试旨在观察应聘者在虚拟场景中的真实反馈，所以面试官设计了不同类型的场景。

群体面试中的常规流程为自我介绍、活动游戏、话题讨论、陈述展示、互评提问等。其中，可能出现压力对抗、彼此欣赏等多种情绪，这些都很正常。应聘者要有觉察自己状态的意识和能力，才能相对保持清醒、合理应对。群体面试中，若遇“自我介绍”环节，注意不要过分抬高自己，体现亲和力是明智的选择。另外，想要脱颖而出的话，不妨试试运用一些能让他人在短时间内记住自己名字的小技巧。另外，群体面试中无论是他组对手还是同组队友，都有可能成为自己未来的同事，友好的态度会给未来的职场人际关系带来加分。

（二）按照面试方法划分

按照面试的方法划分，可以将面试分为行为面试、情景面试和压力面试。

1. 行为面试

行为面试又称行为事件访谈（Behavioral Event Interview，BEI），是由哈佛大学心理学教授麦克米兰博士及其研究小组于20世纪70年代首创的。行为面试法的理论基础是：一个人的行为风格在一段时间内是相对稳定的，因此可以依据过去和现在的行为，预测这个人将来的行为。行为面试基于应聘者对以往工作事件的描述，以及面试官的提问和追问，来评价应聘者在以往工作中表现出的素质，并以此推测其在今后工作中的行为表现。

在行为面试中，面试官一般会按照“STAR”方法进行提问：“S”是情景（我当时所面临的困难）；“T”是目标（我是如何想这个问题的）；“A”是行动（我采取了什么样的行动）；“R”是结果（我达到了什么样的结果）。用这个方法面试能很快挖掘出应聘者过去所做过的事情。行为面试一般有以下四个步骤。

先问情景：“以前是在什么情况下做这件事的？”

然后问目标：“能不能告诉我你做这件事的目的是什么？”

接下来问行动：“你为了做这件事情采取了哪些行动？”

最后问结果：“你采取了什么行动，取得了怎样的结果？”

2. 情景面试

情景面试是指面试官通过对岗位进行分析，确定工作情节，从而设计出一系列的问题，由应聘者回答然后面试官按预定的答案对应聘者的回答进行评价的一种面试方法。

在情景面试中，常常会引入无领导小组讨论、公文处理、角色扮演、演讲、答辩、案例分析等情景模拟方法。情景面试应用于人才选拔的理论基础是心理学家勒温的著名公式：B=f（P·E）。这个公式的意思是说：一个人的行为（Behavior）是其人格或个性（Personality）与其当时所处情景或环境（Environment）的函数。也就是说，人们如果能够描述处理特定问题的特定方法，那么他们在实际工作中遇到类似的情况时也可能采用相同的方法。也就是一个人平时是怎么想的、怎么做的，那他遇到这个事情的时候就会偏向这么想、这么做。

情景面试是未来导向的，而行为面试是过去导向的。行为面试假设“过去行为是未来行为的最好预测指标”，通过应聘者对过去某种行为的追忆和表述，从而捕捉应聘者的个性特征；情景面试假设“个体的意图和设想是未来行为的有效预测指标”，通过询问一些非显而易见的问题，使应聘者表达其真实意图，进而捕捉应聘者的个性特征。

3. 压力面试

压力面试并不是一种单独存在的面试类型，而是往往穿插在行为面试和案例面试当中。之所以把它单独拿出来讨论，是因为在这种面试中，问题的应对策略会很不一样。这种面试方式目的在于考察应聘者对压力的承受能力，面试官可能会利用突兀的质问来施加精神

压力，如“我认为你完全在浪费我的时间，你根本没有能力胜任这个工作。给出三条理由说服我，否则立即离开这间办公室”。压力面试可以检验一个人的冷静程度并考察他们的创造力、组织能力和快速分析的能力，这种面试方式多用于招聘专业技术人士、服务从业人员和销售人员等需要面临很多压力的工作。

在这种类型的面试中，态度是至关重要的，因为你可能会感到威胁，但是不要对这种感觉做出任何的回应。仔细思考问题来展现你良好的个人素质，平心静气地把注意力放在问题本身。其实，如果对方当真认为你没有资格的话，他们是不会让你来面试的。压力面试就是为了检测你在未来怎样应对棘手的问题。为问题的突兀或者古怪而产生焦虑情绪，只会妨碍你的思考，所以保持镇定，关注于问题本身，你才会成功。

（三）按照面试形式划分

按照面试的形式划分，可以将面试分为电话面试和网络面试。

1. 电话面试

电话面试因为传递信息的媒介是电话而显得特殊，它的内容类似于单独面试，但往往来势突然：也许你正在上课，正在玩耍，或者正在睡午觉。因此枕戈待旦是唯一的应对妙法，巧妙委婉地告知对方你现在不方便接听电话，询问可否十分钟后打回给对方。电话面试的目的往往是确定是否有面对面面试的必要，而面对面面试是你的目标，因此你要谨慎对待电话面试。电话招聘者大都非常繁忙，通常情况下大多数的面试时间不会超过 20 分钟。因此，尽量简洁并且旗帜鲜明地告诉对方最重要的一些信息。以下是针对电话面试的一些具体建议。

（1）最重要的建议就是，从你投出简历开始，就要准备好他们可能会突然电话面试的“袭击”。主要是做好心理准备，因为内容上就照常按照面对面的面试来准备即可。如果准备好了“单挑”，就不会怕突然而至的电话面试了。

（2）如果电话来自你不清楚的招聘者，如他们在某求职网站中看到你的简历后主动联系你，那么你需要询问一下公司和工作的基本情况，如位置、职责等。

（3）电话面试和面对面面试一样，第一印象是十分重要的，语音语调、礼貌用语，甚至神情都会影响招聘者的第一印象。例如，你可以和你朋友试试你隔着听筒微笑讲话和没有微笑给对方感受上的差别。在回答和提出问题时，要表现出十分感兴趣、自信和适当的迫切。

（4）电话面试时需要一个安静的环境。如果现在所处的环境嘈杂，可以要求对方等一下，然后关掉音乐或者让周围的人安静一下。如果手头的事情不能打断，如正在上课，就尽快与对方商定另外的电话面试时间。

2. 网络面试

随着科技的不断发展，网络面试已经成为求职过程中的常见环节，很多用人单位都采用了网络面试的方式进行招聘。网络面试由于其特殊性，还需要注意以下几点。

（1）准备面试环境。因为面试需要一个相对安静的环境，如果是在家中面试，需要找一个单独的房间，并提前告知家人“面试勿扰”，避免人为干扰。如果是在学校面试，则可以跟宿舍同学协商临时空出宿舍，或者求助学院，找一个相对安静且不被打扰的空间。同时，需要注意面试的背景，如果面试官从摄像头看到你所在的环境“脏乱差”，可能会影响面试的效果。当然，如果使用的面试系统有“虚拟背景”功能，可以打开。保持画面明亮，确保面试官能清楚看到你的面部，但切勿让强光直射摄像头，避免曝光过度。如果是晚上面试，灯光照明下依然面部暗沉，可考虑在镜头后放置台灯照在脸上进行补光。保证视频可见范围内整洁清爽，背景以浅色墙壁为最佳，还可适当放置绿植。

（2）做好硬件准备。网络面试需要有稳定的网络环境和符合要求的硬件设备，这些条件都需要提前准备好。提前做好设备调试，包括但不限于测试网络通畅度。确保网络畅通，如 Wi-Fi 不稳定，可开启移动流量；保证设备电量充足，可预备充电宝及电源线在触手可及的位置；提前测试手机、笔记本等设备各功能是否能正常使用，包括摄像头、麦克风、扬声器；手机调至静音模式，避免面试期间被其他事宜干扰。另外，还要准备好电子版的相关资料，以备随时提交。

（3）做好形象管理。

①衣着得体干练，以简约商务风为最佳，建议全身装扮，避免只顾上半身。

②上镜着装颜色不宜过多，尽量避免条纹或花色较多的服饰，避免佩戴吸睛配饰。

③女士可以化个淡妆，男士发型保持清爽。

④女士上镜妆容牢记三点，眼妆要显色，修容要自然，唇妆要持久。

⑤饱满精神状态应对，收起颓丧感，切忌无精打采。

（4）注意语调和语速。由于网络面试的信息是通过网络传输的，中间可能会出现因网速问题造成的延迟现象。因此，在网络面试时，要特别注意面试官的反应，在表达观点或回答问题时，要注意语调和语速，语速稍微放慢一些，回答问题时等对方说完，停顿 1 ～ 2 秒再开始回答，避免打断面试官的讲话。同时，要注意个人的仪态举止，虽然是网络面试，但回答问题时应和面试官有眼神交流，不能一直低着头。面试过程中要做到完全脱稿，自信地展示自己，切忌看小抄、瞟稿件等影响个人形象的小动作。

（5）掌握结束要领。

①表达谢意：面试结束后向面试官表达谢意，询问对方的反馈，以及后续流程。

②礼貌等待：等待他人退出聊天后再退出。

③面试结束：退出完整，千万不要留着音频或者开着摄像头。

④结束复盘：复盘自己面试过程中表现得突出与欠佳的地方，下一次面试时加以改善。

二、模块化面试准备

如何在有限的面试时间内展示自己的优势，与招聘方的需求实现高效对接，是每位求职者的必修课。因此，全面而细致的面试准备工作显得尤为重要。首先，要深入了解公司文化和职位需求，让自己成为招聘方眼中“高度匹配”的人选。随后，要了解目标公司的

面试流程与类型，有的放矢。心理调适和简历等准备能规避意外干扰，保证面试顺畅进行。最后是针对面试官心中最核心的疑问进行针对性的准备。这样模块化的面试准备，有助于应聘者在众多候选人中脱颖而出，拿到录用通知。

（一）了解招聘公司及招聘职位

应聘者需要明白，面试官的重点，是找一个“适合我们企业”的员工。因此，面试时的重点是要向面试官证明：你是合适的人选。这首先建立在你对应聘职位的了解和对企业的认同上。如果你对企业一无所知，或知之甚少，则会被面试官视为没有做好准备，被淘汰也是必然的。了解应聘公司，了解应聘职位，这样我们才能回答好以下这些面试问题，如你为什么想到来本公司工作？你为什么想应聘这个职位？你觉得你适合这个岗位吗？

一般来说，不同行业的公司，我们所需要了解的层面会有所不同，但总的来说，我们最好要了解公司的历史、发展状况、主营业务、部门介绍、客户来源、产品品牌、企业文化、新闻动态等。

了解职位要求的意义在于不同的职位类型有不同的招聘要求，我们可以通过解读招聘信息来获取。具体来说，职位说明一般包含两部分内容：对应聘者的需求和工作职责。

1. 对应聘者的需求

基本要求：包括学历、专业、工作经验、学习成绩、语言、特殊技能等。

个性品质：包括有责任心、踏实认真、诚实、团队合作精神等。

2. 工作职责

工作职责是回答面试官问题的核心依据。你最好能结合招聘要求和具体工作职责，向面试官证明，你是能胜任这份工作的。在面对“你能为我们做点什么”或者“你为什么觉得你能胜任这份工作”等问题时，就不会没有依据。

（二）了解面试流程

如果能在面试前就了解到公司的面试流程、相关面试类型及内容等，你就可以做到心中有数，不至于过度紧张，建议你在面试前充分了解以下情况。

（1）面试一共几轮，每一轮的面试形式及内容。

（2）面试的方式是一对一、一对多还是多对一。

（3）面试的内容是小组面试、案例面试还是行为面试。

（4）面试的语言是中文、英文还是其他语言。

（5）面试官是 HR 还是业务部门经理，或者是公司的高层管理者。

（三）做好心理准备

毕业生第一次面试难免会有些紧张和怯场，面试前学会调整自己的心态很重要。面试过程中要克服紧张情绪，充满信心，把自己最好的一面展现给面试官。

以一颗平常心对待面试，要做好承受挫折的心理准备。即使面试失败，也不要灰心，多尝试、多总结，成功只是时间的问题。面试前多做几次深呼吸，进行积极的自我暗示和自我激励，保持平和心态，只有放松下来才能将自己的最佳水平发挥出来。与面试官见面时，主动与对方进行目光交流，消除紧张情绪，在心里尽快建立起与面试官的良好关系。

在面试前，如果条件允许，最好找有经验的职场人士，如做过面试官的专业人士来帮助你模拟面试。如果没有，也可以找同学或老师。虽然模拟面试与真实面试存在很大差异，但至少可以帮助你梳理面试内容，以及提前发现自己准备中的不足之处。

三、面试礼仪

礼仪是每个人的必修课，在求职过程中，面试礼仪涵盖了礼貌、礼节和仪表等各个方面，是各个方面细节的综合体现。

（一）面试准备礼仪

英国形象设计师罗伯特·庞德曾说过：“面试是一个两分钟的世界，你只有一分钟向人们展示你是谁，另一分钟是让他们喜欢你。”第一印象的好坏在面试中确实起着很大作用。第一印象首先来源于你的外表、仪容、表情、神态和言谈。一位知名的形象专家说：“形象如同天气，无论是好是坏，别人都能注意到，但却没人告诉你。”服装是自我展示和表现的工具。应聘者的着装应遵循三个“A”原则：美观（Aesthetics)，衣着应能衬托你的身段和肤色，颜色、质地、纹理上下彼此和谐；合适（Appropriateness)，想一想要赴会的场合、时间、地点、天气、文化，以及要会面的人对你的期望；状态（Attitude)，穿着将尽显自己、公司和所从事的工作状态。

1. 男士准备

（1）西装。西装要合身，过大或过小不仅会影响面试官对你的第一印象，还可能减少你的自信；西装不能有褶皱，如果褶皱很多，会让面试官对你产生邋遢、精神不振的印象；建议挑选颜色较深的西装，如黑色、深蓝色或深灰色，纯色为宜，不要有条纹、格子等；款式选择经典西服套装，不要过于前卫；面料最好选择不易缩水的毛料套装。

（2）衬衫。尽量选择多数人都能接受的硬领衬衫，干净而挺括；颜色以白色或淡蓝色为宜；衬衫的下摆要放在裤腰里，切忌露在西裤外面。

（3）领带。领带要求干净、平整，打领带时务必打得坚实、端正，不要耷拉在一边。在配色上，坚持“和谐”二字，根据西装和衬衫来搭配领带的颜色，不要追求新奇时尚，否则可能会弄巧成拙。至于长短，以刚刚超过腰际的皮带为好。

（4）皮带。皮带的颜色以黑色为最好，皮带头不宜过大、过亮，也不要有过多的花纹和图案。

（5）袜子。建议选择蓝色、黑色或深灰色的袜子，尽量跟西装颜色相配，最好不要穿着颜色艳丽或者比较个性的袜子。同时还要注意袜子不宜过短。

（6）皮鞋。皮鞋颜色建议选黑色，这与白衬衣、深色西装一样属于最稳重、保险的色调。要注意经常擦鞋，保持鞋面的清洁光亮。

（7）公文包。建议选择一个轻便的包，但不要过大，以免显得累赘。

（8）发型。不要留长发，保持头发整洁，并记得刮胡子。

（9）配饰。不要佩戴耳环、项链、手链、手镯等饰品，可以戴手表。

2. 女士准备

（1）职业装。职业装的颜色最好选择黑色、深蓝、灰色等，稳重大方；款式不要太过新颖前卫，宜保守传统。如果买的是裙装，要注意裙子的长度，不要在膝盖以上，裙子太短是不专业的表现，会给面试官的印象大打折扣；如果上衣是V领的，也要注意开口不能太低，如果很低的话，可以通过丝巾或者内衬上衣来弥补。

（2）衬衫。建议穿长袖衬衫，在外套袖口露出1/4或半英寸为宜，能体现职业特点；短袖衬衫不太好，无袖衬衫则绝对要避免；衬衫面料最好选用天然织物，如棉或丝；颜色建议采用白色或浅蓝色。

（3）发型。发型在整个仪容中是十分重要的组成部分，要保证头发干净清洁，仔细梳洗。如果是长发，就把它盘起来。或者梳成其他看起来专业舒服的发型，这样会显得更有精神和自信。

（4）化妆。适当地化淡妆，清新自然，显得更加精神。但不能浓妆艳抹，香气扑鼻，不要用颜色夸张的指甲油，无色透明的最佳。

（5）配饰。选择尽可能简单的饰品，不要戴手链，也不要戴太多、太大的耳环，简单的耳钉就可以带来不凡的效果。

（6）鞋子。建议穿浅口轻便鞋，鞋跟3厘米左右比较安全，别穿跟太高的鞋子。在海军蓝、紫红色、黑色或棕色几种颜色中挑选能与你的西服和饰物相配的颜色。

（7）袜子。建议穿中性或肉色的袜子。丝袜有可能脱针或抽丝，应另外准备一双连裤袜或长筒袜，放在公文包或手提包里备用。

（8）公文包或手提小包。带一个即可，尺寸不要太大，中等或小型尺寸为好。

（二）面试过程中的礼仪

应聘者的行为举止包括眼神、表情、笑容、站姿、走姿、坐姿、手势等，一个人的“气场”往往决定于其行为举止。因此，求职过程中的一举一动、一颦一笑，都会彰显你的修养气质。

1. 遵时守信

提前10～15分钟到达面试地点，若遭遇不可抗力迟到，务必提前通知招聘方并解释原因，以取得其理解，不影响面试结果。

2. 手机静音

耐心等候应聘时，一定要把手机关闭或调至静音，这不仅可以让自己集中精力与面试官沟通，避免受干扰，同时也是对面试官的尊重。

3. 敲门请示

进入面试场地时，无论门是关着还是开着，都应先轻轻敲门，等到面试官示意后再进入，进去的同时把门轻轻关上。

4. 微笑自信

进门后要跟所有的人打招呼，如果坐了很多人，你可以说："各位评审老师好！"讲话的时候眼睛要直视大家，面带微笑。

5. 允后坐下

面试官示意就座后，可以就座；如果面试官没有示意，可以问面试官："请问面试官，我是坐着回答问题，还是站着回答问题？"而不是贸然坐到椅子上。

坐的时候，从凳子的左侧落座。不要把凳子全部坐满，更不要整个人都靠到椅背上，坐下后保持背部挺直，可稍稍向前倾，切忌弯腰驼背。如果是面对面谈话，身体可适当倾斜而坐，手自然地放在腿上，膝盖并拢，切不可东倒西歪，精神萎靡。

6. 双手递物

不要站立在离面试官太近的位置而给他压迫感，一般 2 ～ 3 米的距离比较合适。所带的证书、资料等，不要盲目地直接递给面试官，最好先问面试官，要不要看这些资料，面试官示意要看时再双手奉上，不要一只手递送物品或资料。

7. 结束礼节

不管面试官的态度如何，也不管刚刚自己的回答怎样，面试结束时一定要记得鞠躬，向所有的面试官致谢，谢谢他们给的机会。鞠躬后记得拿好自己的所带物品，轻轻退出，并随手关好房门，从容离开。切不可匆匆忙忙，丢三落四。

（三）面试后礼仪

面试结束后的行为举止同样是展示个人职业素养的重要环节。通常，面试官会在面试尾声说明预期通知面试结果的期限。

1. 确认通知时间

确保你准确记录下了面试官提供的预计通知日期。这是展示你对细节关注和尊重对方时间安排的初步体现。

2. 适时跟进

若面试时明确了具体通知日期，务必等到该日期之后再进行联络，以体现耐心与尊重。若未明确给出时间框架，则建议在面试结束后大约 3 ～ 5 个工作日之后致电询问结果。

3. 专业沟通

拨打用人单位的招聘专线时，要保持友好且专业的语气。你可以这样开场："您好，我是（姓名），上周参加了贵公司（具体职位）的面试，想了解一下面试结果的进展，感谢。"

4. 表达感激

无论结果如何，在通话结束前再次表达对面试机会的感激之情，这不仅是礼貌的体现，也是对未来潜在合作机会的一种积极铺垫。

5. 准备应对不同反馈

心理上要准备好接受任何反馈，并预先构思如何礼貌地回应。若获得积极消息，大

方接受并确认后续步骤；若结果不尽如人意，可以礼貌询问是否有反馈意见，以便自我提升。

案例分析

没有"试题"的面试

某房地产公司要招聘一名客户接待员，因为这是一家很有实力的房地产公司，不仅员工的待遇不错，公司还实行股份制，年底有分红，所以前来应聘的人很多。

经过初试、复试的激烈竞争，刘先生、李小姐和王女士成为优胜者。虽然已经决出了三位优胜者，但三个人各有千秋，究竟录用哪一个，人力资源部经理很难取舍。刘先生有过类似的工作经历，对招聘人员提出的问题回答得有条有理，头头是道；李小姐虽然年轻，但人聪明伶俐，很会察言观色，作为客户接待员，这些都是有利条件；王女士稳重大方，作风干练，素质很好。既然三人都很优秀，人力资源部经理决定再设一轮面试，而这一轮面试将由公司的总经理亲自对他们三人进行面试，以决定最终的录用人选。随后，人力资源部经理让他们回去后认真准备，两天后来公司面试。

两天的时间很快过去了，刘先生、李小姐和王女士都如约准时到了面试地点。看上去，三个人都准备得很充分，信心十足。人力资源部经理对他们说："非常抱歉，我们还有些事情要研究，总经理请你们等一会儿，他马上就亲自过来进行面试。"说着就把他们领进了接待室。临出门前，经理又回过头微笑着说："如果有电话，麻烦你们帮忙接一下。"说完就转身出去了。刘先生、李小姐和王女士坐在办公桌前的椅子上静静地等着，这间办公室内正好有三张办公桌，每张桌上都有一部电话机。刘先生紧闭双目，专心地考虑着下面的面试细节，就在这时，他桌上的电话响了。刘先生拿起电话，只听到对方问道："你们是某房地产公司吗？""不是，你打错了。"刘先生说罢就把电话挂断了。刘先生刚刚放下电话，李小姐面前的电话又响了起来，李小姐也把听筒放到耳边，"喂"了一声，只听到对方说道："你们是某房地产公司吗？"李小姐应了一句："是呀，你找谁？"没想到对方突然把电话挂断了。李小姐边放电话边嘟囔了一句："神经病！"

没过一会儿，王女士桌上的电话也响了起来。只见王女士拿起电话，轻声地问道："您好，这里是某房地产公司。请问您有什么事需要我们帮助？"对方说："我打算选一套两居室的房子，请问到你们这里怎么走？"王女士热情地回答了对方的问题，并真诚地说："我们随时欢迎您的光临。您来了我们会详细地向您介绍情况，并带您去实地参观挑选，一定会让您满意的。"最后双方在"谢谢""再见"声中挂断了电话。

王女士放下电话没过几分钟，办公室的门被推开了，人力资源部经理走了进来。

他微笑着说："今天的面试到此结束。"看着三位应聘者一脸惊讶的表情，经理又进一步解释道："其实，刚才你们三个人接听电话就是我们设计的考题。王女士热情礼貌，对待客户的真诚态度符合我们招聘的要求，得到了招聘小组的一致认可。经研究，我们决定录用王女士为我们公司的客户接待员。"接着他又握着王女士的手说："恭喜你被公司聘用了！"

直到这时，大家才如梦方醒，原来这是一场没有试题的面试。

王女士应聘成功了！她接听电话时的礼貌热情和对待客户的真诚态度让她笑到了最后。其实，如果三人事先都知道打电话就是面试环节的话，相信三人都会做得很好。王女士之所以能脱颖而出，正是因为她在不知情的时候仍然做到了热情服务，这实际是一种良好的职业素养，也是招聘公司欣赏和看中她的原因。

细微之处见精神，王女士接听电话的态度显示出了她的修养和对工作的责任感，这是一名优秀员工所应当具备的素质，这种素质需要我们平时在工作和生活的点滴中去学习、积累、磨炼。有时候，能够改变命运的并不是什么惊天动地的大事，一个小小的细节，往往就会改变我们的人生。

思考题

（1）案例中的刘先生和李小姐为什么没能通过面试？

（2）王女士为什么能在面试中胜出？

（3）你是否认同这家企业的面试方式？

（4）本案例对你有哪些启发？

拓展阅读

面试后还需要做点什么

面试前的准备和面试的过程都非常重要，面试后的工作同样不容忽视。首先要强调的是，面试有时是一个主观程度较高的活动，而且也不是所有面试官都很专业，因此要以积极心态对待结果。面试结束了，有的求职者认为大功告成或者没有希望了，可以松口气了，这是非常不可取的，因为面试虽然结束了，但是求职工作没有结束。有两个建议给求职者们参考。

第一是尽早总结自己的面试，这样做有三方面的好处。首先，通过写下有关面试和面试官提问的整个过程，可以帮助自己分析、决定是否选择这份工作；其次，经过自我评估和改进，下次面试你一定更加胸有成竹。最后，面试的核心是如何影响他人对你做出判断和决定。

第二是面试后建议主动与招聘单位保持联系，感谢公司给了你面试机会，对主面试官表达谢意，也可以对面试做补充，或者表明对招聘单位的感受，如对公司印象非常好，非常想加入公司等。如果态度诚恳，理由充分，表述清楚不仅可以加深给招聘单位留下的印象，没准还因此让招聘单位感觉你非常重视这次机会从而重新考虑你，因为人才稳定性也是HR非常关心的问题。

能力相差不大的情况下，很多HR愿意选择那些更看重和珍惜这次机会的应聘者。不过，由于你得到的一般都是公司的招聘邮箱，那么感谢信是否起作用因看邮件的HR而异。通常来说，如果对于这场面试你是十拿九稳的，不建议你多此一举。如果面试希望不大，不妨发一封邮件，清晰表达，真诚争取，也不失为一个办法。

本章小结

本章探讨了简历的内容、撰写原则与撰写要求，视频简历和视频附件在求职中的作用与制作要求，以及如何基于岗位要求定制有针对性的简历，同时还简要介绍了常见的面试类型，以及如何准备面试和面试前、中、后要注意的礼仪要点。本章的重点是简历撰写和面试准备，难点是意识到简历是用行动填写的，能针对目标公司的要求开展自主学习、实践和实习，提升求职竞争力。

职业规划大赛指导

大学生职业规划大赛就业赛道备赛要点之简历与面试准备

按照首届全国大学生职业规划大赛通知要求，就业赛道的评审标准是：通用素质35分（市场营销、公共服务等岗位45分）、岗位认知程度20分（市场营销、公共服务等岗位15分）、岗位胜任能力25分（市场营销、公共服务等岗位20分）、发展潜力10分、实习意向10分。

岗位能力

（1）岗位认知程度。全面了解目标行业现状、发展趋势和就业需求，准确把握目标岗位的任职要求、工作流程、工作内容等。

（2）岗位胜任能力。具备目标岗位所需的专业能力、实习实践经验、解决实际工作问题的能力等。

备赛建议

对照上述评审标准，给同学们提出如下备赛建议。

（1）认真分析岗位能力的概念和基本要求，能够通过实习和社会实践加深对目标岗位的理解和认识，并能有意识地提升自己对目标岗位的胜任力。

（2）一定要根据国家要求和经济社会发展需要选择职业，做到个人职业目标符合个人价值追求、兴趣爱好和能力优势，契合行业发展前景和国家对高技能人才的培养需求。

（3）在实习实践中要注意行思结合，尽量利用照片、视频、实践日记等方式记录实习过程，并注意通过视频和权威背书来佐证自己的岗位能力。

课程思政活动

职业道德就是同人们的职业活动紧密联系的，符合职业特点所要求的道德准则、道德情操与道德品质的总和。每个从业人员，不论是从事哪种职业，在职业活动中都要遵守职业道德，如教师要遵守教书育人、为人师表的职业道德，医生要遵守救死扶伤的职业道德等。

职业道德，不仅仅是从业人员在职业活动中的行为标准和要求，而且是本行业对社会所承担的道德责任和义务。职业道德，还是社会道德在职业生活中的具体化。理解职业道德需要掌握以下四点。

首先，在内容方面，职业道德总是要鲜明地表达职业义务、职业责任以及职业行为上的道德准则。它不是一般地反映社会道德和阶级道德的要求，而是要反映职业、行业及至产业特殊利益的要求；它不是在一般意义的社会实践基础上形成的，而是在特定的职业实践的基础上形成的，因而它往往表现为某一职业特有的道德传统和道德习惯，表现为从事某一职业的人们所特有的道德心理和道德品质。

其次，在表现形式方面，职业道德往往比较具体、灵活、多样。它总是从本职业的交流活动的实际出发，采用制度、守则、公约、承诺、誓言、条例，以至标语口号之类的形式。这些灵活的形式既易于为从业人员接受和实行，而且易于形成一种职业习惯。

再次，从调节的范围来看，职业道德一方面用来调节从业人员内部关系，加强职业、行业内部人员的凝聚力；另一方面，它也用来调节从业人员与其服务对象的关系，用来塑造本职业从业人员的形象。

最后，从产生的效果来看，职业道德既能使一定的社会或阶级的道德原则和规范“职业化”，又使个人道德品质“成熟化”。职业道德虽然是在特定的职业生活中形成的，但它绝不是离开阶级道德或社会道德而独立存在的道德类型。职业道德与各种职业要求和职业生活相结合，具有较强的稳定性和连续性，从而能形成比较稳定的职业心理和职业习惯，以致在很大程度上改变人们在学校生活阶段和少年生活阶段所形成的品行，影响道德主体的道德风貌。

形成性训练

一、思考题

（1）怎么理解“简历是用行动填写的”？

（2）如何基于岗位要求定制有针对性的简历？

（3）如何让简历更充实？

（4）如何制作视频简历？

（5）面试前需要进行哪些准备？

（6）面试时怎么穿才得体？

二、整理简历素材

整理简历素材，见表 7-1。

表 7-1　简历素材

<table>
<tr><td>学号</td><td colspan="2"></td><td>姓名</td><td></td><td>专业</td><td colspan="2"></td></tr>
<tr><td>出生年月</td><td colspan="2"></td><td>身高</td><td></td><td>政治面貌</td><td colspan="2"></td></tr>
<tr><td>GPA
（平均绩点）</td><td colspan="2"></td><td>性别</td><td></td><td>手机号码</td><td colspan="2"></td></tr>
<tr><td rowspan="5">优秀课程</td><td colspan="3">课程名称</td><td>等级</td><td colspan="2">课程名称</td><td>等级</td></tr>
<tr><td colspan="3"></td><td></td><td colspan="2"></td><td></td></tr>
<tr><td colspan="3"></td><td></td><td colspan="2"></td><td></td></tr>
<tr><td colspan="3"></td><td></td><td colspan="2"></td><td></td></tr>
<tr><td colspan="3"></td><td></td><td colspan="2"></td><td></td></tr>
<tr><td rowspan="4">目标岗位相关实训课程情况</td><td>时间</td><td colspan="2">课程名称</td><td colspan="4">学习内容</td></tr>
<tr><td></td><td colspan="2"></td><td colspan="4"></td></tr>
<tr><td></td><td colspan="2"></td><td colspan="4"></td></tr>
<tr><td></td><td colspan="2"></td><td colspan="4"></td></tr>
<tr><td>自主学习情况</td><td colspan="7"></td></tr>
<tr><td rowspan="5">校内外实践经历</td><td>实践时间</td><td>单位</td><td colspan="2">职务</td><td colspan="2">职责</td><td>结果 / 业绩</td></tr>
<tr><td></td><td></td><td colspan="2"></td><td colspan="2"></td><td></td></tr>
<tr><td></td><td></td><td colspan="2"></td><td colspan="2"></td><td></td></tr>
<tr><td></td><td></td><td colspan="2"></td><td colspan="2"></td><td></td></tr>
<tr><td></td><td></td><td colspan="2"></td><td colspan="2"></td><td></td></tr>
</table>

续表

<table>
<tr><td rowspan="4">资格证书</td><td>获得时间</td><td>名称</td><td>颁发单位</td></tr>
<tr><td></td><td></td><td></td></tr>
<tr><td></td><td></td><td></td></tr>
<tr><td></td><td></td><td></td></tr>
<tr><td rowspan="5">荣誉证书</td><td>获得时间</td><td>名称</td><td>颁发单位</td></tr>
<tr><td></td><td></td><td></td></tr>
<tr><td></td><td></td><td></td></tr>
<tr><td></td><td></td><td></td></tr>
<tr><td></td><td></td><td></td></tr>
<tr><td rowspan="3">发表文章</td><td>发表时间</td><td>文章标题</td><td>刊物名称</td></tr>
<tr><td></td><td></td><td></td></tr>
<tr><td></td><td></td><td></td></tr>
<tr><td>特长 / 爱好</td><td colspan="3">参加活动或比赛的情况，投入了多长时间，取得了怎样的成果，目前水平如何？</td></tr>
<tr><td>他人认可</td><td colspan="3">如果一个了解你的人，如老师、领导、同学、同事等，要向别人推荐你，他可能会说什么？</td></tr>
<tr><td>对你工作有帮助的资源</td><td colspan="3">个人及家庭、亲朋好友在就业方面的资源，能给予你怎样的帮助？</td></tr>
<tr><td>其他</td><td colspan="3"></td></tr>
</table>

三、针对目标岗位梳理个人优势

请选取与目标岗位职责相关的经历，完成内容梳理，见表 7–2。

表 7–2　目标岗位梳理

目的	为什么要从事这项工作？希望取得什么成果？
过程	你的主要职责是什么？ 每项工作有哪些关键流程？ 为了完成好这项工作，需要运用哪些方法、工具和技术？ 你遇到过什么困难？分析问题的思路是什么？怎么解决的？
结果	取得了怎样的工作成果？ 有哪些可量化的数据？ 得到了哪些积极的评价？ 如果有机会重做此项工作，你会如何改进？

第八章 权益保护与角色转换

学习目标

（1）了解求职过程中的权益和义务，能够识别和规避求职陷阱。
（2）掌握维护个人就业权益的途径和方法。
（3）理解就业协议的作用、签订流程和注意事项。
（4）掌握劳动合同的内容、签订、变更、终止与解除方式。
（5）具备职场人士必备的职业意识、职业态度和职业能力。
（6）顺利实现从学生向员工的角色转换。

导入案例

广西某职业院校2018届的毕业生小洁于2017年10月30日到H公司任职，试用期为2017年10月30日至2018年1月30日。2018年1月31日，双方签订了劳动合同，约定合同期限为无固定期限，自2018年1月31日起至合同第七条终止情形出现时即行终止。小洁在H公司从事UI设计，具体任务为项目UI设计，岗位执行标准工时制度，劳动报酬支付时间为每月20日，月工资3000元。小洁在工作中一直尽职尽责，但从2018年2月开始，H公司不再支付工资。2018年4月1日，H公司以公司经营发生问题为由，口头解除与小洁的劳动关系。小洁于2018年4月17日向南宁市劳动争议仲裁委员会申请仲裁，要求H公司支付拖欠工资及支付经济补偿金。南宁市劳动人事争议仲裁委员会于2018年5月16日做出《不予受理通知书》，以原告为全日制大学生，不符合劳动争议案件受理条件为由，驳回小洁的仲裁要求。因此，小洁于2018年5月16日向法院提出诉讼请求。

第一节 就业权益维护

大学生跨出校门进入工作岗位后，开始独立面对劳动雇佣关系。但大学生往往由于缺乏社会经验，法律意识淡薄而落入各种陷阱，使自己的权益受到侵害。因此，在校大学生既要了解自己将来在就业中的权利与义务，又要了解可以通过哪些途径来保护自己的权益。

一、了解就业权益

大学毕业生就业权益是指高校大学生在劳动就业过程中，依法享有的一系列权利和利

益的总称。从本质上说，大学毕业生就业权益属于劳动就业权的范畴，即为法律保障下的劳动者获得劳动就业机会并在劳动过程中得到基本保障的权利。

（一）大学毕业生的权益

大学毕业生就业权益是作为劳动者的大学生基于生存的需要而享有的基本权利，因而其也是人权的一项基本内容。针对大学毕业生就业群体的特殊性，其就业权益保护的内容主要包括平等就业权、信息知情权、接受就业指导权、被推荐权、隐私保护权、违约求偿权等。

1. 平等就业权

大学毕业生在求职过程中首先要明白，平等就业权是公民最基本的权益。《中华人民共和国就业促进法》和《中华人民共和国劳动法》(以下简称《劳动法》）都明确要求用人单位在录用劳动者的过程中不得因性别、身高、容貌、学历等原因，剥夺求职者被录用的权利，而应秉着公平、公正的原则一视同仁。平等就业权本质上强调的是平等，不但要求在求职阶段初期给予每一位求职者公平竞争的就业机会，也要求在就业过程中享有平等无差别的福利待遇。大学生需要具备相关的法律知识，具有劳动法律意识，以便了解与用人单位签订的合同条款是否侵犯了自身平等就业的权益。

2. 信息知情权

就业信息不但包括国家现有的就业政策与相关规定，还包括用人单位的具体信息，如公司规模、营业性质、硬件条件、工作环境、福利待遇等单位的实际情况。用人单位的信息在招聘时应及时、真实、准确地传达给求职者，不得弄虚作假。总之，要求用人单位做到信息公开、信息及时、信息准确。同时也要求大学生个人做到诚信求职，递交真实的简历信息，不得隐瞒、虚报个人的学历信息以及学习经历。

3. 接受就业指导权

《高等教育法》第五十九条明确规定：高等学校应当为毕业生、结业生提供就业指导和服务。高等学校应积极建立就业指导中心，组织专业人员宣传国家有关就业的方针政策，结合每位学生的特点，分阶段地提供就业形势、就业技巧、职业规划等方面的专项服务，引导学生增强就业信心、改变就业观念、调整就业意愿。

4. 被推荐权

高等教育机构有责任向企业择优推荐本校毕业生，要求高校的推荐过程透明化、公平化，由大学生群体严格监督全部推荐过程，如若存在徇私偏向的不公正行为可向教育部门举报。在行使这一权利时，要求大学毕业生具备一定的诚信意识，实事求是地提供个人简历信息，不能为了得到推荐机会而有弄虚作假的行为。

5. 隐私保护权

用人单位应妥善保护大学毕业生的隐私信息，未经许可不得将信息公开或用于其他用途，用人单位更不得以招聘为由，过度询问大学生的隐私。侵犯毕业生隐私权的用人单位，毕业生有权要求其赔偿或申请诉讼。同时大学生要具有一定的维权意识和维权能力，能在第一时间认识到自身权利受侵害，并及时行使积极、理性的维权行为。

6. 违约求偿权

毕业生、用人单位和学校签订三方协议后，都必须严格履行三方协议签订的责任和义务，不得擅自毁约。任何一方擅自毁约，权益受损一方都有权要求侵权方按照就业协议提供相应的赔偿。不同于普通劳动者与用人单位签订的双方劳动合同，三方协议是代表着毕业生、用人单位和学校三方主体的权益。学生更应该提高维权意识，积极采取维权行为，既可以保障自身就业权益不受侵犯，也可以保障其他主体的合法权益。

（二）大学毕业生的义务

根据权利与义务对等的原则，大学毕业生在享有权利的同时，应当履行相应的义务。

1. 遵纪守法义务

大学毕业生在就业过程中，应严格遵守国家法律和就业规定，承担相应义务，与就业各方共同创造和谐法律关系。并且，根据学校和用人单位的要求，加强和提高自身能力与职业技能，执行劳动安全卫生规程，遵守纪律和职业道德，以自己的努力和才干，维护学校的声誉，促进单位的发展。

2. 诚信求职义务

大学毕业生在择业过程中应自觉遵循市场规则与就业规范，树立诚信求职的意识，力求减少就业纠纷的发生。在求职中，无论是自荐、应聘、面试、笔试、洽谈意向等都应本着“诚实、信用、平等”的原则，以实力参与竞争和双向选择，保证就业行为不违反就业规范，不侵犯其他大学毕业生以及用人单位的合法权益，履行诚信求职的义务。

3. 遵规履约义务

大学毕业生在求职与签约时，必须严守就业规则与合同规范，明确自己的遵规履约义务，谨慎签订就业协议，利用合同来维护自己的合法权益。一旦协议签订，即具备法律约束力。大学毕业生需要认真遵守合同中的规定，积极完成双方约定的任务和责任，避免无故毁约或违约，同时能认识到违反规定可能带来的法律后果。

二、警惕求职陷阱

求职陷阱是指招聘单位及其他机构或个人，利用大学毕业生社会经验不足、自我保护意识差和就业竞争激烈等可乘之机，以提供就业机会为诱饵，与大学毕业生达成权利与义务不对等的各类就业意向（协议），以侵害大学毕业生合法权益的现象。

（一）招聘陷阱

目前，供需见面会本是为毕业生就业、择业服务的，但是难免有些参加供需见面会的单位，借招聘之名行广告之实。例如，有些企业在招聘会上挂出巨幅宣传画，展位布置得极其鲜亮夺目，当求职者进行职位询问时，招聘者则对企业文化侃侃而谈数十分钟，然后再每人赠送一本精美宣传画册，至于招聘岗位则是虚设的，他们参会的目的就不是来招人

的。更需要警惕的是一些违法分子打着招聘的幌子，收取求职者报名费、资料费或培训费，或诱骗毕业生做传销、推销等其他违法的事情。

（二）协议陷阱

大学毕业生找工作时，需要与单位签订就业协议，就业协议是双方表达意愿的一种约定。毕业生在签订协议的过程中，常常会遇到以下三种问题：第一种是口头承诺。口头承诺如果没有在协议书中白纸黑字予以体现，就没有法律约束力。一旦协议主体间发生矛盾，吃亏的一般都是毕业生，因此要把双方口头协议的事都写到就业协议书或合同中，签约前还应反复检查，保证协议内容无歧义和遗漏。第二种是不平等协议。由于大学毕业生缺乏维权意识，在求职中又处于弱势地位，对不平等条款要么不懂，要么不敢提出异议，就业协议在某种程度上成了“霸王合同”。所以，大学毕业生在签订就业协议时，一定要慎防无保障的不平等协议。第三种是用就业协议代替劳动合同。有些用人单位以就业协议替代劳动合同，究其原因是用人单位在就业协议中的许多约定不符合《劳动法》规定，如果签订劳动合同，许多不合法约定将不存在，就难以实现对大学毕业生的约束，不能达到其违法用工的目的。因此，大学毕业生在到用人单位报到后，即使在试用期内，也要与用人单位签订劳动合同。

（三）试用期陷阱

试用期是用人单位对新录用的劳动者是否合格进行考核，劳动者对用人单位是否适合自己进行详细了解的期限。由于大学毕业生在就业中处于弱势地位，加之缺乏工作经验，试用期容易被用人单位滥用。一方面，试用期的长短及试用期内的报酬由用人单位单方决定；另一方面，用人单位以实习期、见习期为由规避试用期规定，或者利用试用期随意解除劳动合同，以逃避本应由单位承担的责任和义务。试用期陷阱主要有以下两种：一是不约定试用期，获取廉价劳动力。试用期是劳动合同的约定条款，对双方都有约束力，试用期长短或有无由双方依法在劳动合同中约定，但有些企业却不签劳动合同，等到试用期满后一句“不符合录用条件”就将人打发了。二是试用期或见习期过长。劳动部在 1996 年全面实行劳动合同制时规定，大中专、技校毕业生新分配到用人单位工作的，仍应按原规定执行一年的见习制度，见习期内可以约定不超过半年的试用期。但在实际执行中，有些单位却以见习期的名义不签合同且借故延长见习期，有些单位签的是劳动合同，书写的却为见习期。诸如此类的现象屡见不鲜，应当引起大学毕业生的高度重视。

（四）虚假信息陷阱

一些公司为了吸引求职者，常常在介绍招聘岗位信息时进行编造和美化，如用 AI 等手段合成一些情境，让求职者产生一些超出实际的幻想。这些公司经常以高薪为诱饵，迫使求职者立刻签订合同，或以约定高额违约金的方式，千方百计套牢求职者。又如，一些不

规范的网站和中介机构，通过截取求职简历，获取大量个人信息，作为销售信息出售给企业。同时，虚设岗位也是求职者遭遇虚假广告中的一种，即用好听的新名词、新概念包装岗位，将其吹得天花乱坠。例如，招聘单位在招聘广告上把职位写成是“市场总监”或“保险事业部经理”，结果到了岗位，求职者却发现其实是去做“业务员”“保险代理员”等。有的单位也会以“到基层先锻炼锻炼”为幌子欺骗求职者，使他们继续工作下去。因此，大学毕业生在接到某公司的应聘通知时，务必要通过正规的渠道多搜集一些公司的情况，以及联系方式。主动与对方联系沟通，以防此类招工陷阱。

（五）培训陷阱

在大学毕业生就业中，常常会看到一些培训机构混迹其中，不断给大学毕业生介绍“高薪就业”“保证就业”之类的机会，殊不知其中陷阱重重。其具体表现为以下四种形式。

（1）收了培训费后仍然无工作。有些培训机构以“高薪就业”“保证就业”的名义引诱大学毕业生交培训费，但培训结束后，却以种种理由不给安排就业。

（2）培训机构与用人单位联手坑害大学毕业生。大学毕业生交了昂贵的培训费后，被推荐到一些位置偏僻、层次较低的企业，甚至在试用期就被借故辞退。

（3）用人单位的培训陷阱。有些用人单位要求大学生必须经过某机构培训，考核合格才能被录用，于是花费不少金钱的大学毕业生参加培训，考核过关者却寥寥无几。即使如此，被录用者也难逃厄运，工作刚满见习期或试用期即被以各种理由辞退。

（4）因为培训而失去自由。常言道：“没有梧桐树，难留金凤凰；栽好梧桐树，招来金凤凰。”可一些没有梧桐树的用人单位自有“妙法”留人。那就是单位出钱培训上岗，“买走”大学毕业生的“自由”。这些用人单位在大学毕业生上岗前提出，单位出资送大学毕业生到某培训机构进行所谓的培训，并且签订培训上岗协议或劳动合同，规定所有经过培训合格的人员，才能准予上岗，且要签订长期劳动合同，少服务一年就必须支付数目不菲的违约金，有些单位甚至扣押大学毕业生的证件。

三、维护就业权益

构建有效的大学毕业生就业权益保护体系，切实维护多方主体利益，关系到和谐就业关系的建立，关系到学校和社会的稳定，这是当前大学毕业生就业市场有序建设的当务之急。大学毕业生就业权益的保护是一个系统工程，在强调从法律和制度层面营造一个良好的背景和氛围的同时，要求大学毕业生也必须加强自身的就业权益保护意识和能力。

（一）求职过程中的自我保护

随着毕业生就业工作逐步走向规范化、法治化，大学毕业生的自我保护意识显得越来越重要。要增强自我保护意识，首先必须认真学习、深刻领会有关的政策、法律、法规，只有掌握其精神实质，把握其要领，才能运用好自己的权利。其次，要自觉遵守有关就业

的政策、法律、法规，履行义务，以免使自己处于被动。在就业过程中，如发生协议争执、合同纠纷或用人单位以种种无理借口拒绝接收等使自身权益受到侵犯的事情，大学毕业生可依据有关政策规定或法律条款向学校就业部门或用人单位的上级主管部门进行申诉，求得他们的协调。调解失败可提交当地的劳动、人事部门的仲裁机构进行调解和仲裁，必要时可向人民法院提起诉讼。

（二）签约后的权益维护

用人单位发布虚假信息等违规违约事件时有发生，一旦用人单位发生侵权行为，大学毕业生首先要冷静分析原因，评估个人权益受损程度，确认自己是否愿意继续履行就业协议。对无法履行的就业协议，大学毕业生在维权时，首先要搜集相关证据，确认用人单位不再履约，并征求学校负责老师和家人意见，然后向用人单位提出合理维权要求，与用人单位协商未果的，可以向其上级主管部门申诉，同时向学校讲明情况，以取得学校的支持。通过交涉不能解决问题的，可通过法律途径解决。

案例分析

如何免受黑心公司欺诈

以录用作为诱饵骗取培训费已屡见不鲜，但仍有不少求职心切的大学毕业生掉入此类陷阱。应届毕业生小刘，接到某公司的面试通知后十分高兴。一番面试后，该公司当时并没有向他收取培训费，只是说让他先试用一段时间，然后再考虑是否录用他。小刘十分高兴，想好好表现一下，争取能留在该公司工作。于是，他起早贪黑地干了近一个月，结果却被告知："试用期表现得不错，但专业知识不足，公司需要对你进行专业培训，请先交300元培训费。"当小刘对此提出质疑时，该公司却说，不交培训费可以走人，但此前工作一个月的薪水免谈，这令小刘气愤不已。

有些公司在招聘时不查看任何学历证明，甚至不安排任何面试，只是要求应聘者支付如信息费、报名费、登记费、资料费、推荐费、注册费等名目繁多的费用，而当用人单位和中介公司填满了自己的"钱袋"之后，就会找出各种理由将应聘者"辞掉"。其实，这正是黑心单位最常用的欺骗手法。

国家劳动部、人力资源和社会保障部等有关部门早就明文规定，用人单位不得以任何名义向应聘者收取报名费、抵押金、保证金等费用，对于员工的培训费用，应当从企业成本中支出。有些企业和公司置国家规定于不顾，巧立名目，向应聘者收取费用，就是因为许多大学毕业生不了解国家的这些规定。应聘者糊里糊涂交了钱，当发觉是骗局时，好多人不敢抗争，只能自认倒霉。

因此，大学毕业生求职前，要了解国家的有关法律、法规，以及劳动部、人力资源和社会保障部关于劳动招聘、人才市场及劳动争议等条例规定以及地方政府相关的规章制度，明白供职单位哪些做法合法合理，哪些做法不合法不合理。当遇到各种名目的收费时，要坚决抵制，不要受其职位、薪金的诱惑，不管这个企业的许诺多么诱人，要明白这样的企业是靠不住的。

思考题

（1）案例中的小刘遭遇的是哪种陷阱？

（2）小刘为什么会掉入陷阱？

（3）你认为小刘应该如何跳出陷阱？

（4）如果你是小刘，你想如何维护自己的权益？

（5）本案例对你有哪些启发？

拓展阅读

大学毕业生需要养成哪些维权意识

法律意识

市场化的就业体制要求毕业生就业依靠市场这个无形的手，实现人才资源的合理配置。市场经济是法治经济，毕业生就业也必须走法治化之路。因此，毕业生必须了解与就业相关的法律法规、政策制度，了解劳动用工的相关规定，并且在学习这些法律、政策、规定的过程中，逐步培养用法律进行思维的意识，即法律意识，进而能在这种意识的指导下，真正做到懂得法律、遵守法律、使用法律。法律意识要求毕业生在求职过程中运用法律的思维分析和解决问题，大体知道法律的规定是怎样的，了解哪些情况是违法的，哪些情况又是政策允许的。只有有了这种意识，才能认识到行为的性质以及法律后果，才有了进行自我保护的前提。

契约意识

从某种意义上说，市场经济就是契约经济，契约意识要求当事人尊重平等、信守契约。由于我国就业体制的特殊性，就业协议在明确单位和毕业生权利义务等方面扮演着重要角色，因此契约意识的作用在毕业生就业过程中显得更加突出。契约意识在就业过程中主要体现在两个方面，一是要求毕业生充分重视和深刻理解就业协议的重要性，要有通过就业协议保护自己合法权益的意识。二是就业协议一旦签订即具有法律效力，必须具有严格遵守、履行就业协议内容的意识。因此，谨慎签约、积极履约有利于毕业生通过协议书内容的约定保护自己的合法权益。协议一旦

订立，双方都必须遵守，任何一方不得无故毁约、违约等，否则将受到经济和法律的制裁。

维权意识

毕业生在法律意识和契约意识的指引下，认识到自己的合法就业权益受到了侵害后，是积极运用法律手段或者其他方法进行救济以维护自己的合法权益呢？还是息事宁人，当作什么事都没发生过？不同的处理方法就体现了维权意识的不同。在碰到问题时能够拿起法律的武器积极主张权利，是毕业生走向权益自我保护的实质性的一步。毕业生只有养成了维权意识，才能够平等地与用人单位对话，据理力争，切实保障自己的合法权益。当然维权意识要求毕业生应当知道可以采用下列途径维护自己的就业权利：学校出面调解，向劳动监察部门申诉、举报，向劳动仲裁机构申请仲裁，向人民法院提起诉讼等。

证据意识

法律是用证据说话的，毕业生在就业过程中应“多留一个心眼”，牢固树立证据意识。证据意识的培养主要体现在三个方面。

一是搜集证据的意识，要求毕业生在就业时要有意识地让对方出示或者提供相关资料，如要求公司出示营业执照、要对方出示表明身份的证件等。

二是保存证据的意识，要求毕业生注意保存现有的证据，以便将来在仲裁或诉讼时支持自己的观点，如注意保存单位在招聘时的海报，与单位往来的传真、邮件等。

三是运用证据的意识，毕业生要有用证据证明案件事实的意识，知道什么样的事实需要什么样的证据证明，知道一定事实的举证责任是在对方还是己方。

就以毕业生在就业过程中经常会碰到单位要求交押金的情况为例，签订劳动合同时要求劳动者提供押金的做法是法律明确禁止的，但是签订就业协议时单位是否可以收取押金，法律没有明确规定。

一般认为可以参照劳动合同的做法，签订就业协议收取押金是不合理的。但是在现在的就业市场中，由于某些潜规则的存在，确实存在着毕业生不交押金就无法签订协议、得不到工作的尴尬情况。在这种情况下，如果毕业生确实很想去这个单位工作的话，我们认为可以先交押金，但是一定要让单位出具标明“押金”字样的收据并且注意保存，以便日后作为证据使用。

诚信意识

毕业生诚信意识的培养主要包括两个方面。一是毕业生自己在求职过程中必须如实向用人单位介绍自己的情况，要实事求是。如果毕业生故意隐瞒自身情况、欺骗单位，可能会导致就业协议无效，并要承担缔约过失责任。二是要意识到用人单位是否诚信，如单位介绍的情况是否真实以及招聘的真实目的是什么。

以上第二点对毕业生的要求更高，因为要判断用人单位是否诚信，必然要求毕业生有比较丰富的阅历和经验，并通过不同的方法和途径全面了解用人单位的情况。然而，一些毕业生在这方面做得还不够，主要是因为严峻的就业形势使得毕业生不敢向用人单位问太多的问题、提更多的要求，许多初涉职场的毕业生认为用人单位说的都是对的，用人单位要求的就应该去做，不知不觉中自己的权益已经遭受侵犯。因此，必须强化毕业生的诚信意识，特别是锻炼其中的第二种能力，以保护自己的合法权益。

第二节 就业协议与劳动合同的签订

毕业生在签约过程中必须遵守就业规则和合同规范，履行遵规，履约义务。一方面，谨慎签约，要善于通过就业协议来保护自身的合法权益；另一方面，遵规履约，要明确地树立就业协议或劳动合同一旦签订即具法律效力的意识，认真遵守合同的规定内容，积极履行彼此约定，不得无故毁约、违约，明确违反规定受到的制裁后果。

一、就业协议与劳动合同

随着越来越多的毕业生到各类企业就业，按照《劳动法》要求，企业要通过与毕业生签订劳动合同的方式，协商确定工资、保险和工作条件等要素，衔接好就业协议与劳动合同的签订，避免引发矛盾纠纷。

（一）就业协议

就业协议就是大家常说的三方协议，其全称为《全国普通高等学校毕业生就业协议书》。就业协议是明确毕业生、用人单位、学校三方在毕业生就业工作中的权利和义务的书面文件，它能解决应届毕业生户籍、档案、保险、公积金等一系列相关问题。就业协议在毕业生到单位报到、用人单位正式接收后自行终止。

在我国现行的高校毕业生就业体制中，就业协议是教育部门制订就业计划的依据。它属于由学校见证，毕业生与用人单位签订的意向性协议。就业协议可能是毕业生刚进社会签订的第一份具有法律意义的书面契约，在人生中具有重要的作用。

就业协议主要包括以下内容。

（1）毕业生的基本情况。毕业生应如实向用人单位介绍自己的情况，如姓名、性别、民族、政治面貌、专业及知识技能等内容，真实表明个人的求职意向，明确自己在规定时间到单位报到，若碰到特殊因素不能按时报到的情况，须征得对方同意。

（2）用人单位的情况。单位应如实介绍自己的基本情况，如单位名称、性质、地址、联系人等内容，并签署同意接收毕业生的意愿。

（3）学校的推荐意见。学校应如实介绍毕业生的表现情况，做好推荐工作，用人单位同意录用后，经学校审核，报所属毕业生就业主管部门批准，并负责办理毕业生就业派遣手续。

（4）其他补充协议。由毕业生、用人单位和学校三方协商一致后在备注栏列明。

（5）各方应严格履行协议，任何一方若违反协议规定，应承担相应的违约责任。

（二）劳动合同

劳动合同又称为劳动契约，它是企业、个体经济组织、事业组织、国家机关、社会团体与劳动者之间建立劳动关系的书面文件。按不同的标准，劳动合同可划分为不同种类。按照有效期限的不同，可将劳动合同分为固定期限的合同、以完成一定的工作为期限的合同和无固定期限的合同；按照劳动者人数的不同，可将劳动合同分为集体劳动合同和个人劳动合同；按照合同目的不同，可将劳动合同分为借调合同、停薪留职合同、录用合同和聘用合同等。

《劳动法》规定，建立劳动关系应当订立劳动合同。劳动合同的订立采用书面形式，即书面协议。合同的书面形式有主件和附件之分，其中主件是劳动合同书，附件是指合同的补充协议，如用人单位依法制定的内部劳动规程、岗位协议书、专项劳动协议等。劳动合同是确定劳动关系的法律凭证，劳动合同一经签订，即形成了规范双方当事人劳动权利和义务的依据。以劳动合同作为确立劳动关系的基本形式，对劳动者来说具有以下三种意义。

（1）有利于劳动者选择职业，有了择业的主动权。

（2）有利于劳动者增强竞争意识，促进其努力学习文化科学知识，全面提高素质。

（3）在合同中明确劳动者的权利，其正当权益受到国家法律保护，有利于劳动者合法权益的实现。

（三）就业协议与劳动合同的异同

就业协议与劳动合同是用人单位录用毕业生时所订立的书面协议。就确立劳动关系这一点来说，就业协议与劳动合同是相通的。从某种意义上说，就业协议的实质就是准劳动合同，是劳动合同的一种特殊表现形式。

1. 就业协议与劳动合同的相同之处

（1）性质一致。用人单位对大学毕业生这类劳动者，与面向社会公开招聘的劳动者，在培养、使用、待遇等方面可能有所不同，但从确立劳动关系这一点来说，就业协议与劳动合同是一致的。

（2）主体意思表达一致。签订就业协议的双方在表达主观愿望真实、无强制胁迫这一点上，与签订劳动合同时，双方的主观意思表达所处的状态完全一致。

（3）法律依据一致。由于就业协议是确立劳动关系的一种协议，用人单位对大学毕业生录用、接收之后，要有见习期（或试用期）、最低劳动年限的规定，这与劳动合同的要求相一致，因此就业协议应当遵循《劳动法》中劳动合同等有关规定，发生争议纠纷，应依法解决。

2. 就业协议与劳动合同的不同之处

（1）就业协议是毕业生在校时与用人单位协商签订，并由学校参与见证，是编制毕业生就业计划方案和毕业生派遣的依据。劳动合同是毕业生与用人单位明确劳动关系中权利义务关系的协议，它是确定毕业生从事何种岗位、享受何种待遇等权利和义务的依据。学校不是劳动合同的主体，也不是劳动合同的见证方。

（2）就业协议的内容主要是毕业生如实介绍自身情况，并表示愿意到用人单位就业，用人单位表示愿意接收毕业生，学校同意推荐毕业生并列入就业计划进行派遣。而劳动合同的内容，主要涉及劳动报酬、劳动保护、工作内容、劳动纪律等要素，它比就业协议更为具体，所规定的劳动权利和义务也更为明确。

（3）一般来说，就业协议签订在前，劳动合同订立在后，如果毕业生与用人单位就工资待遇、住房等有事先约定，也可以在就业协议中的备注条款处予以注明，日后订立的劳动合同对此内容应予认可。

（4）就业协议是毕业生和用人单位关于将来就业意向的初步约定，对于双方的基本条件以及即将签订劳动合同的部分基本内容大体认可，并经用人单位的上级主管部门和高校就业部门同意和见证，一经毕业生、用人单位、高校毕业生主管部门签字盖章，即具有一定的法律效力，成为编制毕业生就业计划和将来可能发生违约情况时的判断依据。

二、就业协议的签订

《普通高等学校毕业生就业工作暂行规定》明确："经供需见面和双向选择后，毕业生、用人单位和高等学校应当签订毕业生就业协议书，作为就业计划和派遣的依据。未经学校同意，毕业生擅自签订的协议无效。"该规定对就业协议签订的目的、程序做出了原则性要求。从行政规章的角度对就业协议进行规范，并且指明，作为学校毕业生就业计划派遣依据的就业协议，由学校发放、毕业生签字、用人单位和学校盖章，毕业生将其作为办理报到、迁移户口、接转档案的重要依据。

（一）签订就业协议的原则

签订就业协议是一种法律行为，协议一经签订，可视为合同生效，具有法律效力。签订就业协议，是确认签约双方权利和义务的必要程序，也是处理就业纠纷的主要依据。因此，在签订就业协议中，应遵守四项原则。

1. 依法合规原则

单位在招用毕业生过程中，应严格遵守《中华人民共和国民法典》《劳动法》《中华人民共和国劳动合同法》（以下简称《劳动合同法》）等法律规定；学校和毕业生应遵

守法律法规、教育主管部门与毕业生就业部门的管理规章，发挥就业协议的保障作用；协议各方应把依法合规看成就业协议签订的重要原则。

2. 充分协商原则

在协议签订过程中，毕业生应与单位充分洽谈，认真了解单位的隶属、效益、规模、待遇、劳动保障等情况。一般行政机关、企事业单位都有人事接收权；民营企业、外资企业则需经人事部门或人才交流中心的审批方可招录员工。就业协议要签署他们的意见才能有效，因此要充分洽谈、协商一致。

3. 严肃慎重原则

就业协议作为权利义务明确的契约，它虽不是真正的劳动合同，却是一种民事合同，依法受到保护。协议各方应提高契约意识，用人单位和毕业生应严肃慎重地签订就业协议，学校作为见证方亦应承担相关的法律责任。

4. 诚实信用原则

恪守诚实信用原则，要求协议各方应履行契约责任，毕业生与单位签订就业协议时，应诚实守信，按照具体约定，全面履行自身义务。

（二）签订就业协议的流程

在求职择业过程中，毕业生持学校核发的就业推荐表，参与双向选择活动。就业单位确定后，毕业生可以凭推荐表回执或单位接收函换取就业协议，协议必须以原件为准，复印件无效。在签订就业协议时，要遵循以下程序。

（1）毕业生收到单位的书面接收函或录用通知。

（2）毕业生到学校领取就业协议。

（3）毕业生和单位签订就业协议，并在就业协议上签名盖章，单位应在协议书上注明接收毕业生的机构名称和详细地址，并由可接收毕业生档案的单位上级主管部门或人才交流服务部门盖章。

（4）毕业生到学校签署就业协议。

（5）签署就业协议之后，学校、用人单位、毕业生本人各留一份就业协议，毕业生本人把用人单位应持的就业协议转交单位。

（三）签订就业协议的注意事项

就业协议在毕业生报到前起着制约双方行为的重要作用，属于意向性协议。在签订过程中，应注意以下事项。

1. 明确就业协议的法律性质

有人主张就业协议就是劳动合同，应遵循《劳动合同法》的规定。就业协议是一种什么性质的协议，单位同毕业生建立的是一种什么性质的法律关系，就业协议与毕业生报到上岗后签订的劳动合同又存在什么样的关系，这些问题涉及毕业生合法权益的保障和就业风险的防范。从表面上看，就业协议的格式内容简单，几乎没有涉及《劳动合同法》要求

当事人必须约定的重要内容，但却有明确的责权利。因而，把就业协议的法律属性放置于我国民事法律体系的视野里，认真弄清其作为民事合同或者契约的法律属性，才能进行协议签订。

2. 认真审查就业协议的格式内容

就业协议属于“格式合同”，且有“备注栏”部分，经协商一致允许另行约定权利义务。因而签订协议不仅要重视正文部分，对“备注栏”部分的内容，尤其是涉及单位对毕业生的要求或约束，如学位、体质、英语等级等，更应在备注栏详细列明。签订就业协议时，毕业生应避免出现自述的能力、资质、条件与实际不符的情形；同时也要充分利用“备注栏”，尽量将单位的口头承诺，如解决户口、深造晋升等待遇福利写入，避免发生就业纠纷。

3. 要认真弄清就业协议的违约及后果

签订就业协议之后，就要认真履约。因为协议一经签订，即具法律效力，用人单位、毕业生、学校任何一方不得擅自解除协议，否则违约方应向权利受损方支付协议条款所规定的违约金。作为毕业生，签订就业协议意味着承担遵规履约义务，因此需要弄清就业协议的违约及违约责任。若违约，除承担相应的违约责任之外，还会造成以下三个方面的不良后果。

（1）使其他毕业生失去一次就业机会。用人单位一旦与大学毕业生签订协议，就不可能在同一岗位上再录用其他毕业生。若该毕业生违约，希望到该单位就业的其他毕业生会失去面试竞争的机会，就业信息被浪费，无法补缺。

（2）使单位新成员招录工作趋于被动。单位招录毕业生需要花费大量的时间和人力，毕业生违约势必使单位这一录用的岗位空缺，从而使单位招录工作滞后。

（3）对学校产生不良影响。一方面，直接影响学校就业计划方案的制订和报批，以及学校正常的毕业生派遣工作；另一方面，间接影响学校与单位的长期合作关系和学校声誉。

4. 弄清解除就业协议的两种情形

在签订就业协议时应做到“未雨绸缪”，弄清协议解除的两种情形：单方解除和三方解除。

（1）单方解除包含单方擅自解除、单方依法解除或依协议解除。单方擅自解除属于违约行为，解约方应对另外两方承担违约责任。单方依法或依协议解除，是指一方解除就业协议时有协议上或法律上的依据，如毕业生在规定报到时间内未能取得毕业资格，用人单位有权单方解除就业协议；毕业生考取研究生，用人单位可依协议解除就业协议。如果单方解除就业协议，解除方无须对另外两方承担法律责任。

（2）三方解除是指用人单位、毕业生、学校经协商一致，取消原签订的就业协议，使协议不发生法律效力。此类解除的必备条件是当事人的真实意思表示应当一致，这样三方均不用承担法律责任。三方解除必须在协议签订之后到就业派遣计划上报主管部门之前进行，若就业派遣计划下达后解除，还须经主管部门批准重新改派。

三、劳动合同的签订

毕业生到用人单位报到成为名副其实的劳动者，应及时与单位签订劳动合同，确保就业协议和劳动合同衔接自然。毕业生在与用人单位签订劳动合同的过程中，要使自己的就业权益能够得到有力的保障，因此必须注意以下问题。

（一）明确劳动合同的必备条款

劳动合同应明确工作内容、劳动时间、劳动强度、试用期工资等法定条款。法定条款是劳动合同生效的法定要件，合同生效即具法律效力，双方有义务按照合同约定履行。但是，在实践中，个别单位故意在劳动报酬、劳动保护等合同必备条款上侵害劳动者的合法权益。因此，必须特别注意《劳动法》规定的由劳动者和用人单位协商的，或者法律规定必备的那部分合同内容，避免合同中有些条款存在陷阱。

1. 合同期限

毕业生根据就业协议到单位所签的劳动合同大多数是固定期限的合同，因而，要注意合同对期限的约定及关于期限违约的责任规定。

2. 工作内容

工作内容是指劳动岗位、工作性质、工作范围及生产任务需达到的质量指标等应由劳动者履行的义务。

3. 条件保护

劳动保护是指单位保证劳动者完成任务和生产过程中安全健康保护的基本要求，包括合同约定的由单位提供的生产条件和劳动安全卫生保护措施等。

4. 劳动报酬

劳动报酬是指单位以货币形式支付给劳动者的工资，包括工资的数额、发放以及福利待遇（含社会保险，即失业保险、养老保险、医疗保险、工伤保险、生育保险）。劳动报酬不得低于法律法规的标准，也不低于集体合同的规定。

5. 劳动纪律

劳动纪律是指上班制度、岗位制度、奖惩制度等涉及法律法规及单位规定的纪律要求。

6. 终止条件

劳动合同中应约定合同终止的条件，一般包含法律法规规定的劳动合同终止条件和双方协商确定的终止条件。

7. 承担责任

承担责任是指合同履行的过程中，当事人一方故意或过失违反劳动合同，致使合同不能正常履行，给对方造成损失时应承担的法律责任。

（二）明确劳动合同履行、变更和解除的条件

毕业生拿报到证前往用人单位报到后，就业协议的法律效力已经结束，所以应及时与

单位签订劳动合同。劳动合同签订之后，当事人的劳动关系应以书面的劳动合同为准。

1. 劳动合同的履行

合同履行是当事人按照合同规定，履行各自承担义务的行为，当事人应遵循亲自履行、全面履行和协作履行的原则。当事人履行合同约定义务，是订立劳动合同的目的，具有法律约束力，其他任何个人或第三方不得非法干涉劳动合同的履行。

2. 劳动合同的变更

合同变更应遵循平等自愿、协商一致的原则，任何一方不得违反法律法规，不得擅自变更劳动合同，否则应承担相应的法律责任。合同变更通常是协议变更，应签订变更的书面协议。《劳动法》规定，提出变更的一方，给对方造成经济损失的，应当承担赔偿责任。

3. 劳动合同的解除

合同解除是当事人在劳动期限届满之前，依法提前终止劳动合同关系的法律行为。

4. 劳动合同的终止

劳动合同的终止是指劳动合同效力的终止。《劳动法》规定，劳动合同期满或者当事人约定的劳动合同终止条件出现，劳动合同即行终止。

（三）明确试用期的相关权益

试用期是用人单位和毕业生相互了解、相互约定的考察期。根据《劳动合同法》的规定，劳动合同可以约定试用期，且试用期最长不得超过六个月。具体来说，合同期限不满六个月的，不设试用期；合同期限在六个月到一年的，试用期最长不超过一个月；合同期限在一年以上不满三年的，试用期最长不得超过三个月；合同期限在三年以上的，试用期最长不得超过六个月。

1. 以劳动合同为前提

有关法律规定，劳动者被单位录用后，双方可以在合同中约定试用期，试用期应包括在劳动合同期限内。也就是说，试用期不是劳动合同中的法定条款，可以约定也可以不约定。但如果要约定试用期，必须以劳动合同为前提条件。不允许只签订试用期合同，而不签订劳动合同，因为这样签订的试用期合同是无效的。

2. 应享受的社会保险

毕业生在试用期期间，有权享受各项社会保险，即养老保险、生育保险、工伤保险、失业保险、医疗保险。其中，养老保险、医疗保险和失业保险，这三种保险是由用人单位和个人共同缴纳，工伤保险和生育保险由用人单位承担，个人不需要缴纳。

3. 违约金的设立依据

《劳动合同法》规定，只有当用人单位为劳动者提供专项培训费用，对其进行专业技术培训，才可以与该劳动者订立协议，约定服务期。此外，当劳动者违反服务期约定向单位支付违约金时，违约金的数额不得超过单位提供的培训费用，也不得超过服务期尚未履行部分所应分摊的培训费用。因此，除上述两项情况外，劳动合同不能设定违约金条款。

案例分析

南京大学生的集体维权

2008年7月的一天，一群刚毕业参加工作的大学毕业生来到法律援助中心寻求帮助。5月初，他们与南京某公司签订了工作意向书。5月13日，他们到公司正式报到，并签订了“就业协议”，而不是正规的劳动就业合同。“就业协议”中约定他们在学习培训期间必须服从公司的工作安排，如出差，公司保证在他们学习期满时发放学习期间的生活费1500元。“学习申明”还特别约定学习、培训时间为一个月，学习期满公司发放学习生活费，学习、培训不满一个月就放弃的不发放此项生活费。等到学习培训期满发放工资时，公司却以各种借口一再拖欠。

在多次讨要无果的情况下，大学生们找到法律援助中心寻求帮助。法律援助中心工作人员当场指派律师办理此案。律师分析后认为，南京某公司与劳动者签订的是“就业协议”，但实际上双方是劳动关系，用人单位严重违反了《劳动合同法》的相关规定，且特别约定也是无效条款。为此，法律援助中心工作人员一方面主动上门向该公司宣传相关的劳动法律法规，要求公司与投诉的员工进行协商调解。另一方面积极与区劳动监察大队沟通联系，反映这家公司的劳动用工违法行为。最终，用人单位同意支付6275元的劳动报酬。

思考题

（1）案例中的这群大学生为什么会遭遇“讨薪难”？

（2）案例中大学生与公司签订的“就业协议”有什么问题？

（3）你认为案例中大学生寻求法律援助中心帮助的做法是否正确？

（4）如果你遇到案例中的问题，你将如何维护自己的权益？

（5）本案例对你有哪些启发？

拓展阅读

高校毕业生求职要增强三个意识

一些不法分子打着招聘的幌子挖“坑”设陷，诈骗钱财、盗用信息、诱导犯罪等现象严重损害毕业生就业权益。为保护自身安全和合法权益，高校毕业生在求职过程中，一定要增强三个意识。

一要增强风险防范意识。积极参加学校及相关部门组织的就业指导和安全教育活动，增强识别就业“陷阱”和违法违规行为的意识与能力，不走所谓的“求职捷径”，警惕潜在的“高薪骗局”。

二要增强信息安全意识。通过国家大学生就业服务平台、高校就业网站等国家有关部门、地方和高校的校园招聘等正规途径获取就业信息，多渠道甄别，不盲目轻信；不随意打开陌生网址链接，谨慎对待索要敏感信息、扣留证明原件等行为。

三要增强依法维权意识。主动了解学习求职就业有关法律知识，学会用法律维护自身权益。如果在求职中本人合法权益遭受侵害，要积极搜集并留存有关证据，及时向学校及有关部门求助，或向公安机关报案。

第三节 角色转换

大学毕业生在历经了十几年的艰辛求学后，即将告别校园，走向社会，在崭新的舞台上展示才华，无不踌躇满志。怎样顺利地在新的工作环境中，新的工作岗位上积极上进，干出一番事业，怎样更充分地认识自我和适应职业要求，尽快完成由学生角色到职业角色的转换，建立和谐的人际关系，走好人生职业发展的关键一步，是每个大学毕业生高度关注的焦点。

一、职业角色认知

大学毕业生从学校步入社会，从学生转变为职业人，需要完成学生角色向职业角色的转换。能否顺利转换角色，是适应职业环境的关键。社会角色由社会权利、社会责任和社会规范三要素组成。学生角色与职业角色相比较，明显有许多不同，并且对后者的要求更高。两者的区别主要表现在以下三个方面。

（一）社会权利不同

学生角色的权利主要是依法接受教育，并取得经济生活的保障或资助，其接受外界的给予，主要是要求理解。学生在大学里，学习和生活时间较有弹性，有节假日和休息日；经济上主要是依靠家庭的资助，生活上依赖家长的关心和照顾；教学大纲提供清晰的学习任务，学术上鼓励师生讨论甚至争论，老师布置的作业或工作都可以在规定时间完成，学习的过程以抽象性和理论性为主要原则。

职业角色则是依法行使职权，开展工作，并在履行义务的同时取得报酬，其是运用自己的知识和能力，向外界提供劳动，要求结合实际创造性地发挥。职业人在单位里，规定

上下班时间，不能迟到或早退，有时还要加班加点，才能取得工作报酬，职业人在经济上应该逐步成为独立者，工作上要能够独当一面。职业人要以工作利益为导向，努力完成上司交给的一件件具体而实在的工作任务。

（二）社会责任不同

社会角色的社会责任就是指角色义务。学生角色的社会责任是学好科学文化知识，掌握为人民服务的本领和社会生活的基本技能，逐步完善自我。学生的整个角色过程是一个接受教育、储备知识、锻炼能力的过程。职业角色的社会责任是以特定身份履行职业职责，依靠本领或技能为社会和他人服务，完成特定工作。它是通过对工作对象的履行情况来体现的，通过具体的工作为社会做出贡献，以实际行为来承担社会责任。

两种角色分别承担着不同的责任。学生角色责任的履行主要关系到学生本人掌握知识和培养能力的程度，而职业角色责任履行的影响则非常大，不仅影响个人价值的实现，还会影响到学校、单位、行业的声誉。例如，作为一名银行从业人员，如果银行业务熟练，服务意识好，能认真履行工作职责，不仅能为银行从业人员树立风范，而且会为培养自己的母校和所在的银行带来良好声誉。反之，如果银行从业人员由于工作疏漏出了事故，人们就会从职业道德的角度加以责备，甚至追究其法律责任，这样既会影响到个人，也会有损母校、银行和全体银行从业人员的形象。由此可见，从学生到职业人的角色转换，角色的社会责任增强了，社会对职业人的责任心有着更高的要求。

（三）社会规范不同

学生角色与职业角色不但在规范内容上不同，而且规范的约束力也不同。学生角色是从教育和培养的角度出发规范学生行为，社会对学生角色的规范内容，主要体现在国家制定的《大学生行为准则》和各高校制定的《大学生手册》等学生管理条例规章制度之中，对学生的学习和生活做出相应的要求，告诉学生怎样做人，如何发展。因为学生是受教育者，在违反角色规范时，主要还是以教育帮助为主。目的是引导学生成长为社会主义合格的建设者和接班人。工作以后，职业角色对从业者行为模式的规范因为职业的差异而对应得非常具体，并要求严格执行，一旦违背就必须承担相应的责任，甚至要追究法律责任。

总之，大学毕业生找工作难，找到工作后，干好工作也不容易，工作能让领导满意更不容易。因此，大学毕业生要充分认识学生角色和职业角色的区别，高度重视进入职场后的角色转换。

二、职业角色适应

许多毕业生走上工作岗位以后，会产生对新环境的诸多不适应，主要表现在心理、生活、人际关系和工作技能等多个方面。任何人对新环境都有一个适应的过程，毕业生应该尽快适应新环境，实现从学生角色到职业角色的成功转换。

（一）增强职业角色意识

社会就是一个大舞台，每个人都有自己的角色位置。毕业生进入工作单位后，首先要认清自己在工作环境中所承担的角色以及这个角色的性质和职责范围，弄清工作关系中上级赋予自己的职权和自己应承担的义务。如果角色意识淡漠，一意孤行，我行我素，该请示的事务却擅作主张，该自己处理的事务又推诿，势必导致人际关系紧张。

（二）提高独立生活能力

读书期间，毕业生在生活上靠父母资助，在学业上有老师指导。参加工作以后，毕业生要自己独立处理衣、食、住、行等全部事务，一切靠自立或自理，这是毕业生无法回避的能力训练。毕业生要注重主动了解生活节奏，养成良好的生活习惯，合理安排好自己的业余生活，才能适应新环境。

（三）提高与人的合作能力

刚步入社会的职业人，一般要经历新鲜兴奋—观察思考—协调发展这样一个变化的过程。高等学校培养的是专门人才，而实际工作中遇到的问题往往是综合性的，涉及多学科、多领域的知识。社会需要的是“复合型人才”。因此，要使自己胜任工作、适应环境，只有随时调整自己的知识结构与能力结构、思维方式和行为方式，增强团队合作意识，才能奋发有为。社会不仅看学历和文凭，更看重的是阅历和能力。

（四）提高抗挫折能力

逆境成才者大有人在。不要怕受挫折或不被理解，很多时候都是自己同自己过不去，画地为牢，缚住手脚，也许领导和同事们都在默默地关注着你，期待着你的成功。受了挫折怎么办呢？怨天尤人不行，自暴自弃只会雪上加霜，最好的办法莫过于静下心来总结反思，从挫折中吸取经验教训，使自己今后少走弯路。“吃一堑，长一智”，改换视角，提升必需的应对能力，高招往往就潜伏在你的不断应对和总结中。

（五）培养良好的心理素质

社会和大学相比，生活环境、工作条件、人际关系都有着很大的变化，这难免会给那些心存美好幻想，意气风发的毕业生造成巨大的心理反差和强烈的思想冲突。大学毕业生血气方刚、热情奔放，都希望自己处处优秀，却总是不能引起周遭的共鸣。他们感觉自己不受重用，甚至受到排斥，从而倍感失落和郁闷，这时，具有良好的心理素质是第一位的。要抱着虚心学习的态度，从基层做起，逐步争取得到领导和同事的认可，这才是成功的开始。

三、职业形象塑造

职业形象是人们在特定的职业活动中遵循职业岗位的行为规范所展现出的形象。它能够集中反映出一个人的性格气质、道德品质、审美能力、文化修养与个人品位。每个人所具备的职业素质都需要通过职业形象展现出来。良好的职业形象是职业成功的重要条件，对新入职的处于社会特殊层次和地位的大学毕业生而言，其具有不可低估的作用和意义。

（一）正确认识自我，合理进行职业定位

大学毕业生成为一个社会的职业人，开始职业生涯的探索，随即要面对全新的生活理念、陌生的工作环境和更高的规范要求，如果不能在短时间内正视现实并正确认识自我，及时完成人的社会化过程，就很难被新环境、新群体所认同和吸纳。需要注意的是，大学生既不要陷于畏缩和自卑的误区，也不要落入自负和自傲的境地。大学毕业生在校期间积累了一定的理论知识，但大部分来自书本，普遍缺乏实践体验，因此刚开始不能熟练技术和业务是正常现象，没有必要对自己的弱点进行掩饰。相反，应该放下思想包袱，勇于面对现实，以科学的态度和方法，重新进行个人的职业定位，这样才能把理论知识与实际工作有机地结合，最终赢得同事和领导的认可。

（二）主动了解工作环境，尽快适应工作要求

作为刚参加工作的职场新人，要树立良好的职业形象，还必须充分了解和熟悉工作环境、工作对象的特点和规律，并主动搜集本职工作的传统和现状、本单位的历史沿革和发展前景等相关信息，从而对所从事的工作有较全面的认识，对“公司章程”“工作纪律”“服务规则”和“奖励办法”等规章制度有深入的了解。在此基础上安下心来尽快适应工作要求，不能“这山望着那山高”，更不能“人在曹营心在汉”。在工作过程中，还需要了解你的工作内容，了解你的单位如何评价你的工作。工作评价的标准通常可以分为正式和非正式两种，正式标准通常是可衡量的，包括产量、生产率、销售额和利润等，而非正式标准则较难描述，通常由上司来决定，主要包括穿着方式、工作态度和团队合作等。

（三）虚心向前辈学习，建立和谐人际关系

虚心学习、提高业务能力是实现角色转变的重要手段。大学毕业生已经具备了获得职业技能的基础条件，即比较扎实的基础知识和专业知识。但是社会角色的适应过程是一个不断学习、不断完善的循序渐进的过程。初到工作岗位，自身的知识量不够大，知识结构不够合理，大学毕业生要根据职业的特点、性质、工作程序及其相互关系，不断学习新知识，增强自身素质和能力，提高工作技能和业务水平。同时，由于很多知识和能力需要在工作实践中去学习、锻炼和提高，所以要虚心向有经验的技术人员、领导和师傅、同事等前辈学习，学习他们观察问题、分析问题和解决问题的方法，不断丰富自己的专业知识，提高自己的专业技能，尽快具备独立开展工作的能力。走上工作岗位以后，和谐的人际关

系也是适应新环境的关键，要放下架子去和周围的同事、领导交流思想感情，热心去和他们交朋友，要尊重上级、服从安排、与人和谐、友善地相处，积极主动地建立新的社交圈子，善于与人交流和沟通，努力提高自身业务素质，扎实做好本职工作，不断提高职业道德和职业素养，形成良好的人格魅力。

（四）塑造良好职业操守，形成个人核心竞争力

做事先做人。一个人无论成就多大，人品是第一位的。而对初涉职场的大学毕业生来说，良好的职业操守是其获得持续职业发展的基础。“小胜在智，大胜靠德”，做诚信职业人是需要长期维护和经营的，只有维护了自己的信誉，才能得到可持续的成功。一个人能否取得事业上的成功，还在于是否能准确识别并充分发挥自身的优势。每个人的才干和优势是不同的，只有真正了解自己的优势，并在此基础上选择职业方向，让自己的优势与所从事的工作紧密结合，从而凝聚成强有力的核心竞争力，才能尽快适应职场要求，实现未来职业上的快速发展和可持续发展。

案例分析

追寻自我，小林的药剂学之路

在高职读书时，小林是个品学兼优的学生。他出身于医学世家，学习药剂学这个专业是自然而然的事。毕业后，凭着优异的成绩和家庭背景，小林联系到一家有名的药业机构，看着别人慌慌张张地找工作，他想：“先有份工作锻炼一下，等有了工作经验，路宽了再另做打算。”就这样，他成了班上最早签下录用通知书的人。

然而，不到一年，小林就发觉这里的环境跟之前所想的完全不一样。因为自己刚进去，只能做辅助性工作，很不开心。很多时候小林觉得自己被埋没了，心里很是愤愤不平，对工作开始敷衍了事。

没多久，小林跳槽去了同行业另一家小一点的公司。岗位环境比之前有所改善，但是小公司人不多，工作量很大，小林每天在实验室里做着几乎同样的工作，又开始厌烦不堪。他每天一进大楼，看到实验室就开始叹气，抵触情绪似乎在下一秒就会爆发。

但因为已经换了一次工作，家里人已经很不满意了，小林不得不在此安分地待着，即使心里翻江倒海，表面上还是老老实实进实验室去工作。这一待就是两年多，但心里的厌烦并没有因为时间的流逝而减少。直到有一天，他接连三次没有按时完成工作任务被领导一顿猛批，他才终于发觉，自己其实一点都不喜欢被关在实验室里做实验。

小林开始寻觅其他方向，他想做市场营销方面的工作，但碍于没有经验，所以自始至终没有找到合适的机会。但是实验室的工作他实在无法忍受，心中积压的负面情绪太多，易怒、失眠也成了家常便饭。

最后，小林终于不顾家里反对递交了辞呈。一场风波后，他对父母说出了压在心里很久的话："我一点都不喜欢什么药剂学，做实验真的无聊透顶，就像坐牢一样。当初就是你们不停唠叨让我去！早知道这样我就不该进去浪费时间！"

思考题

（1）小林的第一份工作为什么让他很不开心？

（2）小林在第二份工作中的感受是什么样的？

（3）大学生毕业后应该如何适应职业岗位的要求？

（4）你认为小林应该去做市场营销方面的工作吗？

（5）本案例对你有哪些启发？

拓展阅读

角色冲突

每个人在社会生活中都具有多重社会地位，需要担当多种角色。1957 年美国社会学家罗伯特·金·默顿提出了角色丛的概念。角色丛又称为角色集，是指多种角色集中于一个人身上的现象。默顿在《社会理论和社会结构》一书中提出："（它是）人们通过占据特定的社会地位而具有的一整套角色关系。"

任何一种社会地位都会使个人卷入多种角色关系。或者说，当一个人进入一种新的职业时，通常不只是获得单一的角色，而且是获得一个角色丛，以满足不同人的不同期待。角色期待指社会赋予某种角色的规范，即社会所定义的角色扮演的方式。而角色丛是个人在社会中由于占据不同的地位和角色而显示的态度与行为模式的综合。

例如，一位教授的职位使他与大学生、研究生、其他教员、研究工作中的同事、行政人员、出版商、企业家等多种不同职位的人建立角色关系。于是，他获得了教师、导师、研究人员、作家、企业或政府的顾问、某一专业领域内的专家等多种角色。这些角色组成了这位大学教授的角色丛。角色丛体现了广泛的社会交往和复杂的社会关系。个人活动的内容越丰富，他充当的角色就越多，从而角色丛就越复杂多样。一般来说，个人的年龄、独立活动的范围、交往的能力、生活的内容，都与其担任的角色有关，与其所担负的角色的数目、角色丛的复杂程度成正比。

在角色丛中，每个角色都有一套行为规范和角色要求，当个人担当的不同角色负载着不同甚至相互矛盾的角色期望时，就会产生角色冲突。"角色冲突"概念由默顿在《社会理论和社会结构》中首先提出。正如伯林所认为的那样："人的目的是多样的，而且从原则上来说它们并不是完全相容的，那么，无论在个人生活还是在社会生活中，冲突与悲剧的可能性便不可能被完全消除。”

不同学者对角色冲突的划分不同。一般而言，角色冲突可以分为以下三种类型。

（1）指同一角色的不同关涉者（群体）对该角色负载者持有不同期望，而导致该角色负载者行为选择的价值判断之间产生张力。以某单位中的部门负责人为例，上级对他的期望与该部门员工对他的期望不尽相同。在完成上级交派的任务时，如压缩部门行政开支等，则需要应对来自两个不同维度上的压力，既要对上负责，完成任务，又要对下负责，保障下属的工作条件。这两种期望都是该角色规范的内在要求，但又存在冲突甚至互不相容，导致该部门负责人无法使用统一原则调适自己的行为，引起焦虑。

（2）指同一个体因在不同组织序列中负载不同角色、承担不同义务而陷入行为选择的困境。比如，该部门负责人接到上级分派紧急任务的同时，又接到孩子生病的电话，处理公务和照顾孩子都是该角色应尽的义务，但二者在时空上难以兼顾，产生冲突，导致其内在价值结构的紧张。

（3）指整体上的两类及多类角色之间的冲突，即一类角色与另一类或多类角色的冲突。它不以个体为研究对象，而是泛指类与类的冲突。比如，社会角色可以分为多种类别，如先赋性角色（又称“先赋角色”“归属角色”）与自致角色（又称“自获角色”或“成就角色”）。先赋性角色与自致性角色又各自包含多种类别，这些角色类别之间产生的冲突就是宏观意义上的角色冲突。宏观层次上的冲突相对于微观层次上来说更复杂一些，也更难以把握。

本章小结

本章探讨了大学毕业生求职中的权益和义务，介绍了求职过程中的常见陷阱及防范措施，分析了就业协议与劳动合同的异同及签订的注意事项，并在学业角色到职场角色的转换方面提出准备和应对策略，进而对职业角色适应、职业形象塑造的路径等进行阐述。本章的重点是就业协议与劳动合同签订，难点是职业角色的转换。

职业规划大赛指导

大学生职业规划大赛就业赛道备赛要点之发展潜力

按照首届全国大学生职业规划大赛通知要求，就业赛道的评审标准是：通用素质35分（市场营销、公共服务等岗位30分）、岗位认知程度20分（市场营销、公共

服务等岗位15分）、岗位胜任能力25分（市场营销、公共服务等岗位20分）、发展潜力10分、实习意向10分。

（1）其中发展潜力方面的要求是职业目标契合行业发展前景和人才需求。

（2）对照这一评审标准，给同学们提出如下备赛建议。

一是认真研究国家的发展战略和产业政策，如创新驱动发展战略、乡村振兴战略、“一带一路”倡议，特别是党的二十大提出的建设社会主义现代化强国的伟大目标。

二是关注新质生产力培育给职业世界带来的新变化，因为用新质生产力代替旧的生产力，必然会淘汰许多不适应社会发展的旧职业，催生大批依托先进技术的新职业。

三是了解国家和区域经济社会发展对高技能人才的新需求，优化自己的知识结构，提升自己的可迁移能力，终身学习，终身成长。

课程思政活动

在自己的家乡浙江省温岭市，小纯已经是三家连锁药店和一家诊所的总经理，拥有固定资产约80万元，聘用下岗职工和大学毕业生共13名，每年为国家纳税8万多元。

2005年6月，小纯从某职业技术学院医学院临床医学专业毕业后，面对激烈的竞争形势和巨大的就业压力，她同许多刚毕业的大学毕业生一样，对个人的就业前景产生了极大的忧虑。在多方求职无果的情况下，小纯开始对自己的职业生涯进行重新规划。结合家乡的医疗状况和自己的专业特长，她决定创业——在家乡开一家药店。

万事开头难，资金问题成了小纯创业路上的拦路虎。为此，她一方面积极与父母沟通，尽可能得到他们的支持；另一方面四处向亲戚和朋友筹措，最终凑齐了创业资金。经过多次实地考察，她选择了一处人流量较大且房租低廉的地方作为药店的地址，取名“辅仁药店”。在经营药品的种类上，她根据当地基本医疗卫生状况，主要采购了以治疗常见病、多发病、流行病的药品，同时辅以其他常用药，经营品种达80余个。

药店最初的生意并没有出现她预期中的火爆，而是冷冷清清。面对困境，她有些迷茫，但没有气馁！她仔细分析原因，再次深入调查，最后实施了三项整改措施：一是通过电视、广播、报纸等媒体，扩大药店在当地的影响力；二是积极调整和转换角色，不仅把自己定位成一名营业员，而且还充分利用自己的临床医学专业知识，对前来买药的顾客进行免费的诊疗指导；三是开设近距离夜晚免费送药上门的服务项目，无论刮风下雨，从不中断。通过经营方式的调整，药店的生意越来越好，影响也越来越大。

思考题：

（1）小纯为什么会选择在乡村创业？

（2）小纯在创业中经历了哪些困难？

（3）在小纯身上有哪些值得你学习的地方？

（4）小纯的药店经营具有哪些创新之处？

（5）小纯发挥专业优势扎根农村基层的故事对你有什么启发？

形成性训练

一、思考题

（1）什么是三方协议？

（2）如何理解就业合同的作用？

（3）签三方协议和劳动合同应该注意哪些问题？

（4）如何避免掉入就业陷阱？

（5）如何实现从学生角色向职业人角色的转换？

二、“成功职业人”——角色责任与情感设计

大学生可以通过这项活动，在校园生活、职业实践中培养自己的道德品质，树立正确的就业观念和责任感，提高践行道德规范和道德实践的能力。实践步骤如下。

（1）请同学们以“反思自己承担的责任”为题，模拟不同职业角色，列举在职业生活中自己应该承担的责任以及本该由自己承担却没有承担的责任。

（2）班级讨论：哪些责任本该自己承担，现在却由他人或者社会替代承担了，这会产生什么样的后果。

（3）将班级学生分成若干小组，模拟不同职业的人在社会、家庭和企业中的角色责任和角色情感，探讨在各自领域和范围内该做和不该做的事情。

（4）制作角色任务表，根据模拟角色的责任填写角色任务表和角色情感体验，形成不同职业岗位从业人员的社会角色责任与情感设计图。

三、制作侵权案例集

（一）制作步骤

（1）以小组为单位，搜集身边大学生在兼职、实习、社会实践或求职过程中发生的被侵权的例子，并把它们分门别类，整理成册。

（2）寻找 2～3 个典型案例的主人公，对他们进行访谈，听听他们的感受或成功的经验。

（3）在课堂上以小组为单位进行交流汇报，每组时间为 15 分钟。

（二）方法策略

搜集案例时要注意以下三点。

（1）真实性。俗话说“好话传三人，有头少了身；坏话传三人，有叶又有根。”在道听途说中，添油加醋的事情时有发生。因此，案例必须真实才有借鉴意义。

（2）典型性。就业陷阱的形态很多，注意搜集不同类型的案例，同一类型的案例中要善于选取最有代表性的例子。

（3）实用性。注意搜集身边发生的、大学生群体在兼职、实习、参加社会实践或求职过程中发生的侵权案例。

四、学生角色与职业角色的差异

（一）体验差异

选择自己感兴趣的某个企业的某个岗位，进行职业环境调查分析，对比一下其与学校环境的不同，访谈该环境下的职场人士，并回答以下问题。

（1）具体分析该环境下的职业角色与学生角色有什么不同？

（2）结合自身实际分析如何进行学生角色与职业角色的转变？

（二）方法策略

（1）首先需要对多年来所经历的学生角色做一个总结归纳，加深对其的认识。

（2）深入企业进行调查了解时，可以采用访谈的方式，或者多找几家企业的岗位进行对比，也可以深入其中的某个岗位实习，以获得更深入的体验。

（3）访谈之前，请做好充分的准备，并列好访谈提纲。

（4）访谈的时候，注意礼貌，要与对方建立良好的关系。

参考文献

[1] 周莉．职业生涯规划 [M]．2 版．北京：中国人民大学出版社，2022.

[2] 林壬璇．大学生职业生涯发展与规划 [M]．2 版．北京：中国人民大学出版社，2023.

[3] 北京中外企业人力资源协会（HRA）组．职场零距离：大学生就业指导 [M]．北京：高等教育出版社，2014.

[4] 孙一平．职业社会学 [M]．北京：中国社会科学出版社，2021.

[5] 周文霞，谢宝国．职业生涯研究与实践必备的 41 个理论 [M]．北京：北京大学出版社，2022.

[6] 谌新民，唐东方．职业生涯规划：人力资源管理实战精解 [M]．广州：广东经济出版社，2002.

[7] 巴宾诺，克朗伯兹．做，就对了 [M]．刘秉栋，译．杭州：浙江工商大学出版社，2016.

[8] 博内特，伊万斯．斯坦福大学人生设计课 [M]．周芳芳，译．北京：中信出版集团，2017.

[9] 谢珊．大学生生涯发展与就业力提升 [M]．广州：广东高等教育出版社，2022.

[10] 徐俊祥，黄欢，余卉．幸福密码：生涯建构与发展体验式教程 [M]．天津：天津人民出版社，2021.

[11] 吴芝仪．我的生涯手册 [M]．北京：经济日报出版社，2021.

[12] 刘少华，马明亮，戴丽梅．大学生职业生涯规划与就业指导 [M]．北京：北京大学出版社，2020.

[13] 张硕秋．大学生职业生涯发展与指导 [M]．北京：清华大学出版社，2020.